UN SARGENTO LLAMADO BATISTA

POR EDMUND A. CHESTER

A Sergeant Named Batista

◆

PUBLISHED IN THE UNITED STATES OF AMERICA, 1954

Published by Grapevine Publications LLC
Carolyn Chester Lamb, CEO
Omaha, Nebraska

FIRST EDITION, SECOND PRINTING
Library of Congress Control Number:
53010728

"...todos los oficiales del Ejército han sido depuestos y **un sargento llamado Batista** ha sido nombrado Jefe del Estado Mayor..."

Para mi adorada
NENA

BREVES PALABRAS

Entre Edmund Chester y el que estas palabras escribe existen paralelos que nos identifican —la profesión de periodistas, nuestra mística idealista y el inmenso cariño que profesamos ambos a Cuba, país al que estuvimos y estamos vinculados ferreamente en sus momentos de sangre, angustia, sacrificio y triunfos.

Estas breves líneas no deben considerarse como prólogo —de un libro que no lo necesita— por la claridad meridiana y brillante objetividad desarrollada en todos sus capítulos. Pretendo tan solo escribir algunas cuartillas en lenguaje periodístico para hacer "pendant" con el estilo que inspiró a su autor, maestro en nuestra profesión.

"Un Sargento Llamado Batista" es un análisis, una disección perfecta del espíritu de un hombre extraordinario y el alma de un pueblo noble e inquieto.

La captación profunda y precisa de la que casi hace alarde el autor Chester en sus brillantes y fuertes descripciones de las polifacéticas conmociones del pueblo cubano en esos aciagos días de lucha e incertidumbre; asombran por la exactitud de criterio e interpretación de una mentalidad norteamericana.

En lo que se refiere a la personalidad humana de Batista, de este hombre producto indiscutible de la médula del pueblo, se limita el autor a presentarlo escuetamente, sin super adjetivos ni fantasías de leyenda. Lo exhibe como a Batista le place y con cierto orgullo ser conocido, modesto, luchador, tenaz y exponente innegable del esfuerzo propio. El medio ambiente en el que nace y crece este hombre rodeado de dolor, pobreza, incomprensión e injusticia, lo califican y preparan para ser acreedor al Doctorado cumbre que tan solo otorga la "Universidad de la Vida", inspirado en la tesis de solidaridad y comprensión para los que sufren y ambicionan una existencia menos cruel y más justa.

Hermoso ejemplo el que nos ofrece la evolución y lucha de Batista, según la magnífica descripción que nos obsequia en su libro Chester.

Para terminar deseo agregar una sugerencia humana a las mentalidades no latinas para que se esfuercen en el futuro a comprender nuestros anhelos y justas reivindicaciones, brindándonos comprensión y hermandad. (Recomiendo al lector atención y recogimiento especial al leer el capítulo 33 de este libro).

La veracidad absoluta de los acontecimientos acaecidos en Cuba y especialmente en La Habana, en los años 1933 a mediados de 1934 y que narra el autor, los certifico, ya que los vivimos y sufrimos codo a codo, quizá alma con alma Edmund Chester y...

OCTAVIO REYES SPINDOLA,
Ex-Embajador de México en Cuba.

La Habana, agosto de 1954.

UN SARGENTO LLAMADO BATISTA

Preámbulo

En la mañana del 10 de Marzo de 1952, el pueblo de Cuba despertó con el epílogo del inepto gobierno del Presidente Carlos Prío Socarrás que había sido derrocado por el Senador Fulgencio Batista, ex-Presidente de la República y ex-Sargento del Ejército.

Durante aquella madrugada, el astuto ex-cortador de caña, por segunda vez en su relativamente corta carrera política, había puesto a la desbandada a otro régimen nacional, sin quemar un cartucho ni hacer derramar una gota de sangre.

El pueblo cubano supo a la sazón, que Batista, mediante un osado **coup de' etat,** calladamente, casi sin dolor, había privado al Presidente y a los demás funcionarios del gobierno, de cuanta autoridad tuvieron o creyeron realmente poseer.

Fulgencio Batista es una figura de controversia. Sus amigos le creen un gran héroe porque en dos oportunidades históricas ha salvado a la nación de evidentes peligros. Sus enemigos, en cambio, dicen de él que es un dictador anti-democrático. Quizás sea Batista un dictador. Pero, de serlo, resulta ciertamente de un nuevo tipo. En rigor, no encaja dentro de los cánones comunes a los Hitlers y Mussolinis. Si aquellos tiranos fueron dictadores específicos, entonces, decididamente, el apelativo no cuadra por impreciso en el caso de Batista. De ser nuestro biografiado una reproducción latinoamericana de los frenéticos dictadores europeos, poca o ninguna razón habría para escribir la historia de su vida. El hecho de que Batista sea tan esencialmente distinto a los Hitlers y Mussolinis de Europa, y aún disímil a los dictadores de América Latina, es, a nuestro juicio, sobrada justificación para haber escrito **Un Sargento Llamado Batista.**

No obstante, pasando por alto lo que quienquiera pueda pensar acerca de la ejecutoria de Batista, ya como estadista o por sus actividades político-revolucionarias, es obvio que en sí y por sí, personifica una de las figuras públicas de mayor colorido e interés humano que América Latina haya producido jamás.

Simplemente, pues, **Un Sargento Llamado Batista** no es más, ni es menos, que un reportaje objetivo y sincero que relata la biografía de esta asombrosa personalidad. Un esfuerzo periodístico dado a recoger las apasionantes facetas de un hombre que, sin hipérbole, ha hecho historia en estos primeros cincuenta años de la vida republicana de Cuba: nación de vitalísima importancia en el hemisferio americano, geográfica, histórica, económica y políticamente.

E. A. CH.

Capítulo 1

EL 20 de Mayo de 1902 fué un gran día para los cubanos. En esta fecha se supieron ciudadanos de una nación soberana —un pueblo libre— tras cuatro centurias de coloniaje hispano. Y España había sido una madrastra dura, frecuentemente cruel, en el decursar de esos cuatrocientos años. Empero, el pueblo de Cuba, los cubanos, por fin habían logrado romper las férreas cadenas, conquistando la independencia nacional en larga y brutal guerra con la Metrópoli. Era algo grande el ser cubano aquel 20 de Mayo de 1902, y los cubanos se aprestaron a celebrar tan fausto acontecimiento.

En La Habana —ciudad capital del país— hubo banderas al aire y discursos alusivos a los destinos de la República que recién nacía. Del uno al otro confín de la isla corría un caudaloso río de fiestas y fuegos artificiales. Desde muy temprano en la mañana hasta bien avanzada la noche y extendiéndose a la madrugada del otro día, danzaron en el ambiente euforia y pirotecnias. En la lejana provincia de Oriente, a novecientos kilómetros de la sede del nuevo gobierno representativo del Poder republicano, los trabajadores de los cañaverales sentíanse con júbilo en el espíritu. La cosecha o zafra azucarera tocaba a su fin. ¿Por qué preocuparse?

Lo importante era la fiesta. Tiempo suficiente tendrían para meditar en torno a la nueva vida mejor, como ciudadanos que ya eran de una nación independiente.

Belisario Batista, curtido por los duros años de agotadoras faenas en las plantaciones cañeras de su región oriental, daba muestras de sentirse tan excitado por el advenimiento

1

de la República, como habían seguramente de sentirse los hombres de estado que, en La Habana, tendrían consigo la responsabilidad de encauzar el gobierno propio.

A través de todo aquel venturoso día, Belisario, como los demás cubanos, intimó con la emocionada satisfacción de saberse ciudadano libre de una patria libre. Los días del yugo colonial habían pasado. Se quedaban definitivamente atrás las interminables noches y días de pelear sin tregua y el eludir sin descanso al odiado guardia-civil español. Belisario había formado filas en el Ejército Libertador y ganado galones de Sargento. Su hoja de servicios era buena. Bajo las órdenes del temerario José Maceo —uno de los dos famosos hermanos que ostentaron gloriosamente rango de Generales en las Guerras de Independencia— había luchado Belisario Batista. Y herido lo fué también por tres veces en combate. Al atardecer del 20 de Mayo inaugural, Belisario y Carmela —su esposa— estaban listos para salir a pie **pal pueblo**... ¡Hacia el pequeño pueblo de Banes, a cinco kilómetros bajando lomas, donde una magna celebración de la gran fecha habíase iniciado desde al alba! Sus vecinos se encontraban ya congregados en un potrerito contiguo al caserío semiurbano. Los mayores, al igual que la chiquillada, tenían la fiesta metida en el cuerpo. Tal vez la grey infantil del vecindario era demasiado tierna para comprender el significado excepcional de la celebración. Mas los niños cubanos —al igual que los de cualquier país del mundo— nunca preguntan... si es que hay dulces que devorar y fuegos artificiales dibujándose en el cielo.

Sin embargo, Belisario y Carmela confrontaban un problema que debían resolver: su primogénito, un bebé de quince meses, al que no sabían si llevarlo o no a la fiesta. Por supuesto que en aquellos tiempos, en un lugar semejante y para gente tan absolutamente escasa de recursos económicos, la moderna institución de los "baby sitters" —esa modalidad de manejadoras provisorias— carecía de sentido. Mamá y papá Batista no podían perderse el patriótico jolgorio sin dar que hablar a los convecinos que podrán decir de ellos que no sabían apreciar la libertad. Y no. Belisario y Carmela eran muy buenos cubanos y tenían que ir al pueblo de todas maneras. A última hora el problema de marras vinieron a resolverlo unos buenos vecinos que se ofrecían para cargarles el niño de rato en rato. Así, al fin partieron loma abajo por el polvoriento camino real, acercándose al pueblo y a la fiesta, entonando con alborozo canciones de los días de la guerra. .

Ya en las calles engalanadas de Banes, Belisario y Carmela se inundaron de música y de júblido, mezclándose a las parejas que bailaban aquí y allá. El pequeño Fulgencio pasaba de mano en mano y de brazo en brazo, de vecino en vecino. Y buen ciudadano resultaba este "Beno" Batista. Ni una sola vez lloró ni le "hizo la gracia" a nadie. Y eso que la noche fué larga y bulliciosa. Según solía contarlo la misma Carmela, el niño no pegó los ojitos ni aún después de la medianoche. Más bien dió muestras de sentirse a sus anchas en la fiesta, como si por contagio se le hubiera impregnado la excepcionalidad de la celebración a la que había asistido. Al menos, nunca decayó su interés. Casi llegando al bohío fué que se durmió en el regazo solícito de la madre. ¡Quizás si fuera en tal instante de su amanecida infancia cuando la chispa de la revolución iluminó el alma de Fulgencio Batista! O acaso si prendió después, cuando un hombrecito de ocho años apenas, tuvo que trabajar de sol a sol en los cañaverales. O quién sabe si potencialmente el revolucionario se incorporó en él cuando vió morir a su hermano consumido por la tuberculosis, sin tratamiento médico adecuado ni asistencia hospitalaria.

Sea como fuere, hay en su caso humano algo así como un determinismo que le instará desde niño a lo que ya hombre hiciérale promover cambios en el statu-quo de su país y a darle camino a substantivas reformas sociales. Estos parecen ser en verdad sus singulares designios. . .

Capítulo 2

LA región oriental de Cuba —el extremo este de la isla— es la porción más fértil y hermosa de su territorio nacional engarzado como una gema en el Caribe. Las montañas son altas y majestuosas, alcanzando en la Sierra Maestra elevaciones de más de siete mil pies. En sus laderas rutilan mantos de orquídeas espontáneas y cientos de variadas especies de flores silvestres del trópico. Al noroeste, las ondulaciones de la cordillera van en pos del océano Atlántico, que tiene en la inmensa concha azul de la Bahía de Nipe a su cubanísimo vestíbulo. El Gran Almirante Cristóforo Colombo consignó en su diario la predilección delirante que por esta esplendorosa zona sentía. Fué precisamente aquí donde las grandes tribus indias del Caribe vivieron en mayor prosperidad. Y se sabe que, antes, muchísimo antes de Colón, los cacicazgos de Ornofai, Baní, Manaca, Boyuca, Barajagua, Camagüey y otros igualmente principales en la "tierra más fermosa que ojos humanos vieron", aquí se asentaron. Fué en esta región exuberante, asimismo, que los españoles bajo la égida del Adelantado Don Diego Velázquez, fundaron Baracoa, la primera capital o ciudad primada de Cuba, actualmente activa, aunque sin mayor desarrollo de su población ni de sus riquezas debido a su abrupto aislamiento.

La anchurosa Bahía de Nipe entraña una profunda significación religiosa para los cubanos. La leyenda ha generalizado el aserto de que fué en sus aguas que apareció la Virgen de la Caridad, Santa Patrona de Cuba, allá en los albores del siglo XVIII. La acendrada vigencia de la leyenda hace que todos los años ocurran peregrinaciones hacia la provincia de Oriente, nutridas por millares de fieles que acuden a rendirle homenaje a la Virgen de la Caridad en su Santuario del Cobre.

Al nordeste de Oriente, en un punto de suyo apartado, se fundó el pueblo de Banes en 1887, poco después de la abolición formal de la esclavitud en Cuba. Cincuenta y siete años antes —en 1830— algunos acaudalados terratenientes de esta provincia habían fracasado en el empeño de establecer allí mismo un poblado. Las feraces tierras de las laderas del Pan de Samá parecían aptas para el cultivo de la caña de azúcar, y atractivas por ende a los nativos, gente laboriosa y pacífica que sólo quería ganarse, siquiera precariamente la vida. En 1887 el empeño tuvo éxito. Pronto, de tal suerte, pequeños caseríos rodearon el intrincado villorrio de Banes.

Belisario Batista y Carmela Zaldívar eran nativos de Banes. Cuando se fundó el pueblo eran muchachitos. Casáronse jóvenes, como es costumbre entre los guajiros de Cuba y los campesinos de todas partes del mundo. Pronto fueron padres de un hijo de ojos y pelo tan negros como el carbón. A su tiempo fué bautizado en la iglesia del pueblo. Se le puso por nombre Rubén Fulgencio. Belisario y Carmela se sentían orgullosos y felices. La familia Batista aumentó muy pronto. Después de Rubén Fulgencio, al que la madre cariñosamente dió en llamar "Beno", nació Juan, al que siguieron Hermelindo y Francisco. Cuatro varones en total. Muy lindos "montunitos" que eran. La familia vivía en uno de los tantos bohíos de techumbre de guano y piso de tierra que son típicos en los campos de Cuba. Belisario y Carmela habían construído este bohío con sus propias manos.

El campesino cubano es sumamente hábil en la edificación de tan modestos albergues para lo que utilizan materiales sencillos. Muy afortunado se considera cuando encuentra las suficientes tablas con que formar las paredes laterales. Los bohíos son cabañas que se anclan a la tierra por medio de cuatro horcones. Generalmente se emplean troncos de palmas reales y luego se combinan parales y varas. De modo invariable el techo se hace de pencas de palma, colocadas una sobre otra. Se las amarra a mano de las varas utilizando fibras y bejucos. Así se forma una cobija a prueba de sol y de lluvia. Los pisos son comunmente de tierra arcillosa que a fuerza de las cotidianas pisadas de los moradores se torna en una superficie ni dura ni blanda. Son estructuras bastante sólidas, pese a la endeblez de los materiales empleados en su construcción. Muchos los hay que han resistido ciclones y huracanes.

Los tiempos eran harto difíciles en Cuba a principios de siglo. Belisario era de los tantos campesinos que confrontaban muy serios problemas para alimentar y vestir a la prole. Cierto; se había logrado la independencia de la patria, lo que satisfacía el alma. Pero de momento, la nueva realidad política no cambiaba en nada la realidad social y económica. Proveer el sustento de su familia no era tarea que pudiera llevar a cabo Belisario así como así. Y por igual sus vecinos que eran como él y los suyos, gente muy pobre. Beno conoció la pobreza, pues, desde su primer contacto con la vida. Nació en ella. Y tanto él como sus compañeros de la infancia se criaron en el mismo medio misérrimo. Faltaba todo en los caseríos de los trabajadores azucareros, lo mismo en el sector agrícola que en el industrial. No sólo la asistencia sanitaria brillaba por su ausencia, sino que, hasta las velas para alumbrarse eran casi un lujo. Las vías de acceso a muchos de los caseríos y bohíos dispersos no eran más que trillos. Caminitos marcados por el corretear incesante de los chicuelos en sus ir y venir hacia ninguna parte. Cuando llovía bajaban torrenteras con proporciones de diluvio por las faldas de las lomas de Samá. En los temporales de aguaceros pertinaces, las erosiones hacían descender ríos de tierra enlodada sobre la pequeña aldea. Todos chapaleteaban el fango en las épocas lluviosas.

En Cuba, a la sazón, un trabajador cañero vivía sometido a un régimen de servidumbre económica de tales magnitudes que hacían de él un esclavo. Hasta 1933, que fuera promulgada una ley fijando el salario mínimo, no hubo cambios reales en los niveles de vida y de cultura de las clases trabajadoras cubanas. Con antelación a esta ley, por tanto, los peones agrícolas rendían faenas agotadoras por quince miserables centavos diarios. Había que ver lo que representaba para un hombre encorvarse todo un largo día, bajo el implacable sol tropical, en las siembras de caña o en los cortes con la **mocha** tintineante, —especie de machete para el corte de cañas. El año de labor alcanzaba cinco meses: **corte, tiro y molienda** de la caña, lo que significaba que había siete meses terribles en que el llamado **tiempo muerto** remachaba más aún a las familias de los trabajadores azucareros a la miseria y al hambre. Tenían que alimentarse a fuerza de la propia caña cuyo jugo ingerían por masticación. Para muchas familias de trabajadores agrícolas e industriales del azúcar, la caña constituía durante el largo tiempo muerto el único asidero para no morirse con el tiempo... que mataba por inanición.

Batista, siendo todavía un niño, no podía resignarse a creer que, tanto su padre como él mismo, y los padres de sus amigos y sus vecinos tenían que seguir toda la vida remachados a tales harapos y miseria. No podía admitir que entretanto los trabajadores sufrían hambre y privaciones, los hacendados y sus hijos, bien alimentados, bien vestidos y felices, hicieran ostentación de superioridad, montando finos caballos por el paupérrimo caserío.

Allá por el año 1909 Batista tenía unos ocho años. Desde La Habana llegaron noticias de una huelga que sostenían los estibadores del puerto capitalino, por mejoras en los salarios y otras reivindicaciones. La Habana: ciudad de maravillas y abundancia, era para los niños del interior, y en especial para los que vivían en el extremo oriental de la isla, algo inasible, un cuento de hadas buenas que se escuchaba en sueños. La huelga crecía por momentos. Belisario Batista comenzaba a preocuparse. ¿Qué pasaba? Por las noches se reunían los trabajadores azucareros del caserío

y discutían horas enteras sobre el asunto. La solidaridad
del proletariado para con los estibadores habaneros era un
hecho. La huelga se convertía en la primera huelga general
de Cuba. Pero, todavía Belisario no acaba de comprender
aquel hecho sintomático de un nuevo período histórico. En
cambio Beno, que no hacía más que escuchar y escuchar
con los ojos muy abiertos y chispeantes de entusiasmo, sí
que comprendía. Sin más se cuadró ante su padre para
participarle su decisión de declararse en huelga también,
para apoyar a los compañeros de La Habana. A 900 kilómetros del escenario huelguístico, un muchachito de ocho
años, juraba no ir al cañaveral al siguiente día. Colgaría
su mocha hasta que los trabajadores cubanos lograran mejor paga. Y así lo hizo.

Beno había sido siempre un niño precoz. Indagaba sobre
todo. No hacía más que preguntar y preguntar sobre ésto
y aquéllo. Se hacía sus juicios al momento y expresaba sus
opiniones. Claro, que su vida giraba entonces en su pequeño
mundo rural. Mas, aquella decisión de solidaridad fué realmente su primer acto externo de rebelión. Desde aquella
oportunidad memorable, según las alternativas de su humanísimo bregar, desplegaría al aire de sus afanes sociales,
la bandera de sus íntimas convicciones de reformador. De
allí le crecieron en el alma sus nobles propósitos de ayudar
al desvalido y su disposición de asumir todos los riesgos a
fin de promover los cambios que se insinuaron en la huelga
de estibadores de 1909.

Batista tenía seis años cuando fué matriculado en una
escuela pública de Banes. Asistió por un tiempo a clases.
Pero no se sentía bien. Además, como que tenía que trabajar
como un hombre, le era difícil atender sus obligaciones de
trabajador y su devoción por aprender. Supo que en "Los
Amigos", una escuela fundada y administrada por una secta
de cuáqueros norteamericanos, daban clases nocturnas.
Y resolvió pasarse a "Los Amigos". Allí en aquel centro,
Beno encontró a quien habría de ejercer gran influencia
en su vida: Don Ramón Fernández, director del plantel,

que le cobró simpatías al guajirito aquel tan anheloso de procurarse una educación.

Su pasión por la lectura encontraba obstáculos casi insuperables en su casa. Tareas tales como las de cortar leña, cargar agua y hacer mandados, amén de su trabajo común, le robaban el tiempo que necesitaba para leer. Así, que se las arregló para salir de apuros mediante un trato con Don Ramón Fernández. Fué como una inocente conspiración con su venerable maestro. Tenía que permanecer en la escuela una hora más todas las noches. Era una "obligación" había dicho a sus padres. Y este tiempo lo dedicaba con extraordinaria fruición a la lectura. Eran éstos los más agradables momentos de su vida. Y Batista nunca los ha olvidado. Hace algunos años, cuando ocupaba ya la Presidencia de la República, me habló de Don Ramón y de las provechosas horas que a la sazón dedicara a leer y charlar con su maestro omniscio. Siempre ha reiterado que las lecciones que aprendió de Don Ramón Fernández fueron decisivas en su vida. El venerable educador le animó a que continuara sus estudios. A que se esforzara por adquirir más y más conocimentos. ¡Y esto aconteció en una época de su vida en que ninguna otra persona solía preocuparse por él!

Consumido por el afán de leer, leer y leer, Batista arribó a la pubertad convertido en un lector hecho y derecho. Con avidez se leía cuanta letra impresa cayera en sus manos. Los libros constituían para él lo más grande de la vida. Y aún hoy ocupan muchas horas de su tiempo. Sin embargo, salta a la narración una apreciación psicológica acerca de sus padres, tan humildes y pobremente educados, a los cuales habría de serles difícil, muy difícil el comprender al muchacho aquél siempre con un libro entre manos en sus ratos de ocio. Los libros eran para Beno una pasión de la que nada le arrancaba.

Los niños en Cuba se familiarizan desde que empiezan a conocer los números, con los guarismos de los billetes de la lotería. Algunos hasta juegan sus pedazos de billetes con los centavitos de sus ahorros. Por lo menos, así era cuando Batista era niño y así sucede en parte todavía. Entonces una fracción de la lotería, o sea, una centésima parte de un billete entero, costaba diez centavos. Aunque su padre recelaba de cosas como la lotería, el joven Batista no era una excepción entre la generalidad de los muchachos. A él también le gustaba sonar su dinerito en los bolsillos o comprar tal vez como los demás, caramelos, dulces o juguetes. Como los chiquillos no siempre cuentan a sus padres lo que hacen, cierto día Beno compró un pedazo de billete de la lotería cuyo número resultó premiado. Tan contento estaba que se sentía como quien hubiera descubierto petróleo. Dos pesos le tocaron como premio. ¡Toda una fortuna para un muchacho de diez años! Gozoso con su buena suerte, corrió al pueblo y cambió su billete. Con la misma a mayor velocidad de sus piernas ágiles, se metió en la tiendecita donde vendían revistas y libros e invirtió allí sus dos pesos íntegramente. No hay constancia de que hubiera regresado a casa con su tesoro en libros, porque difícil le habría sido hallar la explicación adecuada ante sus padres que seguramente hubiéranse asombrado de su repentina prosperidad. Pero desde aquel día afortunado un rumor corrió de boca en boca en Banes: el diablillo de Beno había escondido su carga de libros en casa de Don Ramón Fernández, con el tácito consentimiento de aquel noble mentor de niños y jóvenes de varias generaciones.

El joven Batista no leía por mero placer. O por lo menos, muy raras veces. Era que entre las páginas de los libros hallaba mucho de lo que deseaba: conocimientos, información, cultura. Y quién sabe si alguna vía de escape subconsciente de su misérrimo ambiente familiar. Un niño con un libro, un poco de imaginación y una pasión como la suya por la lectura, debía ser capaz de soñar con maravillas. Príncipes, castillos, marinos, piratas y todo lo que emana de la fantasía, no importa que el lector se queme las pestañas junto a una vela de cera en un pobre bohío allá en un apartado rincón de la campiña cubana.

Los temas favoritos de Batista fueron siempre la geografía y la historia. Al ir creciendo y acrecentarse en él la capacidad de juicio, le fascinaron las biografías de los grandes hombres. Uno de los héroes favoritos de su infancia lo fué Abraham Lincoln. El hecho de que la vida de esta figura extraordinaria se iniciara en una tosca cabaña en Kentucky, le impresionaba vivamente. Leyó con reverente interés todo cuanto pudo acerca de éste su personaje inolvidable. Tal interés en Lincoln persiste en Batista todavía.   Tan es así que aprovechando sus viajes a Estados Unidos, ha visitado todos los templetes o rincones históricos ligados a la vida de Lincoln que ha podido encontrar. Y, un gran busto de Lincoln ocupa lugar prominente en su biblioteca.

Cuba ha carecido de un sistema organizado de bibliotecas públicas, como el que funciona por ejemplo en las ciudades de los Estados Unidos. Cuando Batista era niño, con más vera, no había biblioteca alguna en su pueblo. Los libros que leyó tuvo que comprarlos o pedirlos prestados al bueno de Don Ramón. Este problema de la carencia de libros para niños preocupó a Batista mucho tiempo después de haber llegado a hombre. Pensaba que los libros eran tan importantes para la grey infantil como los juguetes. Por eso, unos meses después de hallarse fungiendo de Jefe del Estado Mayor del Ejército en 1933, fundó la primera biblioteca infantil de Cuba en su pueblo de Banes. Compró el bohío en que había visto la luz. Lo hizo reconstruir y dotó la biblioteca de magníficos volúmenes, que convirtieron este centro de lectura en uno de los más completos del país. Batista no ha abandonado el propósito de ampliarla, a fin de hacer de esta biblioteca infantil de Banes un sitio ideal para las futuras generaciones, que tendrán allí oportunidad de leer sobre cuanto tópico deseen.

Años después, —en 1954— a través del Ministerio de

Agricultura, estableció más de 700 bibliotecas ambulantes al cuidado de las Misiones Rurales de Superación Femenina, con destino a las zonas agrícolas y para beneficio de los campesinos de todo el país. Más de 10,000 volúmenes de los que integran estas bibliotecas versan sobre problemas agrarios, aunque el catálogo consigna textos referentes a todos los asuntos y materias. En su finca aledaña a La Habana, Batista tiene hoy una de las bibliotecas privadas mejores de América. Y aún en los dias en que le agobian los asuntos de estado, siempre se las arregla para leer una a dos horas antes de acostarse. Más de cinco mil volúmenes integran su biblioteca. Y más de dos mil autores figuran en ella perfectamente clasificados.

Tenía Batista catorce años —1915— cuando muere su madre. La buena de Carmela había consagrado estoicamente su vida al cotidiano trajín de criar sus hijos en el tenso esfuerzo a brazo partido, sin doblegarse nunca ante la extrema pobreza. Sólo la muerte, que fué un severo golpe para Beno, siempre tan apegado a ella, venció la resistencia de aquella madre valerosa que supo cumplir el mismo destino de otras tantas mujeres campesinas sin días, domingos ni otras bienandanzas que las íntimas de sus humanísimas llamitas maternales. Después del fallecimiento de mamá Carmela, Batista con el corazón apretujado por la angustia inenarrable, se hizo el propósito de dejar el pueblo de Banes. Tenía que irse para quitarse de los ojos aquel cuadro de tristezas y miseria en que había nacido. Sentía que el momento de escapar de los cañaverales había llegado. Anhelaba leer, estudiar, aprender. Lió sus pocos bártulos y se marchó del pueblo. Sin dinero y sin saber adonde ir. Sin el consentimiento de su padre. Sin otra cosa que su inquebrantable decisión de largarse de todo aquello. Seguía sus impulsos, sus corazonadas. Ora a pie por los caminos reales, vías férreas y carreteras. Anda que te anda, acá sobre una carreta, allá como pudo, Beno llegó hasta Holguín. Había caminado cerca de sesenta kilómetros. En la finca de un tío suyo consiguió trabajo. Pero, no iba a quedarse allí. Aquel alto fué solo una estación en su camino hacia parajes distantes. Pocas semanas permaneció en Holguín. No le parecía justo el trato que daban a los trabajadores agrícolas.

El dolor de su madre muerta era un recuerdo que perennemente lo embargaba. No podía olvidarla. ¡Cómo no recordar su bondad, su paciencia y su devota y tierna dedicación a la familia! El nombre de Carmela se mencionaba con frecuencia en casa del tío. Y cada vez que lo escuchaba, Batista ahogaba su angustia, mientras se dolía de oirla nombrar, y es más: fué entonces que decidió no responder a nadie por Beno. Así le llamaba su madre. Y sólo ella con su ternura ponía en aquel cariñoso apelativo favorito, un algo inviolable que se llevó a la tumba. ¡Nadie más podría llamarle Beno!

Emprendió de nuevo la marcha. En San Germán se colocó de aguador en una cuadrilla de trabajadores que desmontaban tierras para nuevas siembras de caña. Pronto fué ascendido a listero. Allí estuvo un tiempo. Aprendió muchas cosas útiles: desmontar terrenos vírgenes, sembrar, cultivar y recolectar la cosecha. Pensó establecerse como agricultor y dedicarse al cultivo de la caña por cuenta propia. Pero, en el intertanto de nuevas inquietudes viajeras, regresó a Banes.

Había espigado un poco y madurado mucho. Cuando dejó su casa no tenía objetivos. Sólo andar y andar mundo. Al regresar había empezado a encontrarse a sí mismo. Tenía que fijarse una meta en la vida, y alcanzarla! Unas semanas con los suyos. Un buen día, ansioso de reiniciar el recorrido, le habló a su padre. Le dijo al viejo que allí en Banes no había porvenir para él, puesto que quería dedicarse a cosas más importantes que cortar caña. Don Belisario se sentía muy preocupado por la inquietud de su muchacho y se preguntaba que sería de él. Pero no podía coartar aquellos profundos y vehementes deseos de su hijo,

siempre ansioso de aprenderlo todo y de conocer nuevos
parajes. —"Bien, mi hijo, vete. Puedes irte si esos son tus
planes. Si no te va bien por ahí, vuelve a casa. Tienes mi
bendición, muchacho"!

Con aquellas palabras quedó sellado un pacto entre padre
e hijo. Y así fué que nuestro inquieto y ambicioso joven
—el de los ojos negros y chispeantes— marchó rumbo a
una vida de aventuras, de hechos atrevidos: camino extraordinario que habría de conducirle a la posición más
alta que un cubano puede alcanzar —¡la Presidencia de
la República!

Ya en esta oportunidad Batista no volvió al bohío pa-
terno. Andando y andando siempre tras el arco-iris de
sus sueños juveniles, dejó el lar nativo. Salió de Banes
para el pueblito ferroviario de Dumois: un punto de en-
tronque del ramal que conecta a Banes con la línea principal del ferrocarril, a muchos kilómetros al norte. Al caminante le gustó Dumois por su movimiento inusitado. A
nadie conocía allí. Con muy pocas pesetas en el bolsillo
no podía gastarlas en ningún hotel. Así que se instaló en
un banco de madera de la pequeña estación ferroviaria y
racionó su alimentación. Aquella cama no era nada có-
moda ni el lugar tampoco. Los trenes que pasaban uno
tras otro cada noche estremecían la tierra misma. Cuando
venía a ver ya estaba amaneciendo y tenía que dejar su
albergue. Pero con todo, le gustaban aquel pueblecito y
los trenes. Pronto trabó amistad con los ferroviarios que
iban y venían por el patio, tan seguros de sus pasos. Admiraba a estos tipos vitales y despreocupados. Sin embargo,
su verdadero interés se centraba en las poderosas y trepi-
dantes locomotoras. Algunas veces se las arreglaba para
que los maquinistas y fogoneros le dejaran subir a tales
monstruos de acero. Batista soñaba. Como en éxtasis, pasaba ratos largos encaramado en las locomotoras. Experimentaba esas coruscantes sensaciones tan propias en un
muchachote de catorce años. Durante los días y las noches

que pasó en Dumois —lo diría después rememorándolos—
no hizo sino pensar, imaginar que "iba a bordo de un tren
rumbo a Camagüey, a La Habana, a todas partes. A todos
los lugares con los que soñaba". Su incesante anhelar. Sus
inquietudes. Su constante deseo de probar fortuna para
cambiar su suerte, tienen que haber emanado directamente
de la honda contrariedad del agotador trabajo mal pagado
en los cañaverales de Banes. Un chiquillo de sus excepcionales calidades humanas, con las manos duras y encalle-
cidas como un hombre, que rendía faenas de hombre por
unos miserables centavos de jornal, no podía sentir de
otra manera. La rebelión contra el medio se hizo obsesión
de fuga. Tuvo que huir. Huir aunque sólo fuera hacia el
triunfo de una vida distinta. Obediente a tales instancias
que brotaban desde el fondo de su ser esencial, enfiló
hacia cualquier parte. Lo importante para él era el triunfo. ¡Triunfaría o habría de morir de pasión de ánimo...
de frustración!

Con los ferroviarios allí en Dumois, Batista pasó la
mayor parte de su tiempo. Eran tipos como para fascinar
a cualquier muchacho. Horas enteras gustaba de sentarse
junto a ellos para escuchar sus cuentos. ¡Acaso si una
buena parte de aquellas narraciones las inventaban los
ferroviarios para regalarlas, por chanza o bondad, a sus
oídos ávidos!

La bodega local tenía que ser el sitio favorito de la
gente del ferrocarril. Y el joven Batista, por supuesto, debía
meterse allí como un ferroviario más. Es que la bodega,
la tienda, es una invención maravilllosa. Una especie de
institución en Cuba. Allí se puede almorzar, beber, jugar
al dominó, tirar los dados, adquirir vituallas y licores y
enterarse además de todos los chismes de lo localidad.
Todo esto por la razonable cantidad correspondiente a un
consumo mínimo. La bodega era ya entonces y ha seguido
siéndolo, algo así como un centro comunal —ahora con
radio, tocadiscos y televisión en muchos casos— donde

todos los temas se debaten sin el menor asomo de inhibición, lo mismo el nacimiento de cualquier hijo de vecino que el más nimio o más importante asunto de política nacional o internacional.

El joven Fulgencio era un muchacho simpático. Todos cuantos trabajan en el ferrocarril le tenían aprecio. El los saludaba cuando salían y volvían y les preguntaba sobre las alternativas del recorrido a lo largo de la línea. Con las pupilas ansiosas de lejanías, de lugares distantes, él escuchaba los relatos y ellos le embutían sus cuentos con aplomo de veracidad. A mayor interés del ferroviario en ciernes, más colorido de aventuras en el cuentista de turno. Pronto Batista se había familiarizado con el argot ferrocarrilero. Y muy dentro de sí le había nacido la voluntad de llegar a ser también un ferroviario. Sus amigos hablaban de Antilla: el movido puerto azucarero con su pequeña ciudad al norte de la Bahía de Nipe. Para la gente del ferrocarril Antilla era una metrópoli excitante a cuyo través pasaba la mayor parte del azúcar de varios ingenios de Oriente. El puerto aquél era un puente. hacia los mercados del mundo. Batista decidió probar su suerte. Pronto se agenció el viaje de Dumois a Antilla. Rumbo al mar, a la cola de un tren de carga —en el carrobús— viajaba ufano. Antilla era su meta próxima. Esperaba encontrar trabajo puesto que la oficina principal del ferrocarril radicaba allí.

Lo concerniente a su ropa y alimentación preocupaban a Batista. Al cabo no era sino un niño que quería ser ferroviario, pese a que su problema económico fuera el mismo de un hombre. Tenía que hallar empleo en Antilla. Tenía que encontrar trabajo pronto. Cuando el tren en que venía paró en Antilla su insolvencia era total. Y una sorpresa le aguardaba. Había guardia-rurales por todas partes y el malestar cundia. ¿Qué pasaba? ¿Por qué tantos soldados en zafarrancho de combate en los patios de la estación? —Pronto lo supo—. Los ferrocarrileros de

Antilla habíanse declarado en huelga. La fuerza pública tuvo que intervenir para mantener el orden toda vez que se registraron algunos disturbios.

Las diferencias con la empresa eran causa de la huelga ferroviaria. Batista no se había sacudido el polvo del camino y entraba apenas en el patio de la estación cuando se le ofreció empleo. Un empleo en el ferrocarril. Precisamente lo que había estado anhelando durante meses. Aquí estaba ante la tentadora oportunidad de realizar sus sueños. Sus ambiciones de la adolescencia podía convertirlas en realidad y ganarse unos buenos pesos para comer, vestirse y comprar libros. Pero, héte aquí que no aceptó. Debe haber necesitado mucho coraje para rehusar tales ofertas. Mas, su naturaleza rebelde y su calidad humana le hicieron rechazarlas todas. El no podía ser rompehuelga. Sus planes se retrasaban pero su decisión estaba tomada. Los días siguientes deambuló por la ciudad y por los muelles. ¿Se enrolaría en la tripulación de alguno de los pequeños barcos que entraban y salían del puerto de Antilla? ¿Se haría marinero? ¿Estaría en la mar su destino? —Otra vez decidió en contra—. ¡Quería ser ferroviario!

Unos días después se puso en marcha nuevamente. A pie, con la aventura a un lado y el coraje al otro se llegó hasta el pueblecito de Alto Cedro, enclavado al sur de Antilla. Volvió al campo y trabajó una vez más como cortador de caña. Pegó muy duro por varias semanas. Ahorró lo suficiente y de Alto Cedro siguió a Holguín y trabajó también en el campo. Entretanto, su pasión por los libros había aumentado. Necesitaba ganar dinero para comprar unos cuantos y requeriría de tiempo para leerlos.

Batista aceptaba cualquier clase de faena. Lo importante era poder alimentarse y vestirse. A intervalos de su vida pintoresca durante su pre-adolescencia, fué ayudante de sastre, aprendiz de carpintero y comodín de barbería. Pero por sobre estas posibilidades de aprendizaje no abandonó jamás su idea de ser ferroviario. Por esas cosas de la tenacidad y el destino, después de muchos meses en Holguín su sueño se hizo realidad. Fué empleado como retranquero en los Ferrocarriles Consolidados. Había que ver al muchachón aquél lo orondo que se sentía en su nuevo trabajo. ¡Por primera vez en su vida, la felicidad, sospechada entre tantas amarguras y vicisitudes estaba en sus manos!

Si a Batista le preguntasen hoy cuál fué el momento más excitante de sus andanzas juveniles, respondería casi seguramente, que aquél en que se caló la gorra de cuero —distintivo del ferroviario—, se ató un pañuelo azul alrededor del cuello y se puso a cumplir sus faenas de trabajador del ferrocarril. Es muy significativo, al efecto, que después de haber derrocado dos gobiernos y de haber ocupado dos veces la Presidencia de Cuba, tenga en el lugar más prominente de su biblioteca el farol de retranquero y la llave cambiavías que usaba en sus tiempos de ferroviario de los Consolidados allá en Holguín. Y que, las barras de sargento que llevaba cuando consumó su primer golpe de estado en 1933, figuren junto a sus reliquias ferrocarrrileras.

Felices fueron los días y las noches de Batista como ferroviario. Viajó continuamente a lo largo y lo ancho de la red de los Consolidados. Hizo amigos en cada estación y pernoctó en posadas de los pequeños pueblos y durmió en los alojamientos de las dotaciones de trenes en pueblos y ciudades de mayor importancia. Tenía lugar para leer entre viaje y viaje. No le faltaba dinero con que alimentarse, vestirse y comprar libros de vez en cuando. Era buena la vida en el ferrocarril. Conoció mucha gente en aquellos años inolvidables. Hablaba bien y sabía escuchar mejor. Extraordinariamente se le desarrolló la utilísima facultad de retener cuanto leía y escuchaba si lo consideraba de interés. Tal don, de suyo natural, le sirvió de mucho en sus años mozos ya que le permitió auto-educarse. En años posteriores le sería de gran beneficio en los asuntos de gobierno. Tanto ha desarrollado esta espe-

cificidad de su talento, que puede recordar indefinidamente nombres y caras de personas con quien trata, siquiera
sea por breve lapso, y asimismo, los incidentes de su
azarosa vida.

En sus tiempos de ferroviario a poco pierde la vida. Cayó
entre dos casillas de un tren en marcha yendo a topar
sobre el acoplo o enganche. Perdido el conocimiento, tuvo
la fortuna de que sus ropas se trabaran en el enganche y
le mantuvieran el cuerpo milagrosamente alejado de las
ruedas. Después de que pudieron rescatarlo tuvo que hospitalizarse en Camagüey antes de volver a su empleo de
retranquero-conductor.

Cuando Batista no tenía que trabajar en los trenes de
carga se pasaba las horas en su cuarto. Leía libros, ha-
ciéndoles las anotaciones marginales que la lectura le sugería. Consultaba el diccionario y progresaba intelectualmente. Sus compañeros en las dotaciones le hacían chanzas
porque nunca les acompañaba a las fiestas que organiza-
ban. La sed insaciable de Batista por aprender no admitía
puerilidades. Se regocijaba visitando amigos con los que
pudiera hablar sobre autores y libros. Galanteaba frecuentemente a las muchachas de los pueblecitos a la vera
de la línea, aunque ninguno de sus romances le tocó en
serio el corazón. No pensaba en casarse. Era un joven
ambicioso, cuyo anhelo fundamental no era otro que el
de mejorar cultural y económicamente. En su juventud
jamás bebió. Hoy, algunas veces toma un cocktail antes
de la comida o un vaso de vino en ceremonias de Estado.
Como fumador se limita a un habano en contadísimas
ocasiones.

Batista permaneció en el ferrocarril hasta que tuvo
veinte años de edad. Le agradaba su trabajo porque viajaba y mejoraba su educación al unísono. Pero, la ambición le espoleaba. Años atrás, cuando dejó el bohío familiar cerca de Banes, se dijo para sí que habría de lograr
algo que valiese la pena en la vida. ¡Quizás si luego de una
introspección decidió por fin que para cumplir su alto

destino debía bajar de los carros de los Ferrocarriles Consolidados!

En abril de 1921 se alistó en el Ejército Nacional como soldado raso y le destinaron al Primer Batallón de la Cuarta Compañía de Infantería en el Campamento de Columbia. No podía sospecharlo él, ni nadie en modo alguno, que allí en aquel Campamento de Columbia —en las cercanías de La Habana— llegaría a jugar rol estelar en el futuro. Porque fué en Columbia, poco más de diez años después del día en que traspuso la entrada como recluta, que Batista —1933— planeó y ejecutó su primera revolución contra un gobierno. Y tornó al Campamento de Columbia una vez más en 1952 para consumar un segundo golpe. Columbia, pues, es en él un sentimiento y una pasión y pasa allí una o dos noches cada semana, pese a que su residencia oficial lo es el Palacio de la Presidencia en el centro de La Habana.

En 1921 —al ingreso de nuestro biografiado en el Ejército— Columbia era un campamento deteriorado. Una reliquia de los días de la Guerra Hispano-americana. Sus barracas de madera feas y carcomidas. Desde que las tropas norteamericanas que lo construyeron lo ocuparon por la última vez en 1909, el descuido señoreaba allí. Hoy es una de las bases militares más atractivas y modernas del Hemisferio Occidental. Precisamente, fué el ex-Sargento Batista, en los años que siguieron al 1933, quien dispuso su reconstrucción en cemento y acero, resultando de ello la total modernización del establecimiento en que él ostentaba la Jefatura del Ejército.

A Batista le agradaba la vida militar. Terminado su normal entrenamiento en la escuela de reclutas y no obstante las tareas y deberes que realizaba, arregló sus cosas de modo que le quedase tiempo libre para estudiar. El Ejército le alimentaba y vestía. Y tenía acceso a la biblioteca del Campamento. El arreglo era ideal.

Por esa época se le había metido entre ceja y ceja el

ser abogado. Tan fuerte era su ambición por el Derecho entonces, como en su adolescencia fuera el propósito de ser ferroviario. Pero, no había cursado ninguna de las asignaturas del bachillerato. Y por lo demás, tampoco las tareas y deberes en el Ejército le habrían permitido asistir a una escuela especializada en caso de que existese alguna. De manera, pues, que hizo lo mejor que pudo para satisfacer sus ansias de conocimientos jurídicos. Se compró y pidió prestado cuanto libraco de derecho encontraba. Y leyó leyes y más leyes hora tras hora y día por día. En las noches, pasado el toque de queda, estudiaba al fulgor de una luz muy tenue, esperanzado de que su sargento no le sorprendiera. Sin embargo, más de una vez fué presentado al Primer Sargento Rogelio López, por infringir la ordenanza de apagar las luces.

Además de estudiar Derecho, afirmó Batista a sus compañeros de barraca, que se haría taquígrafo y mecanógrafo; pero muy pocos le creyeron. ¿Cómo iba a pasarse todas sus horas de asueto en tan áridas tareas? Al enterase el Sargento López —que admiraba los afanes de automejoramiento de Batista— de los nuevos estudios, le endilgó el mote de "el literato". Firme en sus propósitos, se matriculó en un curso de taquigrafía por correspondencia y con entusiasmo comenzó a practicar. Los signos taquigráficos le ocupaban varias horas cada día. Traza que te traza signos y gramálogos, Batista progresaba y enviaba sus lecciones desarrolladas a sus maestros de New York. Para el Sargento López, el recluta aquel que trabajaba duramente todo el día en sus deberes militares y aprovechaba hasta el último minuto libre aferrado a sus estudios, era de admirarse. Nunca había visto un tipo igual. Y admiraba a Batista, sin embargo de que los Sargentos Primeros no pasan a la historia por su reconocimento público a soldados rasos "intelectuales".

Haciendo un paréntesis, viene al caso mencionar que el Primer Sargento López fué recompensado ulteriormente por su humana tolerancia para con los hábitos filomáticos del soldado Batista. Cuando éste asumió la jefatura del Ejército en 1933, López seguía en filas con sus mismas barras de Sargento. Al acudir a congratular a Batista por su promoción al rango de Comandante Supremo, recibió una sorpresa: Batista le tenía preparado al Primer Sargento Rogelio López un documento mediante el cual le ascendía a Coronel.

Entretanto, Batista adelantaba prodigiosamente en sus estudios. Poseía ciertos conocimientos jurídicos. Sabía manejárselas en la taquigrafía y cómo mecanografiar al tacto. Pero no estaba satisfecho. Tan era así que en los umbrales de 1923 dió los pasos necesarios para recibir instrucción especial en La Habana. Quería mejorar su técnica taquimecanográfica. Necesitaba mayor rapidez en la máquina de escribir, y lo logró.

Llegado este momento se le hizo evidente a nuestro biografiado que debía darle preferencia a la taquigrafía sobre sus estudios autodidácticos de Derecho. Siendo un buen taquígrafo podría ascender en el Ejército. De ahí que se matriculara en el Colegio San Mario —en La Habana— para recibir enseñanza nocturna de taquigrafía. Batista le habló al director del plantel tan pronto asistió a clases, le expuso sus planes. Después de oirle, éste aconsejó al joven soldado que prosiguiera sus estudios por el sistema Gregg. En el Colegio San Mario utilizaban el método Pitman. Pero el Director juzgó que el progreso del soldado se resentiría si cambiaba de un sistema al otro. Comprendió el profesor que el joven Batista era un estudiante animoso y serio y le dispensó desde el primer momento atención especial.

Mientras estudiaba en el San Mario escribió Batista su primer artículo periodístico. Por aquellos días empezaba a considerar que debía hacerse periodista. Todavía tiene vivo interés en tal profesión hasta el punto de haberme confesado una vez que de poder iniciar su vida de nuevo se dedicaría al periodismo. Hoy escribe o planea todos sus discursos y declaraciones públicas.

En el colegio se publicaba una pequeña revista intitulada "El Educador Mercantil". El director pidió a Batista que escribiera una serie de artículos sobre cualesquiera temas que le interesaran. Usó el nombre de pluma, Rubén, que sabemos era uno de sus nombres bautismales. El Rubén de su Rubén Fulgencio hacía años que estaba en desuso. Su primer artículo apareció en la edición de julio 15 de 1923. En "El Educador Mercantil" exponía el novel periodista el caso del Comandante Javier Molina y Montoro, héroe de la guerra de independencia, cuya pensión habíanla reducido a la de capitán. Batista cerraba su trabajo con la súplica de que la injusticia consiguiente fuese subsanada y al veterano-héroe se le diera lo que le correspondía. Fué una protesta signada por la típica justicia batistiana. Continuó colaborando en la publicación impresionando al director por la versatilidad de que daba muestras el joven soldado-taquígrafo. Y en el verano de 1923 el propio director insertó en "El Educador Mercantil" una foto de Batista con este profético pie de grabado: "Al presentar esta fotografía ofrecemos prueba gráfica y viva de que aquí hay un hombre de sobrada buena voluntad y gran entusiasmo, y no tenemos dudas de que, en un futuro no muy lejano, nuestro buen amigo estará situado en la Plana Mayor del Ejército de Cuba".

Y en efecto: diez años más tarde estaba Batista en el Estado Mayor como Jefe de las Fuerzas Armadas.

Fulgencio Batista cumplió su primer alistamiento en el Ejército en 1923 y se aprestaba a ingresar en el comercio. Le habían prometido empleo para cuando terminara su curso en el San Mario. Mas, el país afrontaba a la sazón, una coyuntura depresiva en sus actividades económicas y el cargo nunca pasó de la promesa. Ya fuera del Ejército hizo del colegio su sede. Permanecía en sus aulas desde la mañana a la noche, figurando como oyente en los cursos todos que ofrecia dicho plantel. Luis Garcia Diaz —Director del San Mario— era su viejo amigo y veia con gusto el interés de Batista por ampliar su educación. De ahi que le designara maestro auxiliar en la escuela. Encantado con su nuevo empleo, Batista podia dedicar varias horas de cada dia a la lectura asidua de obras clásicas y de escritores famosos. Su sed de conocimientos no se saciaba nunca. Tan eficientemente laboró el joven auxiliar en el desempeño de sus deberes magisteriales, que Garcia Diaz le ascendió a profesor titular de la asignatura Gramática Comercial. En verdad, Garcia Diaz y Batista tenian mucho en común. El director del San Mario —años antes habia sido Sargento del Ejército cubano: Sargento Taquígrafo inclusive— y coparticipe en dos rebeliones. Batista permaneció en el colegio una temporada, hasta que el deseo de reengancharse en el Ejército le instó irresistiblemente a alistarse de nuevo. En la Guardia Rural, una rama de las Fuerzas Armadas, dedicada a funciones de policia y patrullaje en los poblados y caserios de los campos de Cuba, entró a la sazón.

Fué destinado como guardia en el puesto de la finca "Maria", del Presidente Alfredo Zayas, cerca del poblado de Wajay. Pronto supo Batista que el Presidente poseia una gran biblioteca y solicitó y obtuvo permiso para frecuentarla. Sus tareas en la finca "Maria" eran de suyo agradables. Por vez primera en su vida Batista pudo conocer a estadistas y políticos de renombre. Y hasta tuvo varias oportunidades de hablar con el mismo Presidente de la República. Alli las condiciones de alojamiento eran buenas. Los deberes ligeros. Y le quedaban horas libres para leer. Luego de un tiempo, el Presidente Zayas, que habia reparado en el interés de Batista por los libros, le colgó el sobrenombre de "Soldado Polilla". Permaneció en la finca "Maria" hasta que el Dr. Zayas finalizó su periodo presidencial. Incorporado nuevamente al Ejército Regular, le destinaron por breve lapso al Castillo de Atarés situado cerca de La Habana. Le trasladaron después al Castillo de la Fuerza, ubicado a la boca de la bahía habanera y en el corazón de la capital. Fué puesto a las órdenes del Coronel Federico Rasco y Ruiz, Inspector General del Ejército. La experiencia que atesoró en este puesto le resultaría invaluable. El era un buen soldado. Siempre atento al Reglamento y nunca remiso al cumplimiento de sus deberes. En breve fué ascendido a Cabo. Se presentó a unas oposiciones en junio de 1926 junto a otros cuarenta y dos aspirantes y alcanzó brillantemente el primer lugar.

Hacía poco que fungía de secretario del Coronel Rasco, cuando un grupo de civiles y militares se vió envuelto en una trifulca. El lugar de la riña fué un cabaret de las cercanías del Campamento de Columbia. El sitio era favorito de los alistados. Una noche varios jóvenes de sociedad que estaban de juerga visitaron aquel cabaret. Ingirieron bebidas alcohólicas hasta saturarse, e influenciados por la atmósfera tensa del lugar, decidieron sacar de allí a los soldados. El alcohol hace cometer, frecuentemente, tonterías y cosas absurdas. Y tal decisión de los niños "bien" en cuanto a sacar a los soldados del cabaret era de la más peregrina. Tenían que estar terriblemente borrachos, pues nadie cerca de la sobriedad, ni aún medio bebido, hubiera buscado camorra con unos alistados dispuestos a sacarle el mejor partido posible a sus pases de veinticuatro horas. Por supuesto que se armó la del demonio. Hubo bajas —más entre los civiles, como era de espararse— y se ordenó abrir la correspondiente investigación.

Al Comandante Ovidio Ortega le asignó el Ejército la función de esclarecer los hechos. Sus instrucciones eran las de recoger a todos los alistados que habían tomado parte en la pelea e interrogarlos ante la superioridad. No se sabe por qué medios el Coronel fué informado erróneamente acerca de que cierto Cabo, Batista, estaba en el cabaret esa noche. Al objeto de averiguarlo decidió ir en busca del Cabo de dicho apellido en las oficinas del Coronel

Rasco. La visita no era de cortesía. Cuando el Comandante hizo su entrada en el despacho del Coronel encontró al Cabo Batista con su Jefe. Antes de que el Comandante pudiera darle al cabo la mala nueva el Coronel Rasco intervino: "Este es el Cabo Batista", aseveró. "Es casado, tiene una hija, vive en la calle Josefina 24 y jamás, pero jamás, frecuenta lugares como el Cabaret París". El Comandante Ortega se retiró. Y la investigación, en lo concerniente al Cabo Batista, quedó hasta allí sin más ni menos.

Mientras permaneció en la finca "María" en Wajay, Fulgencio Batista había tenido tiempo suficiente —entre sus deberes militares y sus lecturas— para cortejar a una linda joven de la localidad llamada Elisa Godínez. El galanteo culminó en matrimonio. El 10 de julio de 1926 se efectuó la boda. En abril del año siguiente les nacía su primer hijo. Mas, el matrimonio hubo de ser disuelto algunos años después. Y contrajo matrimonio por segunda vez. Entonces, con Martha Fernández, que ha sido su compañera ideal. Batista siente por ella esa devoción profunda que sólo se alcanza por vía de la identidad plena de dos seres.

El romance de Martha y Fulgencio empezó con un accidente de tránsito. Comenzó un día en que el automóvil del Coronel Batista chocó con una bicicleta montada por una linda cubanita de soñadores ojos verdes. Aunque el accidente no tuvo mayores complicaciones —las heridas no fueron graves— aquel hecho modificó raigalmente, como se infiere, el curso de dos vidas. Solícitos, el Coronel y sus ayudantes acudieron en auxilio de la señorita. La recogieron y la trasladaron al momento a una Casa de Socorros. Pero no quedó ahí el asunto. El Coronel se interesó por la salud de la bella lesionada durante muchos días consecutivos. Y de tales caballerosas atenciones floreció sutilmente el romance. Unos años más tarde Fulgencio y Martha se casaron.

Dos hijas: Mirta y Elisa, y un hijo, Rubén, fueron el fruto del primer matrimonio con Elisa Godínez. Con Martha ya tiene cuatro varoncitos: Jorge, Carlos Manuel, Roberto y Fulgencio José. El hijo menor —Fulgencio José— nació el 1º de febrero de 1953. Es el primer varón nacido en el Palacio Presidencial. Todos los muchachos son réplicas de su padre. Rubén estudia actualmente en la Universidad de Princeton. Cursó su educación elemental en una academia militar de los Estados Unidos, graduándose de bachiller en La Habana antes de matricularse en Princeton.

Martha Fernández de Batista es, sin duda, una de las más capaces auxiliares del Presidente. Independientemente de sus deberes como Primera Dama de la República, es cabeza directriz de varias instituciones asistenciales oficiosas, descollando en el campo de las atenciones a los niños necesitados. Devotísima católica no le regatea tiempo a sus vocaciones caritativas, ya directamente o a través de la Iglesia. Es delicadamente modesta y callada. Los pobres de Cuba la idolatran.

Capítulo 3

EN agosto de 1928 hubo oposiciones para cubrir una plaza vacante de Sargento-Taquígrafo en el Séptimo Distrito Militar, Fortaleza de La Cabaña en La Habana. El Cabo Batista optaría a dicho cargo. Se presentó a exámenes y recibió la nota correspondiente a la calificación que había obtenido: cien puntos. Y fué a partir de aquí que comenzó la carrera de Batista como Sargento. Su próximo ascenso vino en septiembre de 1933, después de haber encabezado la Revolución de los Sargentos... Y vaya qué salto: de Sargento a Coronel. Durante su carrera militar, Batista ha ostentado seis rangos: Alistado, Cabo, Sargento, Coronel, Brigadier General y Mayor General. Los cargos que desempeñó como oficial, Coronel y General, le dieron mucho prestigio y encajaban con las altas posiciones por él cubiertas en los asuntos nacionales. Empero, la clasificación que acaso le gustó más fué la de Sargento. Entre sus "souvenirs" —y tiene mucho de coleccionista— no aparecen insignias representativas de los rangos de Coronel o General. Mas, las barras de Primer Sargento, pertenecientes a la camisa que vestía en septiembre 4 de 1933 —día de la Revolución de los Sargentos— están allí, en un marco, colgadas sobre el dintel de su biblioteca.

En el año de 1928, cuando Batista concurrió a las oposiciones en que obtuviera la plaza de Sargento-Taquígrafo, se hacía ostensible en Cuba un creciente malestar político. El Gobierno del Presidente Gerardo Machado, muy popular tres años antes cuando asumiera el Poder, se había captado la hostilidad de la nación con su política yuguladora de las libertades públicas. Hacía ya tiempo que se percibían muestras de descontento en el país. Y pudiera afirmarse que el sentimiento antimachadista se proyectó hacia sus grandes magnitudes posteriores a partir de 1928. Cuando Machado obligó al Congreso Nacional a legislar su prórroga de Poderes hasta 1935, las protestas alcanzaron dimensiones nacionales. Al crecer día a día la oposición, Machado se tornó más y más desafiante y despótico. Los que combatían a su régimen se jugaban la vida. La policía secreta del dictador —la bien armada **Porra**— intensificó sus actividades opresivas al compás mismo en que se incrementaba la oposición. Varios líderes de la lucha contra Machado fueron liquidados por sus pistoleros policíacos. Basten como ejemplos: la emboscada en que fuera victimado el periodista Armando André, en agosto de 1925; el asesinato con escopetas recortadas del Coronel Blas Masó. Además, un buen número de antimachadistas fué sometido a torturas inquisitoriales. Y los matones a sueldo del director penetraban hasta en naciones vecinas para eliminar a los enemigos del régimen. Julio Antonio Mella, cabeza del movimiento estudiantil antimachadista —que escapó de Cuba después de una sonadísima huelga de hambre contra las atrocidades del "asno con garras"— fué asesinado en México en 1929 por los pistoleros que envió Machado desde La Habana con tal encomienda sanguinaria.

Al alborear 1930 la batalla entre Machado y sus opositores había alcanzado las proporciones de una guerra abierta. Buena parte del rencor antimachadista se concentraba en el estudiantado de la Universidad de La Habana. En septiembre de este año fué que los universitarios realizaron la demostración pública contra la dictadura en la que resultó muerto por la policía el estudiante Rafael Trejo. Machado hizo cuanto pudo por suprimir la oposición del estudiantado. Cerró la Universidad y los Institutos de Segunda Enseñanza y aún las Escuelas Normales para Maestros, no sólo en la capital sino en toda la República. Pero en agosto de 1931 el odio popular a Machado estalló en revuelta insurreccional. El movimiento lo encabezó el General Mario G. Menocal y tuvo su centro de operaciones en la Provincia de Pinar del Río. Sin embargo, fué estrangulado al nacer y arrestados Menocal y Carlos Mendieta, con otros líderes insurgentes.

Fracasó el intento revolucionario de Menocal, la oposición se soterró. Y durante la nueva etapa que se iniciaría el Sargento Batista se incorporó al movimiento antimachadista clandestino. La campaña contra el tirano se mantenía viva a través de grupos diversos aunque pequeños de gente animosa y valiente, sin que en realidad estuviese dirigida, inspirada o monopolizada por ningún partido político en particular. El sentimiento contra el Presidente Machado tenía más instancias personales que determinaciones políticas calificadas. Se nutría de la convicción de un grupo de gran núcleo de ciudadanos acerca de que los métodos despóticos de Machado contra los que se oponían a su política represiva tenían que ser coartados a cualquier precio. En sus inicios el movimiento antimachadista careció de la coordinación adecuada. Pero más tarde —en 1932 y 1933— los grupos oposicionistas se consolidaron y consagraron a una campaña bien estructurada.

La posición de Batista, como Secretario en el Estado Mayor y su trabajo como taquígrafo en los tribunales militares que celebraban Consejos de Guerra a los enemigos del régimen, le dieron oportunidad de ver y conocer la dictadura por dentro. La información que recogía se hizo en extremo valiosa para los revolucionarios en el exilio, y a Batista se le llegó a considerar un hombre-clave en la batalla contra Machado. Batista, que hubiera preferido combatir al tirano a pecho descubierto, pasaba la mar de apuros tratando de refrenarse al contemplar el rosario de brutalidades e injusticias del régimen. En una o dos oportunidades su odio indisimulable a los procedimientos machadistas por poco le crean una seria situación. Uno de los incidentes aconteció a principios de 1933 en el pueblo de Artemisa.

La mañana del 21 de mayo de 1933 el Primer Teniente

Enrique Diez Díaz se sentaba a su mesa en el puesto de la Guardia Rural de dicho pueblo pinareño para abrir la correspondencia. Este Teniente era el oficial a cargo del puesto de Artemisa, una comunidad entre pueblo, villa y ciudad, ubicada en el corazón de una importante zona agrícola de la más occidental de las provincias cubanas, a 60 kilómetros de La Habana. El día anterior habíase cumplido un aniversario más de la fecha inaugural de la República. Era, por consiguiente, día festivo y por ello la correspondencia se acumulaba en el despacho del oficial. Comunicaciones sin estampillas —documentos cursados por el Ejército— unas cuantas cartas personales y varios paquetes pequeños. El Teniente Diez Díaz revisó la correspondencia y tomó para abrir su envoltura, uno de los paqueticos. Se oyó fuerte explosión. Una bomba contenida en el pequeño paquete a poco destruye el edificio del puesto militar. El Teniente fué sacado exánime de entre los humeantes escombros. Al siguiente día se efectuó el sepelio con los honores de su cargo.

La acción terrorista que causó la muerte de Diez Díaz concitó gran excitación. El pueblo presentía que las represalias del régimen no tardarían. Cuatro revolucionarios destacados: la señora Mercedes Morales de Corrons, Francisco Corrons Canalejos, Luis Pérez Hernández e Ignacio González de Mendoza fueron arrestados bajo la acusación de haber planeado y ejecutado el asesinato del Teniente Diez Díaz. El juicio se celebró ante un Consejo de Guerra en el mismo pueblo de Artemisa. La defensa de los procesados la asumieron los doctores Ricardo Dolz, Carlos Manuel de la Cruz, Gonzalo Freyre de Andrade y Pedro Cué. Todos civiles identificados en cierto modo con los empeños revolucionarios antimachadistas. El Ejército asignó a tres Sargentos-Taquígrafos para las tareas consiguientes del juicio. Entre estos figuraba el Sargento Batista. La presencia de Batista entre los taquígrafos del tribunal reconfortaba a los abogados de la defensa. Tal vez alguno de ellos sabía que el joven taquígrafo militaba ya en la organización revolucionaria ABC y que conspiraba audazmente contra Machado. Según avanzaba el juicio aumentaba el encono de los letrados del régimen contra sus colegas de la defensa. En una de las vistas un abogado o auditor militar quiso agredir al Dr. de la Cruz en medio de una violenta disputa sobre el caso. Batista saltó de su asiento para defender al ilustre letrado con riesgo no sólo de su cargo sino de su propia vida. Se había hecho el propósito de proteger al Dr. de la Cruz. Prosiguiendo el juicio en días posteriores, llegaron a Batista ciertos alarmantes rumores. Se trataría de asesinar a los abogados civiles del proceso. Sin perder un minuto Batista fué a ver a los letrados para ponerlos en guardia, mientras les sugirió que permitieran a él y un compañero Sargento acompañarles en sus viajes de regreso a La Habana. Y que, entretanto durara el juicio, Batista y otro Sargento ofrecieron acompañar a los abogados de la defensa en sus viajes diarios de Artemisa a la capital, para protegerlos de posibles agresiones.

La verdad era que el Teniente Diez Díaz murió a causa de su descuido. Olvidó la regla primera de la propia defensa, o por lo menos, la que seguían al pie de la letra la mayor parte de los oficiales del opresor gobierno de Machado. Sin medida precautoria alguna, pasó por alto el ingenio de los revolucionarios que se habían convertido en expertos fabricantes de bombas. Por amarga experiencia los oficiales machadistas se cuidaban de los enemigos del régimen que habían logrado aterrorizarlos y no caían en el error suicida de Diez Díaz. La bomba "paquete" —empleada en el hecho de Artemisa— pronto cayó en desuso y fué sustituída por modelos nuevos y de mayor efectividad. El mejor tipo de máquina infernal utilizado a la sazón lo constituyó quizás el que se valía de una técnica basada en la conexión telefónica. Tal método cobró singular utilidad porque permitía la eliminación de oficiales policíacos y del Ejército, responsables o implicados en torturas y otros salvajes atentados contra los derechos y la persona física de los ciudadanos opuestos al machadato. Y los revolucionarios lo pusieron en práctica cuantas veces pudieron. La operación era sencilla. Alquilaban una casa amueblada y conectaban una serie de bombas al teléfono. Luego de cerciorarse plenamente del buen funcionamiento de los detonadores abandonaban la casa. Una vez en la calle, llamaban anónimamente por un teléfono cualquiera a la jefatura de policía "dando el soplo". El informe telefónico en cuestión hacía saber a las autoridades que, en la casa de marras, se hallaba reunido un grupo de conspiradores. La llamada provocaba invariablemente una redada en la que tomaba parte un destacamento de policías o soldados. Ya en la casa señalada, el oficial que mandaba el grupo de asalto, al no encontrar a nadie allí, le echaba mano al teléfono para comunicarlo a la superioridad. Con levantar el receptor bastaba. El procedimiento no se aplicaba siempre en la misma forma. Tenía algunas variantes: una de ellas, por ejemplo, era la de conectar bombas de tal manera que estallaran cuando se abrían puertas de "closets" y armarios, o tan pronto como se tirara de una gaveta. Se infiere que en registros policíacos en busca de individuos, armas, proclamas o pertrechos no podían pasarse por alto semejantes lugares y muebles de una casa. Las explosiones eran inevitables.

Otro de los trucos en que se especializaban los revolucionarios era el de la bomba "en dos tiempos". La efectividad de tal método se hizo incontrastable. Los revolucionarios adoptaron la bomba "en dos tiempos" por vía de deducción. Observaban que el estallido de un petardo en cualquier lugar público de La Habana, atraía siempre a un gran número de policías. De ahí que idearan el procedimiento. Ponían una bomba pequeña para que estallara primero. Y colocaban una segunda bomba de gran potencia para que estallara diez minutos después. La primera operaba como señuelo. La segunda tenía finalidades enormemente destructivas y estallaba cuando el máximo número de policías habíanse congregado en el lugar.

Entretanto tomaba cuerpo la campaña contra Machado,

las fuerzas que le combatían sin tregua se fueron haciendo más y más hábiles y efectivas. Las sociedades secretas lograron consolidar sus cuadros y contaron con espías en casi todas las ramas del gobierno. Estas sociedades clandestinas estaban organizadas en forma celular, de tal suerte que sus miembros disfrutaban del máximo de seguridad. Una célula estaba compuesta por un grupo pequeño de individuos que únicamente se conocían entre sí. El jefe de cada célula, a su vez, conocía tan sólo al oficial inmediatamente superior en la organización. Estas unidades de inteligencia revolucionaria lograron conseguir muy valiosos datos sobre el régimen de Machado. Algunos, inclusive, bastante íntimos. Los agentes secretos de una de las organizaciones revolucionarias averiguaron que el dictador tenía la costumbre de ir al baño a cierta hora muy temprana en la madrugada de todos los días. Decidieron aprovechar el informe. Los técnicos en explosivos entraron en acción. Se adoptó un plan, y unos días después —antes de que saliera el sol— un valeroso revolucionario escalaría la azotea del Palacio Presidencial. Llevaba consigo, bajo una gruesa chaqueta, una bomba y una larga cuerda. Por otra parte, el plan se había complementado con otro informe de gran importancia al mismo efecto. Alguien había descubierto que un tubo de la reventilación iba directamente desde la azotea al cuarto de baño que Machado visitaba en las horas silenciosas de la madrugada. El revolucionario miró su reloj, localizó el tubo estratégico, colocó la bomba al extremo de la cuerda y la bajó por el tubo de reventilación. La tarea era difícil. Cautelosamente y poco a poco fué soltando cuerda hasta que sintió que el artefacto tocaba contra el agujero enrejillado. O sea: sobre el mismo cielo raso del cuarto de baño. Cumplida su peligrosísima misión, saltó escaleras abajo y escapó. La bomba estalló a tiempo. Reinó una enorme confusión en el Palacio Presidencial. Pero... el valiente joven había cometido un ligero error: introdujo el explosivo por un tubo equivocado y sólo la potente bomba destruyó las piezas todas de uno de los baños para invitados, a la sazón en desuso.

Ya en pleno invierno de 1932-33 la crisis en Cuba era agudísima. La carencia total de escrúpulos que caracterizaba al dictador Machado había compelido a muchos de los hombres y mujeres más destacados de Cuba a exilarse. Algunos habían sido arrestados. Otros castigados o asesinados. Y cierto número —sencillamente había "desaparecido". En New York un grupo de estos exilados constituyeron una Junta Revolucionaria para impulsar la campaña contra Machado. La situación preocupaba seriamente a los Estados Unidos más que ningún otro acontecimiento desde el anuncio de la entrada en vigor de la Política del Buen Vecino. Tan alarmado estaba Washington que el Embajador de los Estados Unidos, Harry Guggenheim, había recibido órdenes en cuya virtud debía informar periódicamente sobre los acontecimientos que se desarrollaban en La Habana. Con el advenimiento de la primavera las críticas condiciones se recrudecieron. Más bombas, más atrocidades y luego más bombas. Parecía que los problemas de Cuba no tenían solución.

En abril el Presidente Roosevelt decidió que Sumner Welles —uno de sus más destacados diplomáticos— viniera en seguida para Cuba en representación del gobierno de los Estados Unidos. Al ser designado Welles para la Embajada norteamericana en La Habana, el Secretario de Estado, Cordell Hull, hizo declaraciones explicativas de los puntos de vista de Washington con respecto al problema de Cuba. Después de anunciar que los Estados Unidos "se veían obligados a mirar con la mayor preocupación la situación que existe en Cuba", el Sr. Hull instruyó a Welles para que "le señalara al Presidente Machado, en los términos más convincentes, que en la opinión de nuestro gobierno, no puede esperarse ningún mejoramiento general en las condiciones de Cuba hasta que cese definitivamente ese estado de terrorismo que ha persistido por tan largo período en toda Cuba y, especialmente, en La Habana".

En la misma nota de instrucciones, Hull le dijo a Welles que ofreciera los buenos oficios mediadores de los Estados Unidos para solventar la querella entre Machado y las fuerzas revolucionarias que se le oponían. Y fueron éstas las instrucciones que proyectaron a Welles hacia los esfuerzos más tensos, largos y complicados de mediación, que Cuba ha contemplado. Desde el mismo día 11 de mayo, en que el Embajador Welles presentó credenciales, hasta el 12 de agosto de 1933 —día en que Machado se vió obligado a dejar la Presidencia de la República y salir precipitadamente del país— y durante muchos meses, más, Welles era el centro en cuyo derredor giraba el ciclón político de mayor violencia que ha cruzado el trópico antillano.

A su llegada a Cuba, Welles conferenció con diversos líderes politicos y revolucionarios y fungió de mediador. Ya en julio 1º había obtenido la aquiescencia de la mayoría de las facciones oposicionistas y aún del gobierno de Machado. Empezáronse al fin las negociaciones. Durante mes y medio, Welles negoció sin resultado alguno. Cada vez que la solución parecía estar a mano, sucedía algo y Machado se retractaba. Hubo un momento en que el propio Welles conoció fidedignamente que un grupo de machadistas estaba considerando el asesinato del Embajador para así provocar la intervención de·los Estados Unidos. Finalmente, el 12 de agosto caía Machado. Su renuncia y su fuga de Cuba no fueron exactamente el resultado neto de ningún "Plan Welles". Machado había perdído el apoyo del Ejército y los militares le habían dicho que renunciara. Entregó la Presidencia al General Alberto Herrera, uno de sus ministros, quien de acuerdo a un plan previo, se la transfirió a Carlos Manuel de Céspedes.

Capítulo 4

EL Sargento Batista vivió los meses que precedieron a la caída de Machado sumamente entregado a sus múltiples ocupaciones. Ejercía como taquígrafo en los tribunales militares que juzgaban a los jefes oposicionistas. Siendo como lo era, un verdadero revolucionario, sentíase deprimido por el sesgo de los acontecimientos nacionales y por todo cuanto veía y oía en aquellos procesos irregulares. Muy seguro estaba de que más tarde o más temprano se le arreglarían cuentas al tiránico régimen de Machado.

Cuba, como casi todas las naciones del mundo, estaba sufriendo severos estragos económicos a principios de la década de 1930. El precio del azúcar en los mercados mundiales había caído casi que en picada y la economía de la Isla bordeaba la bancarrota. El Sargento Batista confrontaba sus propios problemas económicos, muy personales, en los días aquellos de la depresión. Veíase obligado a bregar muy duro para librar el sustento de su familia. Pudo agenciarse unos corretajes en bienes inmuebles y se convirtió en pequeño comerciante, dueño de un puesto de frutas y vegetales. Daba clase unas horas al día en una modesta academia de La Habana y se ganaba algunos pesos más sirviendo de tutor a los hijos de varios oficiales. También enseñaba ciertas asignaturas comerciales en la Escuela Milanés. Y pese a tantas obligaciones, Batista era un activo afiliado al ABC, convertida en la más pujante de las organizaciones revolucionarias secretas, dedicando todo su tiempo disponible a las actividades de esta agrupación antimachadista. Al principio sus trabajos de contacto eran sencillos: se limitaba a dar determinada información. Pero pronto participó más señaladamente en las conspiraciones contra la dictadura. Al afiliarse al ABC lo hizo consciente de los riesgos que corría. Sabía perfectamente que podría ser fusilado en cualquier momento si sus superiores en el Ejército averiguaban que militaba en aquella temida organización. El ABC era invencible. Su estructura celular le daba seguridad y sus esferas directrices estaban encabezadas por intelectuales reputados y prestigiosos. Sin embargo, una vez derribado Machado, el ABC, que había contribuído decisivamente a la victoria, empezó a dar muestras de decaimiento. Perdía fuerza y prestigio por semanas. De haberse transformado en partido político quizás habría contribuído con mucho a la forja ideológica de la Cuba post-machadato. Batista militaba en la filial 7 del ABC, bajo la dirección del destacado revolucionario Manuel Martí, cuando —en agosto de 1933— el "Gobierno de la Mediación" presidido por Carlos Manuel de Céspedes hubo de constituirse en Cuba. Con la ayuda e influencia del Embajador de los Estados Unidos, Sumner Welles, aquel régimen de compromiso inició su mandato ipso-facto de la caída de Machado el 12 de agosto. Era un gobierno impotente que sólo perduró veintidós días. Es decir: hasta que el Sargento Batista le arrojó del Poder.

Batista no creía que los problemas de Cuba iban a solucionarse por la simple destitución de Machado. Opinaba, como muchos prominentes civiles, que los oficiales corruptos del Ejército que habían sido soporte de la Tiranía, tenían también que ser expulsados del mando. Sabía asimismo que el gobierno de Céspedes carecía de la fuerza que necesitaba para restablecer el orden público. Y que toda la finalidad transformadora de la revolución se perdería en el caos nacional, que naturalmente habría de insurgir a la caída de Machado. Algo debía hacerse para salvar la revolución y encauzar urgentemente la Cuba nueva. Instado por estos patrióticos propósitos, empezó Batista a tramar las bases de un movimiento que tendría que ser genuinamente revolucionario. Un formidable empeño reformador que le arrebatara el mando a los desacreditados oficiales del Ejército, que remisos habían sido en todo momento a dar el menor paso en pos de la restauración de la tranquilidad nacional. Trabajó entre las clases y encontró apoyo. Ató cabos, identificó afanes renovadores y poco a poco fué sumando adeptos a su plan revolucionario. La crisis total del orden público; la histeria colectiva en aumento y otros factores concomitantes habrían de impulsar a Batista a la aceleración de sus planes y actividades. Trabajaba sin tregua, día y noche. Apenas dormía. De barraca en barraca el Sargento conspirador iba para convencer a sus compañeros alistados de la justeza de su causa. Les instaba al levantamiento oportuno para ponerle coto a la caótica situación, que de no ser corregida rápidamente, podría dar al traste con la República. Batista acaso no había tenido tiempo para sopesar que aquella, su Revolución de los Sargentos, preparada por él en una coyuntura decisiva de la vida cubana, habría de ser la revolución más importante en la historia de la República. ¡Y, tal vez si el evento de mayor trascendencia en la vida de este anónimo Sargento del Ejército, oriundo de los montes de la Provincia de Oriente, allá por donde el sol se levanta más temprano!

¡Claro, que existen tantas versiones de los incidentes que culminaron en el Golpe del 4 de Septiembre como días tiene una semana! Pero, lo que aquí ofrezco es un recuento verídico de aquel movimiento revolucionario, tal y como me lo relatara el propio Sargento Batista: el hombre que planeó y lideró aquella insurrección.

Batista había mantenido sus planes revolucionarios muy en secreto durante los dias de la segunda mitad de agosto. Mas, el día 18, seis días después de la fuga de Machado, cometería el primero y único error táctico en su carrera revolucionaria: habló en alta voz —lo peor que puede hacer un hombre enfrascado en una conspiración de este tipo. Acaeció en los funerales de varias víctimas del régimen de Machado, cuyos cuerpos habían sido hallados y trasladados de las tumbas ocultas que les había deparado la Tiranía, al Cementerio de Colón en La Habana. Batista y un compañero Sargento asistían al sepelio, y él atribuye su error a la tensión emocional del funerario instante. Entre los héroes muertos cuyos restos recibieron a la sazón los más altos honores figuraban: los del Sargento del Ejército, Miguel Angel Hernández; el líder obrero, Margarito Iglesias y el estudiante, Félix Alpízar. Estos tres militantes revolucionarios, como tantos otros, habían "desaparecido" cuando las tenaces luchas clandestinas contra la Dictadura. Algunos fueron victimados después de sumarísimos juicios ante los tribunales de Machado. Otros murieron, cazados por la espalda mediante la "ley de fuga". Los informes del gobierno en cuanto a que éste o aquél estudiante o líder revolucionario habían sido "muertos mientras trataban de escapar", convirtiéronse en una socorrida rutina del régimen de terror que encabezaba Machado. Otros... sencillamente "desaparecían"... y sus cuerpos los inhumaban los sicarios de la dictadura en lugares secretos improvisados en cementerios.

Batista, con su compañero Sargento, había ido en su automóvil hasta una cuadra inmediata al Cementerio de Colón. Miles de personas se congregaban en las calles aledañas a la necrópolis. Al momento Batista oyó disparos de rifles. Por lo visto, las emociones populares se desbordaban al conjuro de los patéticos funerales. La gente gritaba y clamaba venganza. Luego de unos minutos el tiroteo cesó y el orden quedó restablecido. Los disturbios habidos en los alrededores del Cementerio de Colón eran similares a los que, en avasalladora forma de ola, desarrollábanse en la escena entera del país. No había autoridad ni gobierno. Grupos de indisciplinados estudiantes y de revolucionarios recorrían las calles, desmelenados y en desenfreno, buscando, cazando y matando a los odiados agentes de la policía secreta de Machado. Las propiedades de los machadistas eran saqueadas y quemadas por turbas frenéticas por quienes, la mayoría de las veces, no habían tenido participación alguna en la lucha por el derrocamiento de la Dictadura.

Batista y su compañero estaban ya ante la tumba del martirizado Sargento Hernández cuando se les unió un grupo formado por más de veinte alistados de las fuerzas armadas. Comenzadas las ceremonias de inhumación, sus compañeros le pidieron a Batista que pronunciase la ritual oración fúnebre. Profundamente conmovido, aceptó. Con la voz trémula y fervorosa inició Batista sus palabras. Elogió al héroe caído. Y, según tomaba cuerpo su emocionado discurso iba tornándose en arenga. Lanzándose a fondo contra la oficialidad del Ejército, ninguno de cuyos miembros había acudido al sepelio, afirmó que las clases y soldados conducirían la revolución por sendas patrióticas, hacia un gobierno nacionalista y democrático. Cometido el error de revelar parte del plan fraguado para arrebatarle el Poder a los oficiales, tuvo que moverse rápidamente. La afirmación que había hecho Batista ante la tumba recién abierta del Sargento Hernández le hizo precipitar sus pasos conspirativos. Al siguiente día reuniríase con los alistados de la Marina de Guerra. En esa reunión se acordó organizar una sociedad de alistados, ostensiblemente para proteger sus derechos. Pero en realidad, para apoyar los planes revolucionarios de Batista. Firmaron el documento un buen grupo de alistados. Claro, que deliberadamente, garabatearon sus firmas de modo tal que no pudieran ser identificados por ellas.

Unas noches después Batista asistió a otra reunión. En esta oportunidad tuvo lugar en la Logia Masónica de La Habana. El movimiento entre los alistados marchaba a su más franca consolidación. Batista era su jefe nato. Luego de esta reunión hubo grupos pequeños de alistados que en las esquinas contiguas se congregaban para hablarse entre sí. Tal cosa suscitó preocupaciones en Batista. No podía inadvertir que aquellos grupitos de soldados podían atraer la atención de los transeúntes, concitando hipótesis y habladurías suspicaces, poniendo en peligro la conspiración. El

Estado Mayor podría ser puesto al tanto de todo. Comprendió que estaba jugando con fuego o que tenía al león por el rabo. No contaba aún con respaldo civil y esto también le preocupaba. Estimaba de imperiosa necesidad procurarle al movimiento el respaldo solidario de elementos civiles. Trató de interesar al ABC. Confió el mensaje que cursaba al Supremo Consejo de esta organización a su jefe celular Manuel Martí. Esperó. Al cabo, sólo obtendría la negativa. El ABC se lavaba las manos. La Célula Directriz le participaba su opinión contraria a sus planes. Creían los miembros del Supremo Consejo que el movimiento sólo serviría para quebrar la disciplina en las Fuerzas Armadas, y que, finalmente, no lograría sus altos ideales. Semejante negativa constituyó el más craso error en que incurriera contra su destino político la organización ABC. De haber respaldado solidariamente los planes de Batista el ABC hubiera asumido la hegemonía del Poder revolucionario y el país habría quedado en sus manos.

Como corolario a su falsa apreciación de la perspectiva cubana, después del 4 de septiembre el ABC inició su proceso de desintegración. Durante un breve lapso representó el grupo de mayor hostilidad a Batista. Empero, cuando fracasó la rebelión abecedaria del 8 de noviembre de 1933, aquel rol vino a menos y el ABC dejó de ser factor importante en Cuba.

Batista por su parte había modificado substancialmente el concepto que tuviera de la organización en que militara. Comprendió que el ABC no supo pasar de la resistencia a la revolución, precisamente cuando rechazó su plan conspirativo en pos del Poder. Posteriormente comprobó que el ABC no era ya el movimiento viril que tan dura como resuelta y valientemente combatiera al régimen de Machado. Elementos oportunistas habíanse infiltrado en sus filas, alardeando un patriotismo de relumbrón, como cuadraba a quiénes no participaron en la lucha contra Machado y que venían mucho después a sentar cátedra. Sin embargo, la negativa del ABC no amilanó a Batista. Debía continuar sin dilaciones sus planes y buscar patrocinadores civiles que se sumaran a su causa. Por fín halló un pequeño núcleo de revolucionarios que se percataron de la justeza del movimiento conspirativo y le prestaron franca adhesión. Batista estaba presto a dar a conocer al pueblo de Cuba, mediante la radio de la Cuban Telephone Company, un manifiesto-proclama expositor de las finalidades revolucionarias consiguientes. Mas, José Agustín Fernández, funcionario de dicha compañía le convenció de lo prematuro y peligroso de dicha proclama que podría, inclusive, resultar fatal para el movimiento. Batista aceptó el consejo y no radió el manifiesto.

Ese mismo día Batista y sus seguidores supieron que varios miembros del Estado Mayor General del Ejército y uno o dos altos oficiales conocían de la intranquilidad reinante entre los alistados, y lo que era peor, averiguaron que estaban al cabo de la conspiración del grupo del Sargento Batista. Cualquier duda que éste pudiere abrigar en cuanto a la peligrosidad que bordeaba con cada uno de sus pasos, quedaba disipada por la afirmación concluyente acerca de que sus planes habían llegado ya a varios oficiales superiores. Si Batista no hubiera sido un hombre de coraje quizás habría desistido al llegar las cosas a este punto. Pero no. El Sargento Batista no desistió. No dió marcha atrás, arrepintiéndose de sus propósitos conspirativos. Contrariamente, en seguida decidió los rumbos. Dió órdenes de acelerar el golpe. Convocó a una reunión en casa de Sergio Carbó, gran revolucionario y brillante periodista cubano. Su fin inmediato no era otro que el de conseguir que Carbó —una de las figuras más respetadas de la oposición contra el régimen machadista— interviniese directamente para obtener el respaldo de varios destacados profesores y estudiantes de la Universidad de La Habana. Batista estaba percatado de que el apoyo de Carbó habría de ser sobremanera beneficioso para el movimiento que avanzaba hacia sus ulteriores finalidades.

A través de los años largos y terribles de la dictadura

machadista, Sergio Carbó había editado y dirigido en La
Habana una revista muy popular llamada "La Semana".
Era un publicación decididamente antimachadista. Sus tenaces y cívicos ataques al dictador los redactaba generalmente el mismo Carbó. Las huestes machadistas odiaban al
director de "La Semana". Y, cuando todas las formas de
coerción y persecución fallaron, los sicarios de Machado le
fueron arriba a los talleres de la valerosa revista de Carbó, destruyéndolos e intentando en varias oportunidades
—infructuosamente— eliminar mediante el asesinato al
combativo periodista. La clausura de "La Semana" no im-
pidió a Carbó continuar la brega contra la dictadura machadista hasta el final.

Me ha dicho Batista que siempre estimó de mucha importancia la vinculación de Carbó al movimiento. En verdad, de no haber podido vincular a Carbó a sus planes, las
posibilidades de respaldo civil revolucionario al golpe del
4 de septiembre hubieran mermado considerablemente.

Al momento en que Sergio Carbó convino en apoyar al
grupo de Batista, ya el espíritu revolucionario de la conspiración habiase infiltrado en todo el Ejército. Batista no
cejaba. No se daba tregua. De compañía en compañía, de
escuadrón en escuadrón, sumando a cada unidad a la causa. Los alistados de las Fuerzas Armadas —de un extremo
al otro de los 1200 kilómetros de la Isla— habían sido enterados del empeño. Alerta aguardaban secundándolo. Esta misma actitud de las tropas implicaba mayores riesgos a cada minuto. Batista estaba claro en cuanto a que el
peligro de ser descubierto aumentaba por instantes; pero,
con todo, su peor problema a la altura de la conspiración
no era otro que el de mantener inactivos a cuantos le se-
cundaban. Hacía falta mantener a la gente serena. Cualquier palabra, cualquier frase dicha aquí o allá podía llegar a oídos del Jefe del Estado Mayor. En ese caso sí que
se veía en muy serios aprietos. Dormía poco. Tensos los
nervios avanzaba con tiento, pero resueltamente hacia la
fecha fijada para el golpe de estado: el 8 de septiembre.

Muy seguro estaba de contar con la mayoría de los alistados del Campamento de Columbia —Cuartel General del Ejército— y que no tendría dificultades para controlar la Fortaleza de la Cabaña —guardiana de la ciudad— al otro lado de la bahía de La Habana. En ambos lugares contaba con fuertes guarniciones. Por esos días en que mantenía con dificultades la serenidad entre los alistados, recibió Batista un mensaje en extremo perturbador: el ex-presidente Mario G. Menocal ultimaba los preparativos para un golpe de estado suyo, utilizando a oficiales jóvenes del Ejército como punta de lanza. Ante el sesgo de los acontecimientos, se hacía evidente un adelantamiento de la fecha señalada, si es que el golpe de Batista había de triunfar. En las barracas la intranquilidad de la tropa era cada vez más ostensible. Batista comprendió que no podía esperar hasta el 8 de septiembre.

Años más tarde —rememorando los días aquellos— Batista me contaba cómo era que la situación caótica incrementada en la Isla a consecuencias de la caída de Machado, exigía soluciones urgentes y heroicas. "Lo desgraciado del asunto" —me decía— "estribaba en el hecho de que los partidos políticos y los grupos revolucionarios que habían combatido al régimen machadista no estaban preparados para ejercer la autoridad una vez que fué depuesto el dictador. Se notaban desorganizados, carentes de orientación y de planes. Los bellos ideales de los que antes habían creído interpretar la voluntad popular, se convirtieron en avalancha de impulsos anárquicos después de que Machado fuera arrojado del Poder".

El 2 de septiembre Batista dispuso, por medio de su red subrepticia de inteligencia, que los Sargentos y Cabos se reunieran a las once de la mañana del 4 de septiembre en el Club de Alistados del Campamento de Columbia. La reunión —dijo Batista a sus colegas en evitación de sospecha— trataría sobre asuntos de rutina: el club y algunos proyectos encaminados a extender las facilidades de bienestar y recreo de la organización. Muy temprano en la mañana del 3 de septiembre salía Batista de La Habana rumbo a Matanzas, cien kilómetros de la Capital. Le acompañaban varios líderes revolucionarios civiles que se habían sumado al movimiento. El viaje a Matanzas tenía el objeto de ultimar pequeños detalles del plan. Sus hombres de confianza en la ciudad de los dos ríos eran Clemente Gómez Sicre —de la Policía— el Sargento del Ejército Desiderio Sánchez y un civil: Santiago Alvarez, fuerte y valeroso cabecilla de la insurreción.

Mientras Batista y su grupo de conspiradores trabajaban en Matanzas, el Presidente Céspedes, completamente ignorante de los planes que urdían las clases del Ejército, salía de La Habana en automóvil para el interior del país, para inspeccionar los estragos causados por un reciente huracán y dirigir las actividades de socorro a los damnificados. El automóvil de Batista corría hacia el oeste, regresando a La Habana proveniente de Matanzas. El auto del Presidente Céspedes iba en dirección contraria, hacia el este. Se cruzaron en el camino. La irónica coincidencia motivó chanzas entre los pasajeros del carro de Batista. No obstante la peligrosa misión que llevaban no pudieron sino comentar: "Si Céspedes supiera lo que va a pasar, con seguridad que habría dado órdenes de volver a la capital a todo escape". "Si el Presidente supiese de dónde venimos se preocuparía sobremanera", señaló otro de los viajeros. Y un tercero, de buen humor opinó de este modo: "Más alarmado todavía se pondría si supiera a dónde vamos".

Acercándose al Campamento de Columbia uno de sus compañeros preguntó a Batista si en realidad pensaba iniciar la revolución. "Ciertamente" —le contestó el Sargento— "pero no sé por qué estoy empezando a creer que tendrá que ser antes del 8 de septiembre". "Y con qué armas vas a pelear", le preguntó el compañero. Aquí a Batista no le quedó más remedio de blofear un poco y respondió enfáticamente: "Las armas están en Columbia esperando nuestro regreso". La realidad era muy otra. Lo que Batista tenía en esos momentos en Columbia eran hombres, pe-

ro, no muchas armas a cuya adquisición no se le había
puesto asunto. El grupo entró al Campamento después del
anochecer. Fué entonces que Batista tuvo cabal sentido
de que ya no podía detener el movimiento aunque se lo
propusiera, —que no se lo proponía. Y comprendió también, que estaba a punto y en condiciones ideales para que
lo fusilaran por sublevación.

Tiempo después, me confesó que aquel 3 de septiembre
—al regresar de Matanzas y entrar al Campamento— tuvo la sensación de estar sentado en el cráter de un volcán.

Al tiempo de su retorno de Matanzas casi toda la tropa
del Campamento de Columbia se encontraba militando en
la conspiración. Y, naturalmente, a los cuadros de oficiales llegaba con más veracidad la noticia del insólito movimiento. Batista, de una sola ojeada advirtió que cada minuto que perdiera podía ser utilizado por el enemigo, ami-
norando las posibilidades de éxito con que hasta aquellos
momentos contaba la rebelión. Sigilosamente ordenó a los
suyos que estuviesen alerta. Listos para actuar tan pronto
recibieran la señal decisiva. Este aviso no hizo sino aumentar la tensión en las filas. Batista tuvo que deslizarse de
sector en sector dando instrucciones concretas e insistiendo en que debían tener paciencia. Para despistar había hecho correr la voz de que la reunión del Club de Alistados
se celebraría con el objeto de estudiar los proyectos de
construcción de una playa para las clases en Jaimanitas.
Aquella noche del 3 de septiembre, por lo demás, decidió
Batista no dormir en su propia casa cerca del campamento.
Sabía que le vigilaban agentes de la Inteligencia Militar y
pasó la noche donde un amigo que vivía cerca de la Universidad de La Habana. La reunión "para discutir los proyectos referentes a la playa de los alistados" estaba señalada para la mañana siguiente, 4 de septiembre. Un Sargento amigo recogería a Batista para llevarlo al lugar del
acto.

A las diez y media del siguiente día acompañado por el
Sargento José Pedraza —un compañero conspirador— Ba-

tista llegó a la estación de gasolina del Cuartelmaestre General del Campamento. Porque no había combustible allí, Batista pidió a Pedraza que llevara el automóvil a otra gasolinera ubicada cerca del Hospital Militar. Entretanto, quedó rondando el almacén del Cuartelmaestre. Inquiría con uno de los alistados partidarios del movimiento cómo andaban las cosas. Antes de que mediaran las primeras palabras la conversación quedaría trunca. Un grupo de conspiradores, abruptamente y muy excitados se le acercaron para informarle que el Capitán Mario Torres Menier — Ayudante del Jefe del Ejército— lo aguardaba en el portal del Club de Alistados. La rebelión pendía de un hilo. Los hombres estaban preparados, pero la presencia del alto oficial indicaba a los conspiradores que podían pasarla nada bien. Percatado de que el plan revolucionario corría evidente peligro de fracasar, Batista decidió jugarse el todo por el todo. Haría lo único que podía hacer: ir al encuentro del Capitán que le esperaba. Confiaba —tenía que confiar— en su habilidad o don de convencimiento para tranquilizarle. Si la maniobra fallaba la revolución fracasaría y tanto él como los demás cabecillas serían fusilados.

Esta visita de Torres Menier, por inesperada, resultaba un hecho del que podrían derivarse insuperables dificultades. Batista no quería pifiar. Los hombres del grupo hablaban a la vez. Era tan difícil entenderlos del todo como callarlos. Haciendo un esfuerzo por conocer los hechos, preguntó si alguno del grupo sabía cómo Torres Menier se había enterado de la reunión del Club. Batista averiguó lo que necesitaba saber: uno de los comprometidos, el Cabo Juan Capote, del Cuerpo de Caballería, ingenuamente había invitado al capitán a que se sumara a la revuelta. Semejante indiscreción, claro está, había puesto a un tris de peligro y fracaso el movimiento entero. El paredón de fusilamiento podía ser el fin de los conspiradores. Batista hizo llamar al indiscreto Cabo Capote. Un rato después apareció éste y acercándose nervioso, le hizo el saludo cuadrándose. Explicó: había tratado de obtener el apoyo del capitán porque pensaba que podría serles útil para contar con la cooperación de la Fuerza Aérea, toda vez que Torres Menier —además de su condición de ayudante del Jefe del Estado Mayor— era también oficial comandante de dicha Fuerza Aérea.

Explicadas sus razones el Cabo Capote sacó su pistola de la funda y tomándola por el cañón se la dió a Batista. "Sargento Batista", —le dijo— "si usted cree que soy traidor, tome esta pistola y pégueme un tiro". Capote temblaba de emoción en aquellos segundos que mediaron entre sus palabras y la respuesta de Batista que fué más o menos así: "Tu muerte nada lograría. Pero hay que tener mucho cuidado. Estos momentos están cargados de peligros y Dios sólo sabe lo que pueda pasarnos ahora". Le devolvió la pistola al Cabo Capote, ordenándole que le acompañara a ver al Capitán Torres Menier. Había calculado que tendría que enfrentarse con el oficial más tarde o más temprano. Así las cosas lo mejor era lo último. No tenía la menor idea de lo que sucedería en su careo con el Capitán. Y por otra parte no contaba con elementos de defensa para refutar o invalidar los cargos que se le hicieran. Andando hacia el Club de Alistados —a una cuadra o dos de distancia— habló a sus compañeros. Recomendó que le siguieran muy de cerca, añadiendo que trataría de hacer que el Capitán, a la sazón, paseándose de aquí para allá por el portal delantero del Club, entrase al salón. Si tenía éxito ellos cubrirían su retaguardia lo suficientemente cerca para escuchar la conversación que sostuviera con Torres Menier. Debían estar preparados para lo que pudiese ocurrir. El grupo se abrió en abanico y comenzó su marcha hacia el Club. Iban a unos veinte pasos detrás de Batista.

Fué éste el minuto de mayor peligro que Batista había vivido en sus treinta y dos años de existencia. Lo sabía. ¿Iba hacia la victoria? La situación lucía bien fea. Mil pensamientos, mil preguntas sin respuesta bullían en su mente mientras caminaba. El corazón acentuaba sus latidos al compás de las pisadas de sus amigos que le seguían. Pero, su valor no flaqueaba y su serenidad la mantenía repitiéndose esta frase: "Mis pasos marcan la senda de la victoria para los humildes; vamos en pos de un objetivo que convertirá nuestros sueños en realidades; ésta es la consumación de un ideal que elevará al soldado raso de las tristes condiciones en que ha vivido; éste es el camino recto hacia la restauración de la soberanía de un pueblo, cuya independencia ha sido amenazada imponiéndose un régimen mediatizado por un extranjero que ha ejercido un derecho que debe ser destruído".

Al pensar en el régimen de mediatización, Batista se refería, por supuesto, al gobierno de Céspedes que era fruto de los empeños mediadores del Embajador de los Estados Unidos, Sumner Welles. Cuando decía: "Un derecho que debe ser destruído", indicaba su deseo de ver abrogada la Enmienda Platt, que daba derecho a los Estados Unidos para intervenir en los asuntos de Cuba. La Enmienda Platt había sido incorporada a la Constitución cubana en 1903, y se convirtió en documento aborrecido por los cubanos poco después de que los Estados Unidos pusieran fin a la primera intervención en la Isla.

La Enmienda Platt, que era simplemente una disposición incorporada a la Carta Fundamental de Cuba a instancias del gobierno norteamericano, le daba a los Estados Unidos autorización para intervenir en los asuntos cubanos "para la conservación de la independencia de Cuba, el mantenimiento de un gobierno apto para la protección de la vida, la propiedad y la libertad individual". En efecto, anulaba, o por lo menos limitaba, la independencia que Cuba había ganado en los campos de batalla, otorgando a los Estados Unidos indudables ventajas en cualquier negociación que quisieran efectuar con Cuba.

Entre otras restricciones, la Enmienda Platt incluía una que hacía prohibitivo a los cubanos el recurrir a revoluciones populares, única forma de defensa que tenían contra gobiernos corruptos y brutales como el de Machado. Es más: hay quienes opinan que Cuba no alcanzó realmente su independencia política hasta tanto Batista no forzó la derogación de la Enmienda Platt en 1934. Así es que durante los primeros treinta y dos años de su vida republicana, Cuba vivió bajo la amenaza de la intervención. En 1906 esta amenaza se hizo patente realidad, ya que entonces los Estados Unidos volvieron a Cuba, nombraron un gobernador general americano y retuvieron el mando nacional durante tres años.

Al llegar al portal del Club de Alistados, el Cabo Capote, muy nervioso, presentó el Sargento Batista al Capitán Torres Menier. Estos dos nunca se habían visto. Batista saludó e inquirió del oficial si deseaba verle. El Capitán quería saber cuál era el propósito de la reunión convocada por Batista para las once de la mañana de ese día. En este punto Batista se movió. Tenía que hacer que el Capitán entrara al Club para consumar el plan de rodearlo subversivamente por las clases. Le sugirió al Capitán que entraran para discutir el asunto. Torres Menier se metió en la trampa. Aceptó la sugerencia de Batista y entró al Club. Mientras tanto, los cercanos colaboradores de Batista habían alertado a todas las Fuerzas Armadas. Habían llamado por teléfono a la Fortaleza de La Cabaña, al Hospital Militar, al Cuerpo de Ingenieros, al Castillo de la Fuerza en la parte vieja de la ciudad, y asimismo, a la tropa que estaba de guardia en el Palacio Presidencial. Los núcleos comprometidos recibieron instrucciones de venir rápidamente al Campamento de Columbia con el mayor número de compañeros armados que pudieran reunir. Esta era la hora decisiva. La Revolución de los Sargentos estaba en su clímax.

Una vez en el salón del Club, Batista pidió permiso al Capitán Torres Menier para que otros Sargentos asistieran a la conversación. El oficial aceptó. Y al hacerlo corrió el cerrojo sobre la trampa en que había caído hacía unos minutos. El astuto Sargento Batista se salía con las suyas. En modo alguno podía sospechar el Capitán que cuando saliese del Club lo haría despojado ya de toda su autoridad por un grupo de Sargentos sublevados. Batista, parsimonioso, se dió a la tarea de presentar cada uno de los Sargentos al Capitán. Las presentaciones menudeaban como si se tratara en efecto de un acto social. Batista ganaba tiempo... tiempo que necesitaba para que los soldados de los otros puestos y destacamentos llegaban en su auxilio. Durante las presentaciones, los alistados empezaron a llegar, encaramándose en las ventanas de la casa-club, obscureciendo el salón. Sus voces se elevaban al gritar y gesticular. Batista se sentía reconfortado al ver cómo en número a cada instante mayor sus compañeros de la conspiración habían acudido al lugar.

Por fin, la conversación entre Batista y el Capitán Torres Menier empezó. Resultó un diálogo entre un representativo del nuevo Ejército de los Sargentos y otro del antiguo Ejército. Batista abrió la charla de este modo: "Capitán Torres Menier, tendría usted la amabilidad de darnos a conocer el objeto de su mision". Cortés, luego de solicitar el permiso del Capitán, se sentó. Torres Menier dijo que estaba preocupado por los rumores que circulaban entre los alistados. Historias sin base, en las que se alegaban rebajas de sueldos por ejemplo. Ni era cierto, tampoco, aseveró el oficial, que habría licenciamientos en masa de soldados. Señaló que el Jefe del Estado Mayor estaba interesadísimo en aumentar los ajuares y las raciones de los alistados. Además se darían los pasos necesarios para mejorar las condiciones generales de la tropa tan pronto como el Coronel Julio Sanguily —Jefe de Estado Mayor— se restableciera de la dolencia que le había obligado a hospitalizarse. El Capitán agregó que el Secretario de la Guerra, Horacio Ferrer, precisamente el día anterior, había cursado una circular negando la veracidad de los rumores que se filtraban por las filas de los alistados. El objeto de los rumores, continuó el oficial, no es otro que el de destruir la disciplina en el Ejército. Batista comprendió que Torres Menier no había dicho todo lo que sabía. Con la certeza de que el oficial estaba en posesión de datos reales sobre los planes de la Revolución de los Sargentos, pidió la palabra para hablar en nombre de lo que él representaba en aquellos momentos. Había advertido cierta reticencia en el Capitán, acaso debida al numeroso grupo de alistados en tono hostil. Quizás el verdadero fin de su visita no fuera otro que el de llegar a un decisivo cambio de impresiones con Batista, exigiéndole una explicación de sus propósitos en cuanto a provocar una revolución. En todo esto pensaba Batista cuando tomó la palabra para explicar que los alistados exigían que se les diera el mismo trato que a cualquier otro ciudadano. Al principio abordó sólo los problemas mencionados por Torres Menier. "El soldado" —dijo— "está en la obligación de sacrificar su vida si es necesario, para proteger a la nación". Las emociones del orador crecían y su voz se fué alzando. El Capitán advirtió que las palabras de Batista estaban excitando a los soldados y trató de hacerlo callar. "Si usted sigue hablando en esos términos incitará a los hombres a la insubordinación", gritó airado el oficial. Al Capitán le sobraba razón y Batista lo sabía. Pero, continuó con su arenga. Ya en esos precisos momentos Batista se sintió dueño de sí mismo. Sus palabras brotándole con facilidad. Sus ideas eran claras. Su objeto era el de impresionar a los alistados y lo estaba logrando a cabalidad. "Si consideramos al soldado como un hombre" —reiteró Batista— "entonces tenemos que concederle la dignidad a que tiene derecho todo hombre". El Capitán Torres Menier tuvo que haberse preguntado allí cuál era el significado de aquella perorata. "Esta dignidad" —seguía afirmando el orador— "no aminora las obligaciones ni la disciplina del soldado. Y es más, debido a la naturaleza de sus obligaciones, el soldado tiene una doble responsabilidad. Aún cuando se limite la libertad de acción de un soldado, inclusive en los instantes en que exista falta de autoridad en la nación, es una ofensa a todo hombre que viste el uniforme llamar acto de insubordinación al simple anuncio de un deseo reivindicatorio". Batista dirigía estas palabras al Capitán. No porque suponía que tuvieran el menor efecto sobre dicho oficial sino por el contrario, lo que perseguía era que los alistados oyeran y asimiliran lo que estaba diciendo.

Cuando Batista terminó su discurso, el Club habíase trocado, de hecho, en el epifoco del movimiento. Los alistados gritaban ¡Viva Batista! ¡Viva Batista! Ya no podía estimarse que se trataba de un simple quebrantamiento de la disciplina. Aquello era una revolución en armas. Una rebelión abierta. Batista se dirigió al Capitán Torres Menier y le ofreció una explicación. Nada tenía en contra del oficial cuya inesperada visita al Club de Alistados había prendido la chispa que hizo explotar el polvorín. Sus palabras al Capitán quedaron ahogadas por los vítores y las aclamaciones al Sargento de Banes. En el intertanto, varios oficiales entraron al Club. Pero llegaron tarde. La revolución estaba en marcha y nada podría detenerla. El Jefe del Distrito Militar de Columbia se encontraba allí, al igual que el Comandante Antonio Pineda y casi todos los miembros del Estado Mayor. Crecía el tumulto y Batista se dirigió a los soldados nuevamente. La disciplina había sufrido un colapso y él quería orden. Lo consiguió gritando todavía más alto que los insurgentes. En un esfuerzo desesperado, el Capitán Torres Menier trató de llegar a una transacción con los rebeldes alistados. ¿Por qué no esperar —sugirió— hasta que el Jefe de Estado Mayor tuviese tiempo de resolver los problemas planteados por el Sargento Batista? No eran problemas difíciles, y podrían resolverse rápidamente. Aquella jugadita de Torres Menier para ganar tiempo obtuvo un rotundo rechazo. Al momento de dejar el salón, los oficiales hicieron una última apelación diciendo que regresarían aquella misma noche con una proposición definitiva. Pero nadie les prestó atención. Como Batista lo dijera más tarde: "En aquel instante la autoridad estaba en la calle y la disciplina dentro del Ejército se había quebrado por completo".

Cuando los alistados se apiñaron junto a Batista para estrecharle la mano y abrazarlo, él constató que la primera fase del movimiento revolucionario había culminado exitosamente. Y fué allí mismo que Batista se hizo cargo del mando. Inmediatamente puso fin a los estrechones de manos. Sabía que tenía que acometer en seguida el próximo acto tan peligroso o más que el primero. Tenía que encauzar la situación interna sin perder un minuto. Presentó sus saludos a los atónitos oficiales. Dió por terminada la reunión y salió a las calles del Campamento para hablar a sus compañeros. Había que consolidar el movimiento victorioso, comenzando por restablecer la disciplina entre los alistados.

La grandeza de Batista como líder revolucionario no estriba tanto en su habilidad para planear y ejecutar la deposición de un gobierno como en su destreza para dominar la situación una vez que el movimiento ha tenido éxito. Sin duda, Batista ha probado que es un verdadero experto en ambas fases de una insurrección revolucionaria. Pero el dramático hecho de un golpe militar rápido, concita mayor interés que el menos espectacular problema y la más difícil e importante tarea de estabilizar un país después de que ha sido sacado de quicio por una revolución. Hace falta verdadera maña y don de mando para persuadir hoy a una organización militar al quebrantamiento de la disciplina, descartando toda obediencia de un empellón, y mañana para convencer a los mismos hombres ya indisciplinados, que deben afirmar el orden nuevamente, abrazar el concepto de obediencia y restaurar la paz en la nación. En palabras más llanas: una cosa es sacar a los soldados rebeldes de sus barracas, listos para pelear; y otra muy distinta la de conseguir que vuelvan a sus puesto deponiendo las armas. En los dos movimientos revolucionarios que Batista ha encabezado ha tenido éxito, sobre todo, porque pudo controlar las fuerzas, no sólo antes, sino **después** de haber alcanzado la victoria. De no haberlo conseguido en septiembre de 1933 y luego en marzo de 1952, habría lanzado el país a un caos político, económico y social de tan tamañas proporciones que la misma tranquilidad del Hemisferio Occidental se habria visto envuelta en sus peligrosos reflejos.

Otro indicio del talento peculiar que Batista ha desarrollado para dirigir insurrecciones triunfantes, lo constituye el hecho de haber planeado y efectuado los golpes de 1933 y 1952 sin derramamiento de sangre. No se sabe por qué motivo existe la creencia en los Estados Unidos y otros paises de que la revolución batistiana de 1933 fué violenta, y que en ella hubo muchos cubanos muertos y heridos. Esta impresión errónea se hizo evidente cuando Batista ejecutó su golpe de Estado de 1952. Al informar sobre este último movimiento, algunos periódicos extranjeros subrayaron el hecho de que se llevó a cabo sin conflicto armado o derramamiento de sangre, en contraste, decian, con la sangrienta revuelta de 1933. Esta versión es absurda por supuesto. La verdad es que tanto en 1933 como en 1952 no se disparó un solo tiro. No hubo bajas en ninguna de las dos insurrecciones.

Capítulo 5

ES un axioma que las grandes crisis dan de sí grandes líderes: hombres audaces que de repente se atreven a dar el paso decisivo hacia el cambio, derrotando un ejército invasor o salvando a los pueblos de sus propios errores. Si alguna vez hubo un país necesitado de un Mesías o de un hombre a caballo, ese era la Isla de Cuba en septiembre de 1933, cuando la República encaraba el colapso por falta de un líder verdadero. Destrozada por la guerra civil, entronizado un desorden público morbosamente asesino; ahogándose la nación en un mar caótico encrespado y terrible; desquiciada la economía y fuera de cauce su política, Cuba vivía sus horas más negras cuando finalizaba el crudo verano de aquel año de la caída de Machado. La situación alcanzaba tal desesperación que el gobierno de los Estados Unidos —amigo y consejero de esta joven República entre las demás de América— se sentía tan preso de pánico como los mismos cubanos. Hacía falta un líder —un hombre de coraje y talla suficiente como para ponerle coto a las matanzas en las calles, las bombas en racimos, la destrucción revanchista de vidas humanas y de propiedades públicas y privadas. La falta total de respeto a las leyes y el desequilibrio de un pueblo que insólitamente perdiera la razón, exigían una acción rápida y positiva, si es que el país iba a retener su sitio entre las naciones civilizadas del mundo.

Depuesto por fin el dictador Machado con la ayuda del Departamento de Estado de los Estados Unidos el 12 de agosto de 1933, los cubanos desataron las hidras de la violencia. De un confín al otro de la isla en estallido de todos

[58]

los excesos resultaba de un largo período de bárbaras re-
presiones. Belicosos jóvenes con ojos de locos, amigos y
familiares de hombres y adolescente que habían conocido
el martirio de las atrocidades machadistas, rufianes comunes que venían a pescar en el río revuelto de las pasiones
desatadas —todos se lanzaron a matar, a vengar las brutalidades inenarrables del régimen depuesto. Los machadistas, desde ministros del gabinete hasta mensajeros o sim-
ples bedeles de oficinas, que no tuvieron la suerte de poder
escapar del país después de la caída del déspota, fueron cazados por turbas que ignoraban las leyes y castigaban a sus
enemigos sin cumplir siquiera el formulismo de un consejo
de guerra sumarísimo. Los antiguos miembros de la Policía
Secreta del dictador, así como los otros personajes odiados
del machadato, fueron despedazados y arrastrados sus des-
pojos por las calles. Eran hordas fanáticas que aullaban.
Morboso espectáculo: los victimarios exhibían sus pañuelos
como banderas ondeantes empapadas en la sangre de sus
víctimas. Y no había quien impidiera aquellas dantescas
escenas. Por lo menos, no se evidenciaba que el gobierno
interino y flojo de Céspedes, —que siguió al de Machado—
pudiese hacer algo en pos de la restauración del orden.
Ningún pueblo vivió jamás un período de mayor algarabía
y confusión, ni confrontó tampoco una crisis interna de tan
tumultuosa intensidad.

El gobierno de los Estados Unidos, que a través de Sumner Welles, —su Embajador en Cuba— había contribuído
a la renuncia de Machado y a la instauración del Presidente Carlos Manuel de Céspedes, no previó la violenta reacción que habría de seguir al cambio. En un esfuerzo de
última hora —dudoso— por establecer un gobierno institu-
cional que sucediera a la Tiranía, los Estados Unidos habían ayudado a calzarle a Céspedes los coturnos presidenciales al siguiente día del derrocamiento de Machado.

Nacido en Norteamérica, —hijo de un ilustre patricio—
Céspedes era un caballero entrado en años, bondadoso, altamente respetado, pero carente por completo del vigor

moral y la fortaleza de carácter que hacían falta para re-
encauzar a Cuba desde tan escabroso paraje. No es muy
difícil colegir por qué Welles apoyó el propósito encaminado a sentar a Céspedes en la Presidencia de la República.
Welles había estado fungiendo de mediador en los asuntos
políticos de Cuba durante meses. Y no había dudas de que
se interesaba vivamente por ayudar a los cubanos a sustituir al gobierno de Machado. Céspedes quizás no fuera la
selección exacta de Welles. Puede que se viera compelido a
situarlo en la Presidencia por diversos factores que se movían en el torbellino político que siguió a la deposición del
dictador. Mas, lo cierto fué que Welles realmente quiso mantener a Céspedes luego de que fuera nombrado. Y es verdad,
también, que Welles utilizó cuanto truco conoce la diplomacia internacional para establecer a Céspedes sobre una
base firme. El mismo día en que el nuevo Presidente juró
el cargo, Welles notificó a Washington recomendando un
préstamo del gobierno norteamericano para que Céspedes
pudiera pagar a los empleados públicos los sueldos atrasa-
dos que el machadato les adeudaba. Hizo lo indecible para
que los banqueros estadounidenses suspendieran los cobros
de las deudas exteriores de Cuba. Y, solicitó y obtuvo el
rápido reconocimiento diplomático de Washington para el
gobierno de Céspedes.

Algunos podrán asombrarse al apreciar hasta dónde los
Estados Unidos se dejaron involucrar en los problemas internos de una república pequeña como Cuba. Sin embargo, debe recordarse que las relaciones entre Cuba y Estados Unidos son únicas en los asuntos mundiales. Aunque
Estados Unidos no quieran tener responsabilidad en las
cuestiones de Cuba no pueden eludirlas. El lazo que les une
con Cuba no se atiene solamente a lo geográfico. Ni se re-
duce a las determinaciones de una cuantiosísima inversión
en este país que suma millones de dólares. No, Estados
Unidos y Cuba vienen enlazados por razones más fuertes
que las esferas de influencia y las aguas limítrofes. Están
vinculados por una camaradería nacida de la guerra, para

dar un ejemplo. Cubanos y norteamericanos pelearon hombro con hombro en los días de la independencia cubana Y no sólo combatieron Estados Unidos por Cuba, sino que también ayudaron al hermano país en los momentos críticos que siguieron al cese de las hostilidades con España. Entonces Cuba confrontaba los problemas típicos a toda nación recién asomada a la libertad. Cuba es, en cierto modo y por muchas cosas, un pariente muy allegado de los Estados Unidos. Y éstos, ni en 1933 ni hoy, podrían admitir sin lesionarse a sí mismos que Cuba fuera desviada de su senda de progreso como país libre y soberano.

El gobierno de los Estados Unidos y muchos líderes políticos cubanos habían cifrado esperanzas de paz política al sustituir a Machado por Céspedes. Tal fórmula, suponían, tendía a restablecer la confianza del pueblo. Con la confianza advendría la paz y de hecho la salvación de Cuba. Pero nada de eso lograron. Por el contrario, el nuevo régimen por su astenia congénita, alentaría más desórdenes, más atropellos, más venganzas. Y las calles de las ciudades y pueblos de toda la Isla se anegaron en más sangre cubana. Al paso de los veintidós días del régimen de Céspedes nada se hizo en el Palacio Presidencial para reprimir el frenesí de las turbas, ni nada tampoco para que el país avanzase hacia la normalidad. Céspedes no demostró condición alguna de líder o de jefe, que de ambas necesidades estaba urgida la nación en aquella hora difícil. Además, muchos cubanos opinaban que era un simple muñeco de los Estados Unidos.

Welles había trabajado duramente para que Cuba ordenara su destino. Esperaba, por eso, que el cambio de Machado por Céspedes coronaría con el éxito sus largos meses de negociaciones. De ahí que, hasta en los momentos del desorden entronizado y de las violencias más encendidas —que fueron los primeros días del nuevo régimen— Welles informó a Washington con ribetes halagüeños sobre la situación cubana. Estos reportes descubrían a un hombre aferrado desesperadamente a una esperanza, no obstante que la realidad tuviera sus sombríos colores de tragedia. Ejemplos muchos de la renuente actitud de Welles en cuanto a reconocer su fracaso aparecen en los archivos del Departamento de Estado de Washington. El 13 de agosto —24 horas después de la primera reacción de violencia provocada por la caída de Machado— Welles comunicó a Washington que la situación en las ciudades cubanas "es en general, mucho más satisfactoria". A la sazón informó que la **ley marcial** había sido declarada en toda la República, y que "las turbas todavía están cazando a los odiados agentes de la Policía Secreta de Machado". La discrepancia entre ambas declaraciones era ostensible, pero expresaban la tozudez de Welles empeñado en no aceptar su derrota ni resignarse al derrumbe de sus propios esfuerzos. El mismo día 13, Welles informó a sus superiores en Washington que "el ejército parece ser completamente leal al nuevo gobierno". Pese a ello, dos días más tarde tuvo que comunicar que la disciplina se había quebrado dentro del ejército. El 15 de agosto Welles le habló a Céspedes con la voluntad de persuadirlo a que gobernara con mano firme. Trató de convencer al Presidente de la necesidad de "acción enérgica e inmediata". Pero todos sus esfuerzos fueron inútiles. El régimen de Céspedes era débil y la situación demandaba imperativamente un gobierno fuerte.

Welles llegó a comprender, finalmente, que su fórmula no se abría paso. Y que sus empeños por estabilizar la situación política de Cuba habían fracasado. Ya el 19 de agosto, cuando el gobierno de Céspedes contaba justamente una semana, Welles pidió ser relevado de su cargo en La Habana. Comunicaba a Washington que su posición personal se hacía cada día más difícil. El informe entrañaba toda la amargura de un hombre que ha hecho lo indecible por lograr un objetivo sin éxito. En breves palabras esbozaba la situación prevaleciente en la Isla en aquel verano de 1933, cuando Cuba sumida en desintegradora confusión, requería de un verdadero conductor de pueblos. Eran éstas sus palabras: "Ya se me están pidiendo a diario decisiones sobre asuntos de toda índole que confronta el gobierno de Cuba. Esos asuntos abarcan desde problemas que atañen a la disciplina del ejército hasta cuestiones de política doméstica que involucran nombramientos en todas las ramas del gobierno".

Estos y otros muchos problemas afrontaba sin resolverlos el pueblo de Cuba. La moral dentro del Ejército se había quebrantado. El gobierno provisional, con su timidez, no se atrevía ni a decidir sobre particulares de menor cuantía. Reinaba el desorden a lo largo de la Isla. Barcos de guerra de los Estados Unidos, anclados en la bahía de La Habana, constituían una amenaza para el ejercicio del gobierno propio en Cuba. Al Embajador de los Estados Unidos se le consultaba sobre nombramientos para cubrir cargos públicos.

El pueblo cubano vivía un trance muy malo en el verano de 1933. A tal extremo, que al expirar el verano, y con la ayuda del gobierno de los Estados Unidos, inadvertidamente habíase dispuesto el escenario para el montaje de uno de los sucesos más dramáticos en la historia de cualquier país: la Revolución de los Sargentos, —el insurgir del hombre común, el colapso de la casta dominante que era herencia de España. Créase o no, el grupo de hombres representativos de las categorías sociales más altas de Cuba, —aquellos individuos supuestamente entrenados para dirigir su joven nación hacia la cima del bienestar y del progreso— falláronle a su pueblo en los instantes decisivos, cuando precisábanse más sus servicios, no sólo entonces sino más que nunca e inclusive ahora. ¿Dónde estaban los líderes de las organizaciones revolucionarias que tanto habían luchado y sufrido para derribar a Machado? Lógico era pensar que de las filas de estos valerosos combatientes saldrían los jefes que Cuba necesitaba. Pero no. Ni uno solo de ellos asumió la actitud que era de esperarse. Tal parecía que el espíritu de la Revolución alentó hasta tanto cayó Machado. O que los luchadores habíanse agotado física e intelectualmente en el tenso bregar por el derrocamiento del dictador. Podía ser que hubiera extenuación natural, luego de tan largos y duros años de combate imperturbable contra el aborrecido gobernante. Mas, cualquiera que fuese la causa, lo cierto era que los héroes de la víspera no parecían dispuestos o capaces de afrontar y asumir los complejos problemas de la dirección nacional en los cruentos días que siguieron a la caída de Machado. El restablecimiento del país no contaba, pues, con los que habían desencadenado la revolución liberadora.

Si Cuba no encontraba en la hora profunda de la crisis un jefe apto entre los líderes revolucionarios, —los intelectuales que habían dirigido el movimiento antimachadista— seguramente que algún militar de renombre daría el paso decisivo que salvara la nación alzándola del caos. Pero si los líderes civiles no habían reaccionado, la falta de sensibilidad e interés de que dieron muestras los oficiales del Ejército de alta graduación, resultaba aún más bochornosa. Había un grupo de militares debidamente entrenados y disciplinados. Muchos de ellos habían recibido su educación en academias especializadas de los Estados Unidos. Estos oficiales que juraron mantener el orden aún a costa de sus vidas, si de salvar a Cuba se trataba, no respondieron al llamado histórico. No se ocupó el Ejército de terminar con las matanzas en las calles, ni con los saqueos. Las bombas y todo lo que, como un estallido incivil, siguió a la caída de Machado. Nada hizo por restaurar el orden público. A tal punto llegó su indolencia que no se incurre en hipérbole al afirmar que las deplorables condiciones reinantes en Cuba después de la fuga del dictador Machado, hay que atribuirlas en gran parte a la insensibilidad irresponsable de la oficialidad del Ejército Nacional. Cualquier historiador objetivo consignaría que la alta oficialidad del Ejército contribuyó de hecho y por insidiosa omisión al entronizamiento del caos que frecuentó Cuba en 1933. Imparcialmente, se observa que no tuvieron el menor interés por cumplir con su deber asumiendo alguna digna actitud en pos de la restauración del orden y la paz nacionales.

La razón detrás de esta anomalía parece haber sido algo mucho más hondo que una determinación de insensibilidad o timidez. El Ejército de Cuba —antes de la caída de Machado— no era lo que supone debe ser una organización militar bien disciplinada con apta oficialidad. Es más, entre la población civil no gozaba de buena reputación. Una gran parte de sus oficiales ni siquiera contaba con el respeto de los alistados. Por muchos años había sido práctica de muchos oficiales la obtención de dinero extra por vía de un procedimiento muy sencillo, que consistía en la consignación de nombres imaginarios en las nóminas. Para semejante operación no hacía falta talento ni se requería el dominio de la alta matemática. Un ejemplo: si la fuerza autorizada de una compañía era de ciento cincuenta alistados, su comandante obtenía la paga por ese número, cuidando mucho que el personal excediera nunca la mitad o la tercera parte de la fuerza autorizada. La diferencia en nómina entre la fuerza autorizada y la real iba directamente a uno de los bolsillos del comandante. Quizás estos fondos adicionales les hacían mucha falta porque ese mismo grupo de "playboys" en función de militares, malgastaba la mayor parte de su tiempo en juergas y festines con sus amantes. Y por eso, por supuesto, se necesitaba dinero. Llegó a conocerse en aquel tiempo hasta una especie de servidumbre militar dentro del Ejército cubano. Cierto número de oficiales que poseían fincas de recreo, asignaban grupos de alistados para que trabajaran como labradores en dichas posesiones rústicas, con cargo a la paga que estos alistados percibían del Ejército.

La situación cubana en este período clamaba a gritos por un líder inspirado e intrépido. Urgía la presencia de una figura con aureola de héroe, —un caudillo dispuesto a correr todos los riesgos y capaz de sacar al país de la turbulenta lucha en que se hallaba envuelto. Cuba había mirado hacia los dos grupos que pudieron haberle dado lo que necesitaba, pero su llamada fué estéril. No respondieron. ¿Qué iba a hacer Cuba entonces? ¿Apelar a los Estados Unidos en demanda de paternalismo? ¿Admitir ante el mundo que era incapaz de gobernarse por sí misma? —Cuba encaraba su más honda crisis en los primeros días de septiembre de 1933. Motines y asesinatos en las calles, confusión en el gobierno, y la República al borde del abismo.

He aquí, pintada, la escenografía que sirvió de fondo a Fulgencio Batista para montar su dramático episodio denominado Revolución de los Sargentos, en el Campamento de Columbia el 4 de septiembre de 1933.

Capítulo 6

EL Sargento Batista —en la excitante mañana de septiembre de 1933 en que, como representativo de las clases fuera designado comandante— revistaba las diversas compañías en sus respectivas áreas y dirigía a cada unidad un concretísimo discurso cuyo fin no era otro que el de afianzar las posiciones ante cualquier hecho inesperado. Hasta el momento, los oficiales conservaban sus puestos y Batista desconocía lo que en realidad tramaban. Al volver al Distrito Central del Campamento de Columbia enfrentó con una docena de oficiales entre los que figuraban aquellos mismos que habían estado presentes en la reunión donde él asumiera el mando.

Pensó que iba a tener un lance con ellos. Pero sólo se limitaron a rogarle o recomendarle que tuviera moderación. Asintió casi con monosílabos y se marchó en seguida. Acababa de llegar un informe perturbador a Columbia, procedente de la ciudad de La Habana —a varios kilómetros de allí —y no podía perder un minuto.

Ocurría que el Primer Batallón de Infantería, normalmente destacado en el Campamento de Columbia y que a la sazón prestaba servicios especiales en La Maestranza, no se había sumado a la Revolución de los Sargentos. Esto era en extremo crítico. Y lo era, por cuanto tal unidad, considerada muy importante, podía dominar desde su estratégica posición, el Palacio Presidencial y la Jefatura de la Marina. Batista decidió resolver el problema personalmente. Delegó el mando del Campamento de Columbia al Sargento Pedraza —su mano derecha en el plan militar de la rebelión— y salió en secreto del Campamento. A toda prisa corrió hacia la Habana. Dirigió sus pasos hacia La Maestranza para ponerse en contacto con las clases del Primer Batallón de Infantería. Le recibieron con frialdad. El Primer Sargento Alvarado y otros negaron su adhesión a la causa de Batista. Sin la menor vacilación, Batista llamó al Cabo Oscar Díaz —su delegado en dicha unidad— y le ordenó reuniese a todos sus integrantes en nombre de la Revolución. Una vez formada la tropa Batista asumió el mando. Dispuso el arresto de los Sargentos que no quisieron sumarse al movimento y aplicó a la par las fórmulas que tan excelentes resultados le habían ofrecido en Columbia. Improvisando una inflamada arenga sobre las altas metas de la Revolución, anunció con firmeza que ésta era ya un triunfo.

Batista no había hecho sino "blofear", por supuesto, y me lo confesaría en una conversación que sostuviéramos años después. En aquel momento no tenía la seguridad de la victoria que pregonaba. Empero, como me lo aseverara más tarde: "estaba creando la impresión de la certidumbre". Luego de una cálida apelación final en demanda del unánime respaldo de los hombres del Primer Batallón de Infantería, anunció con voz serena y potente que el Cabo Díaz quedaba al mando. Sus últimas palabras fueron rubricadas por atronadores vítores. ¡Viva Batista! !Viva! ¡Qué viva Batista! ¡Viva la Revolución! —El Sargento de Banes había ganado otra batalla y dado otro paso decisivo hacia el éxito total de la Revolución de los Sargentos.

Logrado el apoyo de esta importante unidad, Batista se sintió más seguro. De allí, sin previo anuncio, fué a entrevistarse con su amigo y colaborador Sergio Carbó a los talleres de "La Semana". Carbó se sorprendió al ver al Sargento Batista. Y su sorpresa se hizo asombro solidario cuando éste le relató a grandes rasgos, todo cuanto había realizado en el Campamento de Columbia y en La Maestranza hacía uno minutos. El éxito saltaba a la vista. Pero con todo el objeto de su visita a Carbó tendía a recabar la ayuda inmediata del prestigioso editor en cuanto a la asistencia de líderes civiles a la asamblea que el propio Batista había convocado para aquella noche a las 8 en punto, allá en el Campamento de Columbia. No había descontado ni por un instante el ducho Sargento que la presencia de destacados civiles en una reunión como aquella podría decidir el futuro de la Revolución. En la noche el viejo cine del Campamento estaba de bote en bote.. Cientos de miembros de las Fuerzas Armadas casi generalmente lo colmaban. Batista, hombre que jamás desaprovecha una oportunidad, decidió con rapidez que la ocasión para consolidar el movimiento había llegado. Con pasos solemnes se adelantó hasta la boca del escenario y empezó a hablar.

El don oratorio de Batista es innato. Tiene la facultad de captar la atención de los oyentes desde sus primeras palabras. Y asimismo, la de mantenerla hasta la terminación de sus discursos. Como casi todos los grandes líderes, puede mover psicológicamente a su auditorio en un sentido u otro sin mayor esfuerzo.

En esta histórica noche en la asamblea del Campamento de Columbia, Batista, habló en soldado a sus compañeros. Se dirigía a los hombres que mostraban su voluntad de seguirlo y quería le siguieran hasta el fin. Comenzó esbozando la situación anárquica que reinaba en Cuba en aquel momento. Tornó sobre los violentos desórdenes desatados en toda la República. Abundó acerca de los asesinatos por venganza que tenían lugar en las calles. De la barbarie; del saqueo y del pillaje. Y de la ausencia absoluta de seguridad para la vida y el sosiego de la población civil. Con calma, pero con firmeza, señaló Batista que los hombres responsables de la restauración y del mantenimiento del orden —los oficiales de las Fuerzas Armadas— no habían dado ni un paso para erradicar el caos que prevalecía desde el derrocamiento de Machado hacía ya cerca de un mes. Criticó la influencia norteamericana en la instauración del gobierno de Céspedes, que era —según lo calificó— un régimen de complacencia que toleraba los desórdenes para hacer posible su permanencia en el Poder. Fué un buen discurso, oportuno y brillantemente pronunciado. Batista lo epílogó con una apelación a los soldados en pro de los oficiales, que en aquellos precisos momentos se interponían entre él y la victoria total. Aunque sus críticos —especialmente los que no le conocen personalmente— no han confesado y no confesaron nunca que Batista es un hombre de gran compasión, la historia de sus hechos evidencia que posee sentido humano y gentileza en las proporciones de un acabado diplomático. Fué su ánimo compasivo, la gracia connatural que le mana de su ser, lo que hubo de inspirarlo a clamar sentenciosamente de este modo: "Cada clase, cada soldado, no importa la ofensa que haya sufrido o los abusos que quisiera vengar, tendrá que observar un comportamiento ejemplar hacia los que, hasta hoy, han sido sus susperiores y jefes. Los soldados cubanos gozan de la reputación de buenos y generosos. Y ahora más que nunca se les ofrece la oportunidad de confirmarlo. Este es el ruego de un compañero; es la orden de un jefe sobre quien recaerán las más graves responsabilidades en esta hora de supremas decisiones. Los Sargentos a cargo de unidades estarán en la obligación de mantener la seguridad y bienestar físico de esos oficiales, que por el momento, permanecerán bajo custodia en sus alojamientos, pero no arrestados. Cualquiera que sea la culpa de ellos, de ningún modo mancha a sus familias; familias cubanas que merecen y tienen que estar protegidas por nosotros, mientras encaremos la situación que seguirá existiendo después de esta noche".

Fueron éstas las palabras de un Sargento en rebeldía. De un hombre cuya vida estaba pendiente del éxito de su empresa. Palabras en pro del único grupo organizado que tenía —de haber querido ejercerlo— el poder de destruirlo. Fulgencio Batista ha pronunciado muchos discursos y decidido muchos asuntos desde aquella noche memorable de septiembre de 1933. Mas, ninguno más noble y merecedor de un sitio en las páginas de la historia que este condigno ruego suyo en favor de aquellos oficiales de la Fuerzas Armadas.

Dispuesto que tanto los propios oficiales como sus respectivos familias recibieran todas las cortesías, Batista se dió a la tarea de reorganizar el Gobierno y al encauce de las actividades propuestas al cabal desarrollo de la Revolución. Ordenó que los Primeros Sargentos tomaran el mando de las compañías y escuadrones y que los Sargentos Mayores de batallones se hicieran cargo de sus respectivas unidades. Los distritos militares en las provincias quedaron a las órdenes del Sargento Mayor Primero de cada área. El Campamento de Columbia quedó bajo el mando del Regimiento de Ametralladoras, correspondiendo a los Sargentos de éste, la dirección de otras unidades en puntos estratégicos del interior del Campamento. A todos les señalaría la enorme importancia que entrañaba el sostener aquella base-clave de toda la organización militar cubana.

La excitación ciudadana crecía por minutos. Sospechaba la gente de un movimiento militar. Pero nada más se olfateaba. Grupos de personas en las esquinas, en los cafés, alrededor de las redacciones de los periódicos y de las emisoras de radio, indagaban y trataban de informarse. Fué entonces que Batista lanzó su primer manifiesto. El objeto que tenía era el de dar a conocer al pueblo los últimos acontecimientos, explicando al mismo tiempo el nuevo status y las finalidades de la Revolución. Este documento —concebido por Batista— referíase a la acción del 12 de agosto en la que se derribó a Machado y describía las particularidades de la instauración del gobierno "mediatizado" de Céspedes como un "falso movimiento". Declaraba, además, que aquel movimiento del 4 de septiembre en marcha, si era una genuina revolución que venía a llenar las necesidades de la hora. Solicitaba la "ayuda patriótica" del pueblo cubano, prometiendo que el movimiento se consagraría a promover el bienestar de Cuba. Habrá una purga en el Ejército, la Marina y las Fuerzas de la Policía y el gobierno de Céspedes será depuesto. Se redactará una nueva Constitución que responda a las necesidades presentes y futuras de la República. Las líneas finales de la proclama señalaban enfáticamente que aquel movimiento revolucionario estaba exento de toda ingerencia extranjera, sustentándose por ende en los principios del patriotismo y la democracia. La referencia expresa a la no ingerencia extranjera, implicaba una reiteración del cargo que se le hacía al gobierno de Céspedes —que sucedió al de Machado— en cuanto a que había sido instaurado mediante la recomendación y apoyo del gobierno de los Estados Unidos.

A las once de la noche del 4 de septiembre tuvo lugar una reunión en el Campamento de Columbia. En ella participaron algunos elementos políticos civiles que se solidarizaban con la Revolución de los Sargentos. Desde un principio Batista quiso ganarse este apoyo. Por tanto, completaba allí una fase muy importante del movimiento. Un comité de civiles encabezado por Sergio Carbó —que había estado de acuerdo con Batista desde los comienzos de la insurrección— firmaba y lanzaba una proclama al pueblo de Cuba. Diecinueve personas la firmaban, dieciocho de las cuales eran líderes civiles de nombradía. La firma décimonona —única firma militar fijada en el histórico documento— era la de Fulgencio Batista, el Sargento de Banes.

Este solo incidente del 4 de Septiembre de 1933 convirtió al otrora humilde muchacho de campo en una figura internacional, haciendo que su nombre resonara en todos los hogares del mundo. Y cambió el decursar histórico de Cuba, más que cualquier otra cosa acaecida en la isla a partir de su conversión en República independiente en 1902. Sería, fué esta acción audaz, la que estableció a Batista como una figura de importancia en su propio país y en el mundo entero.

No hay punto alguno de comparación entre el movimiento de Septiembre 4 de 1933 y el de Marzo 10 de 1952 en el que Batista repitió la insólita hazaña de expulsar del Poder a otro gobierno mediante un golpe de estado sin sangre. Esta segunda vez fué la obra de un hábil, maduro y cincuentón estadista y político que tenía tras sí siete años de servicio como Jefe de las Fuerzas Armadas de Cuba, cuatro años de experiencia como Presidente de la República durante la Segunda Guerra Mundial y varios años de senador y jefe de un gran partido político. El Batista de 1952 era ya un hombre cargado de experiencia, que había viajado mucho, estadista consumado de fama internacional y persona que conocía al dedillo todas las respuestas. La insurrección revolucionaria de 1933 fué gestada por un Sargento de treinta y dos años, que jamás había salido de su suelo nativo; que no contaba ni con un solo día de experiencia política y muchísimo menos como estadista, siendo así que sus conocimientos sobre asuntos internacionales no iban más allá de lo que había leído en libros y periódicos. Para decirlo todo en una frase: jamás hubiera podido darse un 10 de marzo de 1952 sin la precedencia de un 4 de septiembre de 1933.

Tan importante fué el 4 de septiembre para el Ejército, la Marina y la Policía Nacional, que basta considerar el hecho apreciando como la bandera que fuera creada para simbolizar la Revolución de los Sargentos, se adoptara luego por los miembros de estos cuerpos como la enseña oficial de las Fuerzas Armadas de Cuba.

Y por lo demás, la proclama que saliera de la gran reunión del Campamento de Columbia aquella noche memorable del 4 de septiembre de 1933 se convirtió de hecho, en la base misma sobre la cual las facciones revolucionarias propondríanse al restablecimiento de la normalidad en el gobierno, consagrándose la Revolución de los Sargentos en las siguientes proyecciones:

"Primero:—La reorganización de los sistemas económico y político del país por medio de una asamblea constituyente.

"Segundo:—El castigo inmediato de los culpables de crímenes durante los regímenes anteriores, fueran civiles o militares, para poder restablecer un verdadero orden y una justicia genuina.

"'Tercero:—La aceptación y el cumplimiento de todas las deudas y obligaciones, extranjeras y domésticas, contraídas por los gobiernos anteriores en nombre de la República.

"Cuarto:—La inmediata creación de tribunales para llevar a cabo el programa señalado en este manifiesto.

"Quinto:—Dar todos los pasos no aquí previstos para la creación de una nueva Cuba, construída sobre la base del derecho y de acuerdo con el concepto más moderno de la democracia".

Y por último se declaraba que el gobierno de Céspedes, "a pesar del patriotismo y la buena fe de sus componentes" no cumplía con las urgentes necesidades de la Revolución. Y con la promesa de deponer todo control sobre el gobierno tan pronto como se pudiera establecer un régimen constitucional a través de las determinaciones de una asamblea constituyente, finalizaba aquella proclama histórica cuyo original suscribieron diez y nueve cubanos. (De éstos, tres han llegado a ser electos Presidente de Cuba: Batista en 1940; el Dr. Ramón Grau San Martín en 1944, y Carlos Prío Socarrás en 1948. Tanto Grau como Prío se tornarían airados enemigos de Batista y luego entre sí, siendo el régimen de Prío el que cayera del Poder cuando Batista produjo su segundo golpe de estado en 1952).

Fueron muy agitados los dos días del movimiento insurreccional de septiembre de 1933 en el Campamento de Columbia. De los oficiales depuestos se sabía muy poco. Unos cuantos se unieron al movimiento de Batista. Pero la inmensa mayoría —casi mil— se había mantenido alejada de todo el proceso. De entre los que se le sumaron, uno fué el apuesto Primer Teniente llamado Francisco Tabernilla. Era un magnífico oficial aquel Tabernilla y a Batista le satisfizo muy de veras tenerlo de su parte. Gozaba de popularidad en la tropa y de excelente reputación en las esferas civiles. Tabernilla permaneció con Batista desde entonces hasta 1944, cuando el antiguo Sargento hizo entrega democrática de la Presidencia de la República al Dr. Grau. Y después de esa fecha —mientras duró el exilio de Batista, Tabernilla se mantuvo siempre en contacto con él. En 1952, depuesto el Presidente Prio por Batista, el hombre que estaba a su derecha era su buen amigo y viejo compañero "Pancho" Tabernilla. Al completarse efectivamente el derrocamiento de Prio, Tabernilla fué designado Jefe del Ejército, con el rango de Mayor General.

En la reunión celebrada el 5 de septiembre de 1933 (la de los 19 líderes de la Revolución de los Sargentos)se buscaba una fórmula orgánica para el periodo correspondiente al régimen de gobierno provisional. O sea, hasta que pudiera establecerse un gobierno constitucional mediante elecciones. Batista sugirió una forma presidencial. Otros se declararon partidarios de algo a manera de junta o consejo. Ambos grupos, esencialmente, estaban contestes en cuanto a un gobierno democrático. Luego de las deliberaciones consabidas se creó una pentarquía en la que recayó la responsabilidad de gobernar el pais. Las carteras ministeriales se dividieron entre cinco ciudadanos, como versa: Ramón Grau San Martín, Instrucción Pública y Bellas Artes y Sanidad y Beneficencia; Sergio Carbó, Gobernación, Guerra y Marina; José M. Irisarri, Obras Públicas, Agricultura y Comercio; Guillermo Portela, Estado y Justicia y, Porfirio Franca, Hacienda. La primera selección para el cargo de Ministro de la Guerra fué Batista. La Junta Revolucionaria opinaba que debia aceptar este puesto en el gabinete. Pero Batista, rehusó, no sin antes expresar su gratitud por el honor conferido, significando, según dijo, que la presencia de un Sargento en el gabinete debilitaria al gobierno, especialmente ante el cuerpo diplomático acreditado en el país.

De tal suerte, que cualquier semejanza que la Revolución del 4 de septiembre pudiera tener con un vulgar y simple cuartelazo, desaparecia por completo a partir de aquel instante. La desinteresada actitud del hombre que había llevado a la victoria el movimiento de los Sargentos —su tajante negativa a aceptar uno de los cargos más altos de gobierno —constituía un gesto sin precedentes.

Durante los días turbulentos del otoño de 1933, Fulgencio Batista dió muestras de querer permanecer entre bastidores en lo que a los asuntos de política nacional se refería. Podría atribuirse tal actitud a una expresión de timidez; o tal vez a su íntima opinión en cuanto a que cuestiones de tan superlativa importancia debían estar en manos suficientemente expertas.

No debe inadvertirse que cuando Batista puso en escena la Revolución de los Sargentos estaba totalmente ajeno a la idea de que él y el pequeño grupo que le secundaba, tendrían que asumir la responsabilidad suprema de dirigir y administrar el país después del triunfo. En varias ocasiones me ha dicho que cuando se vió convertido en cabeza virtual de todo el gobierno, se sentía el hombre más asombrado de Cuba.

Batista no ignoraba, claro está, que carecía de experiencia en asuntos de gobierno y comprendía que manejar una nación de cuatro millones de ciudadonos, era tarea muchísimo más compleja y difícil que cualesquiera de las que había rendido en sus días de soldado o antes de ingresar en el Ejército. Era joven. Sólo contaba treinta y dos años. Y pensaba que era preferible que estadistas duchos se hicieran cargo del gobierno, de modo que él pudiese seguir siendo un soldado. Pero, cuando fallaron todos los esfuerzos por encontrar un jefe idóneo y se percató de que tendría que asumir la autoridad, lo hizo con gran coraje.

Capítulo 7

EL movimiento del 4 de septiembre de 1933 no requiere de apologistas. Fué espontáneo, dirigido por un grupo de hombres jóvenes de seria mentalidad, se produjo en el instante preciso en que la nación se acercaba peligrosamente a la anarquía. Y, como Batista me ha señalado más de una vez, no fué aquella una revolución egoísta de unos cuantos Sargentos y alistados con el propósito de implantar en Cuba una dictadura castrense. De ahí que unos de los pasos primeros de Batista en las etapas de gestación de sus planes, fué el de invitar a civiles de renombre a que solidariamente tomaran parte en su causa. El patriotismo y la ejecutoria de los civiles que apoyaron la revolución septembrista —hombres de la talla de Sergio Carbó y Porfirio Franca— no admitían dudas ni críticas. Es congruente deducir, por eso, que de haber actuado Batista y sus compañeros del Ejército a instancias de motivaciones egoístas, jamás habrían factibilizado la introducción de civiles en el grupo conspirativo. Los Sargentos mismos poseían habilidad y medios suficientes para impulsar el movimiento hasta su exitosa culminación, reteniendo el Poder en sus propias manos por tiempo indefinido.

Pero, si a pesar de los desinteresados esfuerzos de Batista en esas etapas preliminares de la revolución quedaba todavía algún resquicio hacia la duda, posteriormente tenía que ser eliminado, vista su ejemplarísima conducta después del triunfo de la Revolución de los Sargentos. Y más específicamente aún, en lo que aconteciera los días 7 y 8 de aquel mes de septiembre. Actuando Sergio Carbó de Secretario de Gobernación y Guerra en la noche del 7 de septiembre de 1933, pidió efectuar una junta en el Palacio Presidencial con el fin expreso de planificar la reorganización del Ejército. Ya en esta fecha la Revolución era un hecho consumado. Un acontecimiento que no podía ignorarse. Depuesto el Presidente Céspedes, y sin gabinete, el país andaba al garete. El Ejército quedó sin oficiales. Y la violencia y los desórdenes en las calles sin la acción decisiva y rápida del gobierno para ponerle coto, llevaron a Carbó al convencimento de que la necesidad más perentoria era la de reorganizar las Fuerzas Armadas, como paso previo al restablecimento del orden público. Por eso había convocado aquella junta que iba a celebrarse en Palacio. Y, al iniciarse la sesión, reunió a Batista, que representaba la Revolución de los Sargentos, y al Coronel Héctor de Quesada y al Teniente Coronel José Perdomo, en nombre de los oficiales del Ejército depuesto. Apoyado por Batista, Carbó presentó la primera oferta a los oficiales. Era una generosa proposición que asombra todavía, pero que comportaba un sincero esfuerzo en pos de una fórmula que permitiera la reorganización inmediata del Ejército. Los Sargentos —dijo Carbó a los citados oficiales— estiman que la selección de un nuevo Jefe de Estado Mayor ha de corresponder a los oficiales mismos. Satisfechos con el triunfo de la revolución, no tenían los Sargentos apetitos personales que saciar. Su único interés era el de la paz y la normalidad restablecidas en la República tan pronto como fuera posible. En otras palabras: aunque ellos tenían consigo el Poder en aquel momento, habían acordado dejar al arbitrio de los oficiales depuestos la designación del Jefe de Estado Mayor, o sea, el nombramiento de la figura más importante en cualquier organización militar. Las únicas condiciones de la desinteresada oferta eran que se nombrara una comisión militar de cinco miembros para dirigir el trabajo reorganizativo y que la comisión se integrara por dos oficiales y Batista, más dos Sargentos de la Revolución escogidos por los tres primeros. Todos los cambios de mandos, las comisiones, las órdenes y los nuevos reglamentos, requerían la aprobación unánime de los cinco comisionados.

Comentando este asunto años más tarde con Batista, me explicó que cuando se hizo la consiguiente oferta él comprendía el deseo perfectamente por parte de los oficiales de volver a ganar el terreno perdido a causa de la Revolución. Pero, a la par, no podía ignorar que las clases habían adquirido ciertos derechos inalienables, ya que el movimiento por ellas gestado era un triunfo.

El golpe de Septiembre 4 —pensaban los Sargentos— había contribuído substantivamente al desarrollo de la joven República. A su través, el gobierno impotente de Céspedes, que ellos y tantos otros estimaban más agradable a los Estados Unidos que al pueblo cubano, había sido eliminado. Gracias a la insurrección victoriosa habían visto como llegaron a su final las injusticias dentro del Ejército, mientras se habían echado las bases para levantar un futuro mejor para el país. Los hombres que habían arriesgado sus vidas por el logro de tan fundamentales transformaciones insistían, con todo derecho, en que no aceptarían fórmulas que implicasen la vuelta a la entronización de las corruptas prácticas del pasado. Así como tampoco habrían de someterse a un gobierno de "mediatización" siempre más proclive a las presiones de una potencia extranjera que a las hondas necesidades del pueblo de Cuba.

Los Coroneles Perdomo y Quesada escucharon la proposición de los Sargentos y respondieron que las consideraban razonables. Carbó insistió en acelerar las negociaciones, enfatizando sobre la imperiosa necesidad de movilizar al Ejército rápidamente para ponerle fin a las violentas desorbitaciones que perturbaban la Isla. Prometieron volver con la aceptación. O por lo menos, con una contraoferta, lo más pronto posible. Aquella primera reunión habíase dilatado hasta la media noche. Horas después los oficiales susodichos volvieron con otros. Carbó y los Sargentos les esperaron. Habló el Coronel Quesada. El Alto

Mando, significó, no puede aceptar la proposición de los Sargentos. Y, formuló seguidamente una contraproposición que comportaba todos los aspectos objetables del viejo régimen. A todas luces, semejante contraoferta resultaba inadmisible para los hombres de la Revolución. La propuesta de los oficiales restauraba al difunto gobierno de Céspedes en el Poder, reponía a los oficiales depuestos— excepto a los acusados de crímenes — y lo que era más sorprendente aún: llegaban a la condescencia de amnistiar a los alistados que habían realizado la Revolución. Como puede apreciarse, la oferta no era más que una absurda tentativa por restablecer las intolerables condiciones que habían movido dentro del Ejército las simpatías por la Revolución de las clases. Los Sargentos, desde luego, no aceptaron semejante proposición. Y como observaría Batista, tampoco la aceptarían el pueblo y el Gobierno Revolucionario. Carbó tan impaciente como los Sargentos ante la contraoferta de los oficiales, le puso término a la sesión.

Con el transcurso de los días, empeoraba la situación en el país. Urgía una acción rápida y enérgica. A Carbó le constaba que no era posible llegar a ninguna transacción con los viejos oficiales. Pese a todos los esfuerzos no hubo manera de conseguir la cooperación de estos hombres, a los que se les suponía mayor capacidad, por cuanto eran al fin oficiales del Ejército. De tal suerte que Carbó decidió actuar por cuenta propia. La mañana del 8 de septiembre dictó una orden. En su carácter de Secretario de Gobernación y de la Guerra, nombró a Fulgencio Batista y Zaldívar Jefe del Ejército, elevándolo de Primer Sargento a Coronel. Ipso-facto le encargó se pusiera a trabajar en la reorganización de las Fuerzas Armadas. Desde aquel instante no había dudas con respecto a la posición del antiguo Sargento. Batista, como Jefe del Ejército, era de hecho el hombre más fuerte de Cuba.

Muchos años más tarde, rememorando aquella memorable sesión, Carbó describía en su periódico **Prensa Libre** lo que sigue: La exigencia de la hora, después de la expulsión de la tiranía de Machado, era el establecimiento de una sana autoridad. Para lograrlo era necesario reorganizar el Ejército en el cual había todavía, a pesar de los escándalos públicos y de la vigorosa oposición de los jóvenes oficiales, muchas de las figuras deleznables que habían servido de asesinos y verdugos del anterior gobierno. Por eso es que el Ejército no tenía la fuerza moral para limpiar las calles de los espectáculos bochornosos que daban los merodeadores y matadores de **porristas** (policía secreta de Machado), cuyo exhibicionismo contrastaba tan bruscamente con la ejecutoria heroica de los verdaderos revolucionarios, que se habían enfrentado con la muerte tantas veces durante los días difíciles de la lucha contra el Tirano.

Carbó responsabilizaba a los oficiales aptos del Ejército del impasse a que se arribara en Palacio la noche del 7 de septiembre. Dijo que repetidamente rehusaron aceptar una solución que les hubiera permitido reestructurar el Ejército. Y que él, como Secretario de la Guerra, tenía que actuar de acuerdo con las circunstancias. Confrontado con el vacío que estiraba a su límite las tensiones nacionales e internacioles, —Carbó explicó— "hice entonces lo que hubiera hecho hoy si me viera cara a cara con tan grave circunstancia. Le di un jefe al Ejército, para que por algún medio pudiéramos evitar la anarquía abierta en el país. Escogí al jefe de los Sargentos y lo hice Coronel".

El ascenso de Batista a la posición de Jefe Supremo de las Fuerzas Armadas completó otra fase de la Revolución de los Sargentos, marcando un formidable paso de avance para este humilde y joven soldado que, pocos años antes, andaba viajando sobre las casillas de ferrocarril como retranquero de los Ferrocarriles Consolidados de Cuba. Y quien, diez años antes de eso, —por quince centavos diarios— había sido cortador de caña en las plantaciones azucareras de la provincia de Oriente.

Cuando le impusieron las tres estrellas de Coronel sobre la misma desteñida camisa del soldado común, Batista era un joven muy fatigado por las noches insomnes que había pasado sin descanso desde los prolegómenos del golpe del 4 de septiembre. Habíase sostenido a fuerza de café negro y sandwichs durante casi una semana. Pero nunca se había quejado. Eran días y noches de tensa excitación en el Palacio Presidencial y sus alrededores. Días y noches sin solución de continuidad.. Con todo su cansancio, Batista pudo robarle unos minutos a los permanentes problemas del momento y convino en recibir a los periodistas. Habló con facilidad, contestando todas y cada una de las preguntas con el aplomo de quien conocía perfectamente el rumbo que se había trazado. Después de su promoción —durante varios días— ni tiempo tuvo siquiera para deshacerse de su uniforme de Sargento. Sólo se quitó las barras distintivas y prendió en su lugar las rutilantes estrellas de Coronel.

Poco tiempo después del rechazo por parte de los oficiales de la oferta de los Sargentos, discutió Batista el asunto con varios amigos. Había abrigado la esperanza de que los oficiales se hicieran cargo del mando. Pero no fué posible. Ante tal eventualidad él se dispuso a asumir sus nuevas responsabilidades, dejando para los historiadores el juicio definitivo sobre cuál de los dos grupos había adoptado una posición errónea en la reunión de Palacio. "La posteridad analizará el hecho sin apasionamientos", —dijo— "pero debe constar de ahora para siempre que la actitud de los Sargentos fué de generosidad. Es el único caso en la historia en que los vencedores han llamado a los vencidos para restaurarles el mando".

Capítulo 8

EL ascenso de Batista —septiembre 8 de 1933— a una posición supremamente poderosa cual es la de Jefe del Ejército, fué tan sorprendente como abrupta. Ni el pueblo de Cuba, ni los extranjeros interesados en las cuestiones, del país sabian cosa alguna respecto del hombre. Fueron muchos los que, indocumentadamente, cometerían el error de suponer que el joven Sargento era no más una figura efímera, un fanático amotinado, cuyos actos rebeldes habrían de ser juzgados severamente por un tribunal militar que, a su debido tiempo, le castigaria. Asi razonaban también los antiguos oficiales cuando se permitieron rechazar la oferta de ser restaurados en el mando de las Fuerzas Armadas. Ellos no podían admitir que el movimiento de Batista fuera ciertamente más revolucionario que sedicioso. Y no hallaban por ende, motivos lógicos —más allá del vano orgullo de casta— para entrar en prolongadas negociaciones con su jefe. Aún después de muchos meses de hallarse Batista ejerciendo su alto cargo, seguía siendo ignorado por una ancha zona de la población cubana. La clique de los ex-oficiales le aborrecía. La "élite" social le desairaba. Y hasta la Embajada de los Estados Unidos en La Habana, en sus informes a Washington, le tildaba de "radical", describiéndole simplemente como "un sargento llamado Batista".

Tan era así, que una de las tareas más difíciles que confrontaron a la sazón los corresponsales de la prensa norteamericana que trabajaban en Cuba, fué la de explicar a los pueblos del mundo qué y quién era Fulgencio Batista, completamente desconocido para esa prensa extranjera como para el mismo pueblo cubano. No había datos sobre él en los archivos de los periódicos, ni una línea sobre sus actividades pasadas. Ante la insistencia de las empresas matrices de noticias, que compelían a sus corresponsales al profuso envío de informaciones sobre el pasado, el presente y el futuro de esta personalidad tan periodísticamente fascinadora, los reporteros se dieron a la tarea de inventar. Usaron de la imaginación aunque en forma individual y sin consultas entre sí.

No hay duda en punto a que las encontradas opiniones que circulaban acerca de Batista en 1933 han de haber contribuído sobremanera a confundir a los lectores de la prensa mundial. Los reporteros diferían a tal grado en sus apreciaciones del hombre, que, mientras un prominente corresponsal le tildaba de comunista, otro de tanta categoría como aquél, describíalo como un decidido fascista, adicto a las doctrinas de Mussolini. ¡Inclusive se especulaba en cuanto a su verdadera nacionalidad! Un reportero insistía en que Batista era uruguayo. Otro redactó una información muy interesante pero errónea, presentándole como un griego, largos años perdido, e hijo de un bondadoso caballero de Atenas. Hubo un rumor más persistente: Batista era oriundo de Colombia. Y, todavía circula de cuando en cuando semejante versión que es, por supuesto, completamente falsa. Batista es tan cubano como la caña de azúcar que personalmente cortaba años atrás para ganarse la vida. Pero el torneo de adivinanzas seguía y proseguía...

Recuerdo bien que el Coronel norteamericano Frederick Palmer, entonces famoso corresponsal de guerra, vino a todo escape desde New York para escribir la **verdadera** historia de Batista. Luego de una rebúsqueda agotadora, lo menor que pudo extraer de su meollo el Coronel Palmer fué esta lacónica descripción: "Tiene treinta y dos años y nació en la provincia de Oriente, de padres pobres; entró en la infantería a los veintidós años; luego fué Cabo; estudió taquigrafía y más tarde lo hicieron Sargento, trabajando para el Estado Mayor". Estos escuetos datos ya habían sido publicados infinidad de veces por un buen número de corresponsales que cubrían el sector de La Habana. No podía decirse, pues, que las revelaciones del Coronel Palmer justificaran el gasto que había irrogado su viaje a Cuba. Alrededor de una docena de redactores fueron enviados a la Isla por los grandes periódicos norteamericanos, que se interesaban en ofrecer datos biográficos de Batista. El **Herald Tribune** de New York mandó a Tom Pettey. Por su parte, el **New York Times** tenía en La Habana a Russell Porter, y el malogrado Dixie Tighe escribió también unas cuantas historietas sobre el tema. Algunos de estos especialistas trabajaron con ahinco, logrando desenterrar muchos datos. Otros sencillamente se arrellanaron en la barra del Sloppy Joe y recogieron fragmentos de informaciones erroneas mientras sorbían sus **"daiquirís".** Uno de los pocos enviados especiales que atinó en orden a Batista fué Bill Hutchinson, del **International News Service.** Después de charlar en dos ocasiones con el flamante Coronel Batista, decidió que el "Sargento" tenía muy buen empaque y que, contrariamente a lo que suponían algunos reporteros, lejos de ser una figura pasajera, iba a permanecer en escena por mucho tiempo.

Batista era un hombre hecho a la medida para los periodistas. Con personalidad plena de colorido y un talento especial para "crear noticias", sentía sincera admiración por los reporteros. A lo largo de aquel difícil mes de septiembre de 1933 trabajaba Batista horas tendidas. Parecía que nunca se entregaba al sueño. Y sin embargo, al finalizar cualquier extenuante día, con frecuencia solía invitar a sus amigos de la prensa para que lo visitaran. En muchas oportunidades el timbre del teléfono de mi apartamento me despertaba traspuesta ya la medianoche. Era un mensaje de Columbia diciéndome que el Coronel quería verme. En todos los años que he servido como reportero en América Latina, no recuerdo nada que me diera más placer que las horas de madrugada que pasara hablando informalmente con Fulgencio Batista, en aquel avanzado verano de 1933.

Siempre ha sido cortés y amistoso con los corresponsales extranjeros y nunca les ha impuesto restricciones ni eludido pregunta alguna. Tampoco les ha exigido en ninguna ocasión que le fueran sometidos cuestionarios previos por escrito. Y jamás ha tenido un secretario de prensa que lo aleccione sobre las posibles preguntas que los reporteros pudieran hacerle. Prefiere que éstos le acribillen con interrogatorios de cualquier tipo. Y es ésta una excepcional actitud en un hombre que tantas veces ha sido calificado de dictador.

No me olvido de un incidente, acaecido en 1934, que estimé iba a concitar la ruptura de mis amistosas relaciones con Batista. Yo había escrito sobre un hecho que tuviera lugar en el corazón de La Habana, en el cual unos cuantos soldados ensoberbecidos habían disparado contra un turbulento grupo de estudiantes. Presencié el tiroteo con mis propios ojos y cursé la noticia a la Prensa Asociada de New York. La narración no tenía nada de agradable. Y daba la casualidad que coincidía en aquellos momentos con los empeños de Batista por restablecer el respeto de la ciudadanía para el Ejército. Bien sabía yo que más tarde o más temprano los recortes —y por consiguiente mi relato— llegarían a la mesa de Batista. Esperé diez días. Y aunque durante el intervalo tuve oportunidades de hablar con el Coronel, no me hizo al respecto comentario alguno. Por fin decidí abordarle el asunto. Le pregunté si había visto el reportaje. "Sí", —me contestó— "lo he visto". Nada me indicó en punto a sus reacciones y me tiré más a fondo de este modo: "Y bien, ¿qué le pareció"? Su respuesta fué rápida y directa. "No me gustó el artículo, pero estoy seguro de que el relato era exacto. Se que usted es un reportero honrado y si dijo las cosas que habían sucedido como las narró, no dudo de su veracidad". Entonces le expliqué cómo en algunos otros países donde yo había trabajado, no acontecía lo mismo; y cómo ciertos funcionarios de otros gobiernos no tenían fe en mis reportajes, llegándose hasta el extremo en varios lugares de expulsar a los corresponsales que escribían artículos perjudiciales a esos regímenes.

—"Bueno", —me contestó— "yo lo veo de la siguiente manera: le conozco a usted y me consta que, personalmente, es amigo de los cubanos y que no me es hostil. También sé que nunca inventaría una noticia sobre nosotros. Si yo le expulsase a usted del país, entonces la Prensa Asociada enviaría otro corresponsal, desconocido para mí y yo para él. Lo más probable sería que ese otro reportero no tuviera tanto conocimiento como usted de los cubanos. En resumen: desventaja para Cuba. Y cualquiera que viniese llegaria aquí malhumorado por la expulsión de usted. Así es, que si le da lo mismo, nos olvidaremos del asunto. Confiaré en usted". Es muy difícil estar disgustado con un hombre que piensa de tal forma.

Otra de las cosas francamente inexplicables acerca del triunfo de Batista y la caída del Presidente Céspedes se expresa en el hecho de que los representativos del gobierno de los Estados Unidos, —tan vitalmente interesados en los asuntos cubanos por entonces— pudieran emitir tantos informes malos y hacer tantas conjeturas equívocas, no sólo sobre lo que estaba pasando en Cuba, sino también en torno a lo que probablemente debería suceder. Y esto era doblemente extraño si se colige que Sumner Welles había estado en La Habana participando activamente en los asuntos políticos del país desde seis meses antes de la asunción del Poder por Batista. Visto que la política de los Estados Unidos respecto a Cuba se influía aparentemente por tales informes, las acciones oficiales del gobierno de Washington solían ser, con frecuencia, tan improcedentes como lo eran los propios datos que le proveía Welles.

Capítulo 9

LAS actividades de Welles en Cuba durante los años primeros de la década de 1930 jamás serán olvidadas. Aún veinte años después, se habla de los empeños "mediacionistas" del Embajador norteamericano y el tópico resulta materia frecuente de estadistas y escritores. Muchos cubanos estiman que Welles subordinó su criterio a sus emociones. Y abundan los indicios que aseveran tal cosa en los informes, más de una vez equivocados, que Welles cursaba a Washington, precisamente en momentos en que estaban en juego trascendentales decisiones políticas en la Isla. Es muy posible que Welles, al ver fracasar el gobierno de Céspedes —hasta cierto punto creado por sus mediadores esfuerzos— aunara su íntima amargura al propósito de no decir nada bueno acerca de lo que hacía Batista entonces. Idéntico pesimismo se trasluce de sus reportes a Washington, en los días del otoño del propio 1933, sobre el Dr. Ramón Grau San Martín, quien —con el apoyo de Batista— asumiera la presidencia provisionalmente después de la caída del régimen de Céspedes.

Desde el instante en que Batista se hizo cargo del país en septiembre de 1933 y se estableció la Pentarquía —una junta de cinco hombres— para organizar el gobierno, Welles describía todo aquello en sus informes oficiales a la Casa Blanca, como el resultado de maniobras comunistas o tentativas radicales extremas. Llegó a informarle a Washington, inclusive, que la Junta Revolucionaria o Pentarquía, estaba integrada por elementos "extremadamente radicales". Y repetía esta acusación como un estribillo. Por ejemplo: después de dar cuenta de que uno de los manifiestos de Batista estaba firmado por "un grupo radical de los más extremistas del estudiantado y por tres profesores universitarios cuyas teorías son francamente comunistas", Welles se refirió a los miembros de la Junta por sus nombres, calificando a tres de los cinco, como "radicales extremistas". Los tres nombres que citó fueron los de los doctores Portela, Grau San Martín e Irisarri, pertenecientes al claustro de la Universidad de La Habana. Nada había en el historial de ninguno de estos señores que diera pie a la acusación de "radicales extremistas" que Welles sostuviera. Refiriéndose a Porfirio Franca —otro miembro de la Junta— adujo que era "un hombre de negocios, supuestamente conservador, que está siendo usado como pantalla". El "supuesto" acerca de las habilidades del Sr. Franca y sobre su reputación no cabían de ninguna manera. Ambas eran bien sólidas. Y es más, resultaba ser que este Sr. Franca —uno de los caballeros más respetados de Cuba— era a la par demasiado inteligente para permitir que se valieran de él como "pantalla" en ningún caso.

Es interesante advertir cómo el gobierno de México, que estaba tan atento a los acontecimientos de Cuba como el gobierno de Washington, no concordara con las clasificaciones que hacía el Sr. Welles de los pentarcas. El 7 de septiembre, cuando ya varios despachos de Welles en torno a la Junta formada por "radicales extremistas" habían llegado ya al Departamento de Estado, el Ministro de Relaciones Exteriores de México se sintió en la obligación de cablegrafiar al Secretario de Estado Cordell Hull, consignando su opinión opuesta a la del Embajador norteamericano en Cuba. "Me tomo la libertad de participar a Vuestra Excelencia" —decía el funcionario mexicano— "que tenemos datos fidedignos concernientes a la personalidad de por lo menos cuatro de las personas que están actualmente fungiendo como miembros de la Comisión Ejecutiva del nuevo gobierno de Cuba; datos que indican que no son comunistas, sino personas de indudable preparación, capacidad intelectual y resposabilidad social".

Los datos que poseía el Ministro de Relaciones Exteriores de México habían llegado de manos de un joven y brillante diplomático de carrera: el Lic. Octavio Reyes Spíndola, quién, como Encargado de Negocios, era a la sazón el funcionario de más rango de la Embajada Mexicana en la capital de Cuba y uno de los primeros diplomáticos extranjeros que arribó a la conclusión de que Batista era algo más que un sargento amotinado.

Su opinión había podido formarla el diplomático mexicano sobre la base del conocimiento personal y directo del anónimo líder.

Al revés de casi todos los diplomáticos acreditados en Cuba, que se mantenían deliberadamente al margen de los sucesos nacionales, acaso aguardando a ver lo que los Estados Unidos harían con Batista, Reyes Spíndola se las arregló para establecer contacto extraoficial con el "Sargento". Supo que Batista gustaba de hacer equitación una hora por las mañanas y —Reyes Spíndola un consumado jinete— se las manejó para que lo "invitaran" a pasear a caballo con Batista.

No hace falta ser muy zahorí para inferir que fué de este modo como el diplomático mexicano obtuvo los verídicos datos acerca de Batista y sus ideas, cuando se constata que ambos llegaron a ser muy buenos amigos a partir de entonces. Los paseos matinales con el nuevo Coronel por las afueras de La Habana le valdrían a Reyes Spíndola el mote de "el diplomático a caballo".

Y como se colegía, los informes que recibía la Embajada de los Estados Unidos en La Habana respecto de Batista causaron alarma y hasta pánico, porque el mismo día en que éste asumiera el Poder, y después, durante algún tiempo, a pedido de Welles, los Estados Unidos despacharon buques de su armada a las costas de Cuba. Las huellas de esta confusión se evidencian en todos los reportes de Welles. Vemos por ejemplo, como el 5 de septiembre, cuando Batista se hace cargo de la situación, el Embajador —en tono ensombrecido— informa al Secretario Hull lo siguiente:

"Creo que la situación empeora poco a poco. He celebrado una conferencia con los líderes políticos de la República y opinan que sería acertado desembarcar algún número de tropas del barco americano. Es mi idea que podríamos hacer que cierto número viniese a la Embajada, como guardia, y otro número se alojase en el Hotel Nacional. No implicaría patrullar las calles ni nada parecido. Lo malo es que solamente tenemos cincuenta hombres del **MacFarland**, que está ahora en puerto, que pudieran venir a tierra. ¿Llegará mañana el **Richmond?**"

Las tropas norteamericanas serían enviadas al Hotel Nacional porque Welles residía allí en aquella época. En menos de una hora Welles reiteró su creencia de que el desembarco de tropas era necesario: "Creo absolutamente indispensable que se manden hombres del barco a la Embajada ahora; no hay protección alguna excepto algunos policías que tengo en el edificio de la Embajada. No sé lo que pasará en breve sin hombres aquí".

Fué más o menos en tales momentos que Welles trató de convencer a Batista en cuanto a que debía proteger vidas y propiedades norteamericanas en Cuba. Batista no pasaba por alto, por supuesto, que semejante paso traería aparejado inevitablemente derramamiento de sangre y una grave ruptura de las relaciones entre Cuba y los Estados Unidos.

Tiempo después, resumiendo esta importante conversación con Welles, Batista me dijo que Welles le había sugerido que debía permitir el desembarco de infantería de marina norteamericana porque era conveniente establecer zonas neutrales guardadas por la marinería estadounidense.

Batista le pidió a Welles que le explicara su concepto de zona neutral. Welles le contestó que los hogares de los norteamericanos y los hoteles donde se alojaban debían ser zonas neutrales, bajo la jurisdicción consabida de la bandera de los Estados Unidos, y que se establecerían algunas alrededor de la Cuban Telephone Company, Compañía Cubana de Electricidad y otras propiedades norteamericanas.

Cortés, pero firmemente, Batista rechazó la propuesta de Welles, explicándole que la revolución en marcha era. de tipo nacionalista y que los revolucionarios no tolerarían el desembarco de tropas extranjeras en suelo cubano para ningún propósito. Que a pesar de sus propios deseos o de la autoridad del gobierno cubano, ese desembarco de tropas extranjeras habría de precipitar muy serios acontecimientos. Señaló además, al Embajador, que los marinos norteamericanos en las calles habaneras podrían ser atacados por cubanos. Y eso, naturalmente, engendraría un verdadero conflicto. En tal caso, explicó Batista, "las Fuerzas Armadas de Cuba tendrían que ponerse de parte del pueblo cubano para defender su soberanía".

Expresó Batista su respeto y consideración para el gobierno y el pueblo de los Estados Unidos, significando que la revolución cubana se oponía a la Enmienda Platt en cuyo nombre los Estados Unidos tenían derecho a intervenir en los asuntos de Cuba. Manifestó seguidamente que él deseaba que el Embajador Welles comprendiese que los puntos de vista que le aducía eran realísticos. Rechazaba por tanto la proposición de Welles porque guardaba el profundo deseo personal de que las relaciones entre Cuba y los Estados Unidos siguieran siendo amistosas y firmes. Welles pareció comprender los puntos de vista del Coronel y le comunicó que sus esperanzas en cuanto a la prosecución de las buenas relaciones entre los dos países coincidían con el criterio del Presidente Roosevelt.

Candentes para Cuba como para Welles fueron los días posteriores al 4 de septiembre de 1933. Salta a la vista que los datos que se le suministraban a Welles desde el día de su arribo a Cuba eran generalmente tan pobres como poco verídicos. En varias oportunidades las recomendaciones que hizo denotaron su desconocimiento de la verdadera situación nacional. No había previsto la Revolución de los Sargentos. Y cuando ésta se produjo, el personal de la Embajada de los Estados Unidos se colmó de asombro. Es de apreciar cómo en los precisos momentos en que Batista y

su grupo se hacían del Poder, Welles estaba enfrascado en
baldías negociaciones con otros sectores, creyendo aún que
con su "mediación" podía estabilizar el tambaleante gobierno de Céspedes. Derrocado este régimen, Welles falló una
vez más al subestimar la fuerza del Sargento-líder. Juzgó
mal sus intenciones y desplegó una cortina de incredulidad
en cuanto a las habilidades del revolucionario para mantenerse en el Poder y restablecer el orden público.

Ya el mismo Céspedes había perdido toda esperanza de
retornar al gobierno y Welles persistía en su idea de que
la única manera de ayudar a Cuba radicaba en la expulsión de Batista y su gente del Poder, restaurando el régimen
de Céspedes. Hasta el 7 de septiembre, cuando muchos de
los políticos de la vieja guardia y no pocos de los opositores a Batista le habían hecho saber que no intentaban derrocar al Sargento, Welles siguió interesado en un plan fantástico elucubrado por Horacio Ferrer, Secretario de la
Guerra bajo Céspedes. La finalidad de tal plan era la de
arrojar del Poder a los hombres de Batista por la fuerza
de las armas. En otras palabras: una contrarrevolución para la que se contaba con las Fuerzas Armadas de los Estados Unidos, que iban a desembarcar en Cuba con el objeto de patrullar el país después del pretenso triunfo que
esperaban lograr. Lo inexplicable de semejante fantasía es
que Welles hubiera tenido siquiera un ápice de fe en su
viabilidad. Aún a la distancia de los años transcurridos es
difícil deducir cómo y por qué Welles dió oídos a una trama
tan absurda. Sobre todo, porque el hacerlo no tomaba en
consideración las reiteradas declaraciones de Washington
siempre definidas en cuanto a no interferir jamás en los
asuntos internos de Cuba. Welles tenía que saber, por fuerza, que en diversas ocasiones los grupos políticos cubanos
habían tratado de precipitar la intervención norteamericana en Cuba, pensando que ello ayudaría a los particulares
intereses políticos que representaban. Y el Plan Ferrer,
claro está, habría concitado para éstos, sin duda, la presencia interventora de los marinos norteamericanos en el país.

Afortunadamente, fué el Presidente Roosevelt en persona quién intervino para evitar cualquier participación de tropas estadounidenses en tal proyecto. Pero esta determinante actitud fué la que contribuyó a empeorar las ya tirantes relaciones entre Batista y Welles.

El día que Welles se permitió presentar el plan a Washington, el Secretario de Estado transmitió un mensaje de Roosevelt a Welles que era breve e iba derecho al grano: "Tenemos la fuerte convicción de que cualquier promesa, implícita o de otra naturaleza, en cuanto a lo que Estados Unidos harían bajo cualquier circunstancia es imposible; que ello (el desembarco de fuerzas americanas de policía) sería considerado un quebrantamiento de la neutralidad, favoreciendo a una facción de las muchas existentes, intentando establecer un gobierno al cual todo el mundo y en especial la América Latina, estimaría creación y criatura del Gobierno americano". Desde luego, el Presidente Roosevelt estaba en lo cierto. Una intervención armada en Cuba en aquellos momentos habría puesto en peligro no sólo toda la política del Buen Vecino, —que era una de las doctrinas más populares de la administración rooseveltiana— sino que hubiera conducido las relaciones cubano-norteamericanas al desastre, amén del derramamiento de sangre bajo ambas banderas.

Parece que Welles estaba convencido de que nada bueno podía resultar de las actividades de Batista. Aún después de que el Secretario de Estado Hull sugirió que Cuba podría restablecer su estabilidad política si las múltiples facciones contendientes apoyasen al gobierno provisional, Welles seguía creyendo que el Gobierno apoyado por Batista se derrumbaría. Esto era tal vez para él más de desear que de pensar. O quizás el Embajador le otorgaba demasiado crédito a los erróneos informes que le llevaban los políticos frustráneos. A todo esto, Batista no se sentía nada feliz con respecto a Welles. Le sabía actuando a manera de francotirador diplomático y de ello se derivaba una tirantez creciente entre los dos hombres. En cierta oportunidad

Welles reportó a Washington que un miembro del gabinete del depuesto Presidente Céspedes le había dicho que Batista tenía solicitada una entrevista con dicho Presidente el 7 de septiembre "para informarle que el Ejército desea ponerse bajo sus órdenes". Tal cosa era decididamente incierta. Mas, Welles le daba gran crédito a estos vanos informes. Su credulidad era tanta que hubo de transmitirse al Secretario Hull que tenía la impresión "de que la situación aquí está rápidamente resolviéndose" y "que los Sargentos y los cabecillas del motín se encuentran en estado de pánico". Si Batista y sus compañeros estaban "en estado de pánico" y por ende, listos para entregarse a Céspedes el 7 de septiembre, los corresponsales de periódicos norteamericanos en Cuba lo ignoraban todo... No sabían nada, pese a encontrarse siguiendo los acontecimientos infatigablemente día y noche. Yo, en persona, sostuve una larga conversación con Batista y sus compañeros, el mismo 7 de septiembre y no advertí señal alguna de pánico cuando hube de entrevistarles. Muy por el contrario, parecían poseídos de bastante calma y determinación, no obstante ser un grupo de gente joven.

Parece posible que el "estado de pánico" —inexistente— a que Welles hiciera referencia pudo haber emanado de los ofrecimientos que en varias ocasiones hiciera Batista de volver a filas tan pronto quedara establecido un régimen capaz. Tales ofertas nunca fueron aceptadas. Y no lo fueron, entre otras cosas, por la sencillísima razón de que no era factible encontrar un solo hombre sobresaliente, idóneo para encabezar un gobierno fuerte en el país. Entre los políticos de la escuela tradicional o entre las filas de los jóvenes líderes o militares, la ausencia de jefes era notoria. Fué en esta precisa coyuntura histórica de la revolución donde la clase denominada "gobernante", es decir, los hombres educados para el mando, perdieron la gran oportunidad de sus vidas. De haber dado estos hombres el paso al frente para recibir la autoridad de las manos sinceramente extendidas de Batista, las clases, incluyéndose él, hubieran vuelto a filas para reanudar sus carreras militares. Pero los políticos y los representativos de los grupos mercantiles y profesionales creían menoscabar sus dignidades tratando con un humilde Sargento. Y permanecieron alejados... Por orgullo, por temor a la crítica, y quizás por sincera convicción de que Batista era un amotinado sin mayor importancia, perdieron la oportunidad de adueñarse del país de cabo a rabo, reteniendo el Poder en sus manos.

Capítulo 10

CON el tiempo que pasaba se hacían más y más precarias las relaciones entre Welles y el grupo de Batista. La empecinada actitud errónea del Embajador norteamericano que evidentemente subestimaba a Batista, unida a su inveterada ilusión sobre el restablecimiento del régimen de Céspedes, tenían de suyo que irritar al líder de la Revolución de los Sargentos. Por lo que se infiere, Welles creía a pie juntillas que lo mejor para Cuba y también para los Estados Unidos, radicaba en la eliminación a toda costa del gobierno revolucionario insurgido el 4 de septiembre. Su persistencia en ello no contribuyó en nada a la solución de la crisis cubana, ni tampoco a mejorar las relaciones bastante malas que existían por entonces entre Cuba y los Estados Unidos.

Navegar de continuo a contracorriente implicó para Welles muchas angustias, aunque en fugaces momentos su espíritu se reconfortara al recibir informes falsos, portadores de noticias que daban por seguro que Batista avanzaba hacia el despeñadero del derrocamiento. Todas sus esperanzas se derrumbaban a cada paso sin que la restauración de Céspedes tuviera nunca la menor virtualidad. A las 8 de la noche del 7 de septiembre de 1933, alguien le fué a Welles con un falaz informe: Batista se iba. Welles, sin encomendarse a Dios ni al diablo, despachó urgentemente el siguiente mensaje a Cordell Hull: "En una reunión que se celebrará a las diez de la noche en Palacio y a la que habrán de asistir líderes de todos los grupos políticos, se me dice de fuente fidedigna, que Batista y su junta entregarán el gobierno, y el Presidente Céspedes será restaurado como jefe del gobierno". Llegada la mañana tuvo que redactar otro mensaje: "La reunión en Palacio parece haber degenerado en una discusión inútil y prolongada".

Por aquellos días de maniobras diplomáticas recibió Batista la vista de un extraño personaje. Según dijo, representaba a ciertas "autoridades americanas" y venía como portador de **algo** muy interesante para el joven coronel. El ex-Sargento escuchó: "Es muy probable que la situación se le haga insostenible y que usted desee vivamente renunciar al cargo que hoy ocupa en la nación. Pues bien, si usted quiere, no tiene por qué preocuparse; la United Fruit Company le ofrece un magnífico puesto en la América Central. Sería muy conveniente que usted saliese de Cuba cuanto antes". —Batista preguntó al desconocido que cuáles "autoridades americanas" representaba. La respuesta fué: autoridades americanas; eso es todo. Puede usted conjeturar cuáles son". "Muchísimas gracias", replicó Batista mientras mostraba la puerta al visitante. "Pero tengo la idea de que si cambio la posición que ocupo ahora, será para adoptar una horizontal en el fondo de una tumba recién abierta".

Años más tarde hablé con uno de los representantes de la United Fruit Company sobre aquel incidente y lo que me dijo fué algo muy distinto de lo que Batista me contara. Su versión fué que por la época de la visita del misterioso sujeto al Coronel la empresa había sido abordada por el Sr. Frederick Dumont, cónsul general de los Estados Unidos en la Habana, quien preguntó si la United Fruit Company tenía algún barco en el Golfo de México rumbo a la América Central. A Dumont se le contestó afirmativamente, pues, en efecto, un buque de esa compañía navegaba en esos momentos por el Golfo proa a Centroamérica. Dumont inquirió sobre si podrían desviar hacia las costas de Cuba para recoger a Batista, caso de necesitarse tal maniobra. Le respondieron que sí. Que así lo harían si el funcionario del gobierno norteamericano lo ordenaba. Dumont dió las gracias. Mas, la compañía frutera no tuvo más noticias del referido Cónsul.

Esta versión parece indicar que algunos elementos de los Estados Unidos estuvieron planeando la fuga de Batista. Pero si era esto, la única persona que no se hallaba al tanto del asunto era precisamente la que más interés debía tener: Fulgencio Batista. Lo cierto era que a éste jamás le pasó por la mente huir de Cuba y el Cónsul Dumont debió percatarse al cabo de esta realidad.

Al ex-Sargento no se le amilanaba con facilidad. No obstante la oposición abierta de un grupo de facciones políticas cubanas, y, pese a la tozudez de su contricante número 1, Sumner Welles, Batista se negó a soltar el Poder. No puso la menor atención a los acorazados norteamericanos que en zafarrancho de combate se hallaban fondeados en la Bahía de La Habana. Tanto llegó a ser la animosidad entre él y el Embajador de los Estados Unidos que luego después se negó a tratar asuntos de Estado con Mr. Welles. Aún cuando Batista ostentaba por entonces el rango de Coronel, era él en verdad quien gobernaba en Cuba, siendo así que devenía la única autoridad con la que Washington podía negociar. El **impasse** quedó superado cuando Batista convino en establecer relaciones con el Cónsul Dumont como representativo de los Estados Unidos. Puede que hubiere sido esta novedosa situación la que provocara el retorno de Welles a Norteamérica en diciembre de 1933.

Estudiando a fondo los documentos de este importante período político, he hallado un buen número de discrepancias entre las versiones cursadas por Welles en sus informes y las que, sobre los mismos acontecimientos de la misma etapa, guardan las autoridades y archivos de Cuba. Decididamente, las de Welles no concuerdan con las versiones cubanas. Veamos: Welles informó en octubre 4 de 1933 que había sostenido una conversación con Batista que duró hora y media. Cierto. Empero, el informe tal y como aparece en Washington cita a Welles diciendo: "Batista vino a la Embajada esta mañana para verme y estuve conversando con él a solas durante hora y media". Los archivos cubanos, por el contrario, dejan ver que Batista no visitó a Welles en la Embajada aquella mañana. Y que fué Welles el que se llegó hasta el cuartel de Batista en el Campamento de Columbia para celebrar la susodicha conferencia. Le pregunté a Batista sobre esta discrepancia y me confirmó la versión cubana. Puede que luzca sin mayor importancia el asunto de quién visitara a quién después de veinte años. Pero esos detalles nimios suelen ser de mucha trascendencia en las vidas de los diplomáticos y estadistas. Y, quizás fuera conveniente corregir la versión de marras ahora mismo y a renglón seguido.

Allá por el período en que Batista y los pentarcas eran clasificados por Welles bajo el marbete de comunistas y radicales extremistas, Josephus Daniels —que a la sazón fungía de Embajador norteamericano en México— cursó una elocuente solicitud en la que rogaba moderación en la batalla de epítetos que se libraba en Cuba. Daniels envió su mensaje a Cordell Hull en Washington, señalando que los informes que tenía en su poder indicaban que 'las noticias sobre la influencia comunista en Cuba son muy exageradas".

Siendo como lo era, un periodista de gran prestigio y experiencia, Daniels había logrado componer, con bastante claridad, un cuadro de la situación cubana, tal vez más claro que el que se formaban algunos funcionarios americanos radicados en Cuba, pese a que él se encontraba en la meseta mexicana, a varios miles de kilómetros de distancia del lugar de los hechos.

En su mensaje a Hull, recordábale el Sr. Daniels al Secretaro de Estado que "prácticamente todos los funcionarios civiles que tomaron parte en la obra nefasta del régimen de Machado han huído del país o han sido muertos. Hasta hace pocos días la mayoría de la oficialidad del Ejército, militares que han tenido más responsabilidad en el gobierno de terror en Cuba que los civiles, ostentaban todavía sus altos puestos en el Ejército. Los cubanos que expulsaron a los copartícipes de esta tiranía tan funesta creen que su causa no estará a salvo mientras en el Ejército haya oficiales que fueron en gran medida responsables de la sangrienta política del Presidente, que era como tal, Comandante en Jefe, y que el derrocamiento de su régimen debía alcanzarles''.

Nada del terso lenguaje diplomático al uso aparecía en el mensaje de Daniels a Hull. Ante todo era un reportero, un escritor el que lo cursaba, y no se valía del frío estilo de las comunicaciones intergubernamentales. ¿"Puede usted culpar a los hombres que todo lo arriesgaron para producir una cambio por el hecho de querer deshacerse de los jefes militares reaccionarios de igual modo que lo hicieron con los civiles? Puso usted el dedo en la llaga al decirme por teléfono: 'todo gira en torno al Ejército'. ¿Es o no cierto que todo gira alrededor de oficiales del Ejército que estuvieron en complicidad con Machado y que aún ostentan cargos que los hacen peligrosos? —Por supuesto que nos alarmamos cuando los ejércitos escapan a la disciplina de sus jefes. Pero hay momentos como en Rusia, donde y cuando los altos oficiales eran tan antipáticos a los buenos objetivos revolucionarios que su continuidad en el mando hacía peligrar las reformas"—. Terminaba Daniels con un llamado a la tolerancia. Una súplica que pudiera haberle obligado a comparecer ante un comité investigador para atestiguar que no era comunista, o por lo menos ni radical extremista, si por aquellos días hubieren existido tales comités.

—"No conozco Cuba lo suficiente para asegurar que sea ese el caso", escribía Daniels. "Pero sí sé que Machado y sus cómplices, tanto civiles como militares, se encontraban muy ligados a altos funcionarios de Cuba y Estados Unidos y que jamás mostraron simpatía alguna por reformas que hubieran podido proporcionar pan a los hambrientos cubanos, cuyas necesidades no fueron atendidas nunca por los que ocupaban el Poder. Los oficiales del Ejército bajo Machado eran frecuentemente los agentes de represión. Y por su modo de actuar, evidenciaron su carencia absoluta de sentimientos por los oprimidos y desgraciados. ¿No pudiera ser que los ricos y poderosos de Cuba, con sus aliados de los Estados Unidos y algunos oficiales imperializantes del Ejército, estén agazapados detrás del intento encaminado a exagerar el libre campeo de los comunistas?" —"No lo sé", —decía el periodista-diplomático— "pero someto el asunto a vuestra consideración".

Nadie, excepto quizás Cordell Hull, supo cuánta consideración hubo de recibir en Washington la apelación de Daniels. Mas, el hombre había llegado tan cerca de la verdad como cualquiera en el propósito de sopesar la situación de Cuba el día en que Fulgencio Batista saltó de las filas del Ejército de Cuba a los titulares de los periódicos del mundo entero!

Y si en algún momento Fulgencio Batista necesitara —a estas alturas— justificar el golpe de estado contra los oficiales del machadato y del gobierno de Céspedes, no tendría sino que basarse en aquel documento de Daniels a Hull tal y como se guarda en los archivos del Departamento de Estado de los Estados Unidos. Ni el mismo Batista hubiera podido exponer su caso mejor de lo que lo hizo Josephus Daniels.

Otras de las maniobras diplomáticas de Washington —incomprensibles entonces para los cubanos— fué la de los serios esfuerzos del Departamento de Estado, propuesta a convencer al mundo en cuanto a que estaba practicando una política de "manos fuera" en Cuba durante los años 1933-34. Tanto para Batista como para casi todos los cubanos estos empeños de la Casa Blanca lucían una mera jerigonza diplomática. Pero lo cierto había sido que la actitud de Washington se derivaba del hecho mismo de las actividades mediacionistas de Welles durante los días postreros del régimen de Machado, que habían metido a los Estados Unidos bastante a fondo en los asuntos internos de la política cubana. Es muy posible que la conducta oficial norteamericana se hubiere sustentado en un sano afán de ayudar sin intervenir. Pero a todos los conocedores de

la situación cubana en ese período, les parecía un absurdo
el oír decir que la Cancillería del Potomac seguía en la
Isla una política de "manos fuera".

Acaso los representativos del gobierno norteamericano
en Cuba estuvieron sobradamente justificados al tratar de
ayudar a los cubanos en los tiempos turbulentos de 1933
y 1934. Sin embargo, eso de insistir en que los Estados Unidos no estaban embarrados en los asuntos de la política
interna de Cuba era tan ridículo entonces, como hoy que
han decursado ya dos décadas.

Resulta interesante advertir cómo entretanto Washington
proclamaba su estricta neutralidad en los problemas cubanos, ello coincidía con el informe que, basado en investigaciones directas de su Comisión sobre Asuntos Cubanos preparaba la Foreign Policy Association (Asociación de Política
Extranjera), o sea, una prestigiosa organización norteamericana dedicada a investigaciones sociológicas. Precisamente
el informe en cuestión indicaba que los Estados Unidos **no**
eran neutrales en su política con Cuba. Encabezaba dicha
Comisión Raymond Leslie Buell, experto en asuntos internacionales y en su informe —publicado en enero de 1935—
se decía que "el obstáculo fundamental a las buenas relaciones entre Cuba y Estados Unidos es la arraigada creencia en
Cuba de que el Departamento de Estado de Norteamérica
trata de hacer y deshacer gobiernos". Después de señalar
que aunque la mediación americana entre el Presidente Machado y la oposición había fallado en su propósito original—
el de obtener la renuncia de Machado por medios pacíficos—
sí había contribuído al derrocamiento del régimen, continuaba de este modo el informe: "Washington desempeñó un papel importante en el establecimiento posterior de un gobierno de coalición bajo la batuta del Dr. Céspedes. Este gobierno
empero duró sólo veintiún días. Entonces fué suplantado
por el gobierno de Grau, muchos de cuyos miembros se
habían opuesto a la mediación de los Estados Unidos. Estos
no se limitaron a dejar de reconocer el gobierno de Grau,
(establecido por la Junta de Batista) sino que también su

Embajador en Cuba se oponía agresivamente a él. Cualesquiera que fuesen los defectos de dicho gobierno, no justificaban, a juicio de la Comisión, el curso que se trazaron los Estados Unidos. Si Washington hubiera seguido una política de neutralidad hacia el régimen de Grau, éste hubiera logrado el apoyo de los elementos más estables del país o se hubiera marchado del Poder sin involucrar, en forma alguna, la responsabilidad de los Estados Unidos. Pero, como resultado del sistema que de hecho siguió, en muchos círculos se considera aún al gobierno americano como el responsable de su caída; una creencia que ha provocado mucha acritud".

Es incontrovertible que cuando asignaran a Welles a Cuba en abril de 1933, el Secretario de Estado Hull sentía muy honda preocupación por los acontecimientos políticos de la Isla. Y tan era así que en sus instrucciones a Welles, dijo Hull que los Estados Unidos se hallaban "obligados a ver con grave alarma la situación que ahora existe en Cuba". Tal alarma parece que estuvo bien fundada en aquella época. El Presidente Machado se había sostenido en el Poder durante ocho años y los últimos de su régimen fueron los más sangrientos en la historia del país. A los enemigos de su gobierno se les perseguía con saña y se les mataba. Las protestas estudiantiles eran castigadas con torturas y cárcel. Y la **ley de fuga** se esgrimía como expediente favorito para eliminar a los opositores. Los derechos de los hombres libres habían desaparecido y muchos de los líderes nacionales tuvieron que exilarse en los Estados Unidos. En sus instrucciones a Welles, Hull mencionaba el hecho de que los Estados Unidos, a tenor de la Enmienda Platt, podían intervenir en Cuba.

Batista ha creído siempre que las actividades de Sumner Welles propuestas a derrocar a Machado fueron condicionadas por la naturaleza misma de la recién instaurada Política del Buen Vecino, debida al Presidente Roosevelt con referencia a Latino-América. Estima Batista que la caída de Machado se debió en gran parte al deseo del

Presidente Roosevelt de fortalecer sus proyecciones de buena vecindad interamericana, opinando como opinaba Roosevelt que una dictadura en el Caribe, tan cerca de los Estados Unidos, ponía en tela de juicio aquella política. Batista da por sentado que Cuba, en 1933-1934, sirvió como prueba de primera fuerza de dicha política y que Roosevelt comprendió al pueblo cubano y simpatizó con su lucha por el derrocamiento del régimen de Machado. Además —según lo señala Batista— Roosevelt estaba conteste en que sus planes encaminados a consolidar un bloque de naciones democráticas en el Hemisferio Occidental, no obtendría éxito a menos que pudiera ponérsele fin a la enconada querella familiar que rugía en un país tan importante como Cuba. Welles no vino pues, como un simple embajador, sino como el representante personal del Presidente Roosevelt, con el encargo de darle fin a las luchas prevalecientes entre las diversas facciones políticas cubanas.

Y, extraordinaria coincidencia histórica: los esfuerzos mediacionistas de Welles en 1933 casi que corrieron paralelos a los que en 1906 realizaron los diplomáticos norteamericanos en Cuba antes de la Intervención. En aquel año Cuba vivía perturbada por una revuelta contra el segundo período del Presidente Don Tomás Estrada Palma. La lucha entre el Partido Liberal, encabezado por el General José Miguel Gómez, y el gobierno de Estrada Palma, fué la secuela de un proceso electoral escamoteado en el que Gómez iba a resultar victima de un **"pucherazo"** que no le no habrá la menor posibilidad de victoria. Cuando la cosa parecia sin remedio y la intervención norteamericana empezó a considerarse como la única solución, el Presidente Teodoro Roosevelt envió mediadores a la Isla para tratar de salvar a Cuba de sus propios políticos. Los negociadores en aquella oportunidad fueron William Howard Taft, Secretario de la Guerra y Robert Bacon, Secretario Auxiliar de Estado. El problema que confrontaron en su tarea fué similar en su fondo al que encarara veintisiete años más tarde otro mediador del gobierno del Presidente Franklin D. Roosevelt.

Los empeños Taft-Bacon, al igual que el de Welles, resultaron nulos. Pero en el caso de Taft-Bacon su imposibilidad de arribar a una solución pacífica entre los grupos políticos cubanos hubo de culminar en la intervención, según los derechos estatuídos en la Enmienda Platt. El primer Roosevelt Presidente, experto como era en asuntos de Cuba debido a sus servicios en la Guerra Hispano-Americana, trató por diversos medios de evitar la intervención. Pero se vió compelido a actuar cuando los dos grupos principales en la política cubana precipitaron la acción de los Estados Unidos. Es más, el Presidente Estrada Palma solicitó dos veces que Estados Unidos interviniera. Y al ver que Washington no se decidía, forzó la intervención renunciando a la Presidencia de la República. Tras él hicieron otro tanto todos los miembros de su gabinete. No había entonces autoridad alguna con potestad para designar un gobierno provisional y los Estados Unidos tuvieron que asumir el mando. La intervención duró de 1906 a 1909.

Aún cuando en el período 1933-1934 los Estados Unidos no intervinieron de hecho en Cuba, hubo momentos en que la acción interventora pareció estar abocada. Cuando fueron anclados buques de guerra norteamericanos en la Habana y otros puertos —eran días críticos— Washington aclaró que el movimiento se había hecho como medida precautoria dirigida a la protección de las vidas y propiedades norteamericanas en Cuba. Muchos cubanos consideraron, sin embargo, que aquel despliegue de fuerza era una flagrante amenaza de intervención con el propósito de asustar a los cubanos para que se plegaran a la voluntad del gran vecino del Norte. La presencia de acorazados estadounidenses en Cuba, por lo demás, no contribuyó realmente ni en un ápice a la solución de la crisis nacional en 1933.

El interés de los Estados Unidos en llevar adelante la Política del Buen Vecino en 1933 dióle a Batista la oportunidad de abogar firmemente por la derogación de la odiada

Enmienda Platt. Hábil observador de la correlación de fuerzas internacionales, Batista razonó sobre la incompatibilidad de proyecciones políticas de Roosevelt con la pistola encañonada en la cabeza de uno de los vecinos más próximos. La pistola, claro está era la Enmienda Platt. De ahí que prosiguiera y acentuara su campaña propuesta a lograr la eliminación de aquel apéndice o anexo a la Constitución de Cuba que mermaba su soberanía nacional. Los Estados Unidos no podían sino plegarse a la cubana voluntad de ser un pueblo libre. Batista no albergaba ningún sentimiento hostil a los Estados Unidos. Muy al contrario: sabía que la amistad con el gran vecino era de alta conveniencia para ambos países. Cuando la antipática Enmienda Platt fué al fin abrogada en mayo de 1934, expuso de este modo su opinión: "No somos enemigos, sino amigos de los Estados Unidos; pero queremos genuina amistad, no tutela".

Capítulo 11

DDESAFORTUNADAMENTE, la Revolución de los Sargentos y la instauración de un gobierno provisional no resolvían en sí todos los problemas políticos de Cuba. Aminoraron ciertamente los desórdenes públicos, pero la Isla seguía aún perturbada en el otoño de 1933. El camino conducente a la tranquilidad nacional era bien largo por lo que se veía, y fuera del Ejército, sólo un puñado de civiles daba muestras de querer ir resueltamente con Batista a cualquier parte.

El 10 de septiembre la Pentarquía civil que había venido dirigiendo los asuntos del gobierno designó de su seno al Dr. Grau San Martín para el cargo de Presidente Provisional de la República. La Pentarquía había sido establecida pocas horas después de la victoria de la Revolución de los Sargentos el 4 de septiembre. Mas ensayando el sistema penpentárquico unos días, se decidieron por el retorno a la forma presidencial de gobierno. El doctor Grau San Martín, profesor de Fisiología de la Universidad de La Habana, —carente de la menor experiencia política— era apoyado por el Directorio Estudiantil Universitario. Este Directorio andaba a la greña con los viejos carreristas políticos que sólo veían en los jóvenes a un grupo de oportunistas que se había colgado al carro de Batista en el último minuto.

Pese a todo esto, en términos generales, la situación en el país había mejorado algo. La insólita combinación de Batista y Grau San Martín —el Sargento de Banes y el profesor erudito— estaba dando efectivo resultado. Sus esfuerzos por encarrilar el país por una vía de estabilidad política empezaban a ofrecer **cierto** progreso indudable. Sin embargo, el terrorismo como metodología, no acababa de ponerse en desuso. Algunos grupos juveniles campeaban por su respeto —autotitulándose revolucionarios— y proseguían la desintegradora campaña de terror que había mantenido el desasosiego en el pueblo cubano durante meses. La bomba seguía siendo el arma favorita de los terroristas. Todas las noches estallaban infinidad de petardos, causando muertes, heridas y daños cuantiosos a la propiedad.

Fueron estos algunos de los más terrríbles días vividos por Batista. Las imprevistas circunstancias que pusieron en sus manos el control absoluto de la República, habían surgido de súbito. Nunca en toda su vida, ni aún en los momentos de incubación del movimiento revolucionario que él había gestado, se le ocurrió pensar que tendría que asumir personalmente el mando total de su país. Evidentemente todo su plan descansó siempre en la entrega del Poder a un grupo de civiles tan pronto como el movimiento del 4 de Septiembre culminara en el éxito. Batista había creído que podría reintegrarse a filas como el Sargento que no había querido dejar de ser, cuando triunfase la Revolución. Las cosas, por supuesto, no habrían de darse así. Al negarse los oficiales del viejo Ejército a volver al servicio para acometer la tarea reorganizadora de las Fuerzas Armadas, tal responsabilidad hubo de polarizarse en Batista. Y cuando los civiles que habían secundado la Revolución de los Sargentos, no pudieron finalmente lograr el respaldo de las diversas facciones políticas para integrar un gobierno sólido, Batista no tuvo ante sí otra alternativa que la de asumir a plena responsabilidad casi todas las funciones del gobernante.

En su libro, "The Time for Decision", Sumner Welles hubo de reconocer paladinamente que la Revolución de los Sargentos en septiembre de 1933 "no tenía como finalidad específica el derrocamiento del régimen de Céspedes". Este libro de Welles fué dado a la estampa en 1944 y denota un cambio de opinión con respecto a Batista que es contemplado a lo largo de los 11 años posteriores al movimiento del 4 de septiembre. Welles describe a Batista como "una figura extraordinariamente brillante" y, declara que "un puñado de políticos de importancia secundaria" se asociaron al movimiento "en las etapas finales de la conspiración"

Aunque la faena de dirigir el gobierno de su país ha de haberle causado a Batista grandes preocupaciones, supo hacerse responsable de la situación con el indeclinable propósito de cumplir con su deber como mejor pudiera. Claro, que en muchas oportunidades no pudo sortear las situaciones sino improvisando fórmulas de aplicación inmediata como en los días de la gestación y liderazgo de la insurrección septembrina. Pero se dió entero y resuelto a su trabajo. A lo largo de semanas interminables, laboró veinte horas cada día. Estudiaba todos y cada uno de los problemas que se le planteaban, tomando las decisiones correspondientes con la voluntad de acertar. Recibía poca ayuda. Y no es de dudar que en muchos momentos debió sentirse terriblemente solo. La mayor parte de los estadistas y políticos cubanos se habían mostrado remisos a prestarle colaboración, y de igual modo, tampoco al gobierno instaurado por su movimiento revolucionario. Tal prejuicio "snobista" alcanzó extremos francamente ridículos después de haber asumido Batista el Poder en 1933. El Coronel, luego de muchas jornadas de agotador trabajo, se fué una noche con unos amigos a cenar al restaurant Sans Souci, ubicado en las afueras de la capital. Era éste un sitio preferido por la "high life" habanera, que aquella noche de la visita del ex-Sargento, se hallaba representada allí por numerosos miembros. Cuando Batista y sus amigos se identificaron, aquellos caballeros cometieron el más elocuente acto de mala educación que jamás se presenciara en Cuba o en cualquier parte: abandonaron el Sans Souci en señal de repudio al ex-Sargento. Mas, semejante grosería no le causó daño alguno. Al contrario de la hazaña de marras, puesto que los cubanos en conjunto aborrecen las malas maneras, la gente buena de La Habana censuró acremente al grupito de ofuscados compatriotas que había escenificado tan crasa demostración de estolidez. Poco después de aquel incidente lo "mejorcito" de la sociedad habanera se ufanaba en proclamar su amistad con el Coronel.

De sobra sabía Batista que más tarde o más temprano habría otro problema que resolver: el del Hotel Nacional de la Habana. Este caso implicaba una muy seria amenaza contra sus empeños por el restablecimiento del orden público. De suerte, que le producía honda preocupación el hecho de que, varios centenares de disgustados ex-oficiales del Ejército, se mudaran desde el 8 de septiembre para dicho hotel. Porque habían perdido sus puestos cuatro días antes a virtud del golpe de Estado de Batista manifestábanse en agresiva disposición. Habían preferido ignorar la petición de Batista respecto a volver a sus hogares y aguardar la reorganización del Ejército. Y por lo que se veía venir, trataban de declararse en huelga de brazos caídos contra el régimen Batista-Grau. En verdad, no era tal forma de protestar muy militar que digamos para un grupo de hombres que se suponía la "crema de la oficialidad.

Extraña fué ostensiblemente la conducta seguida por los oficiales durante y después de la Revolución de los Sargentos. No habían dado de sí la menor expresión defensiva de su causa, cuando en verdad no les faltó alguna posibilidad de frustrar la gesta de la sargentada. Se negaron a tomar el mando que Batista generosamente les ofreciera. Y ahora, como para consolarse entre sí, encerrábanse en un hotel. Tal conducta tenía preocupado a Batista. Muchos de aquellos oficiales alojados en el Hotel Nacional eran sus antiguos jefes y les respetaba como soldado. Estimó que los oficiales limpios de culpa y realmente buenos, se mantendrían al servicio del país, ayudando a reorganizar las Fuerzas Armadas. No obstante, de un total aproximado de mil oficiales, menos de treinta cooperarían con Batista después de la insurrección. Y éstos eran generalmente oficiales salidos de las filas de alistados.

Los corresponsales de prensa tuvimos oportunidad de hablar con Batista en los días iniciales de la huelga de brazos caídos en que se declararon los oficiales recluídos en el Hotel Nacional. El nos esbozó la situación reinante en el Ejército antes de la Revolución de los Sargentos, y no había sino que admitir cómo a semejante situación contribuyeron algunos de aquellos mismos oficiales.

"El sistema de vida del alistado en el Ejército antes del 4 de septiembre" —nos subrayó Batista— "era deplorable. Las leyes, reglamentos y órdenes eran de suyo extremadamente severas. Las aceptábamos sólo en nombre de la disciplina. Pero, la aplicación que la oficialidad le daba a estos preceptos los tornaba odiosos e inaguantables. El trato personal que se le daba al soldado era muy rudo, por no calificarlo de otra manera. Y se les alojaba, alimentaba y vestía de modo inadecuado. Estos hombres vivían en un clima de temor que creaba en ellos un complejo de inferioridad, moviéndose y girando en la órbita mezquina de un mundo que les era impropio. Antes del 4 de septiembre estuvo absolutamente prohibido a los alistados ocupar asientos en los palcos o platea de los teatros. Tampoco podían viajar en primera clase de un tren o permanecer en un lugar público si hacía acto de presencia un oficial. Tan deprimentes condiciones hacían que el alistado se sintiera un paria, la última carta de la baraja. Estos mismos resentimientos llegaron a infiltrarse a la joven oficialidad recien graduada, que vivía en permanente contacto con los soldados de fila".

Nos reveló Batista que allá por el 1928, cuando el resentimiento contra Machado empezó a calar hondo, algunos altos oficiales, incluyendo a los Coroneles Julio Sanguily y Horacio Ferrer, trataron de aprovechar el descontento reinante entre la oficialidad joven y los alistados para promover una rebelión antimachadista. El intento no llegó a cristalizar nunca. Ni los nuevos oficiales ni la tropa tenían el menor interés de arriesgar sus vidas en holocausto de las prerrogativas de la alta oficialidad, máxime cuando ésta no garantizaba para aquéllos ningún mejoramiento.

Abundando sobre el plan conspirativo Sanguily-Ferrer, Batista significó: "Una revolución triunfante entre los alistados tenía que venir precedida de la fe que sus jefes hubieran sabido inspirar a sus hombres. Sin las firmes promesas al soldado en cuanto a que regiría una política nueva y distintos métodos en el gobierno y las Fuerzas Armadas, éste carecería de incentivo. Y los altos oficiales del Ejército antes del 4 de septiembre —salvo algunas notables excepciones— eran indiferentes en lo absoluto a la intolerable situación y la suerte de los oficiales de baja graduación como a las del soldado de fila".

No era muy claro el fin que perseguían los oficiales con la maniobra que les llevó al Hotel Nacional el 8 de septiembre. Llegaron incluso a justificarse hasta cierto punto, aseverando que la actitud asumida respondía a una sugerencia del Embajador Welles, quien les había invitado a refugiarse allí. Por aquel tiempo Welles residía en el Nacional. Y de ahí derivaron los oficiales el criterio referido al derecho de extraterritorialidad que le suponían al edificio. La verdad atestiguaba que Welles nunca invitó a los oficiales al Hotel Nacional. Y que, cualesquiera derechos diplomáticos de estilo que pudieren considerarse inmanentes a dicho lugar, no eran aplicables por extensión a todo el inmueble, sino exclusivamente al apartamento ocupado por el Embajador de los Estados Unidos.

Cuando Welles lió sus bártulos y se marchó —cuatro días después de la irrupción de los oficiales en el hotel— esta flor y nata del antiguo Ejército puso el grito en el cielo. Se lamentaban de que el Embajador les había abandonado. Tal balada enfadó sobremanera a Welles porque carecía de la menor razón. Ni él había tenido nada que hacer en cuanto a la decisión de los oficiales de asilarse en el Nacional, ni muchísimo menos se había mudado de allí por ello, sino porque a la sazón los servicios del hotel se encontraban paralizados a causa de una huelga de los empleados que cubrían el sector. Por lo demás, no existían tampoco motivos racionales que hubieren instado a dicha oficialidad a refugiarse. Nadie intentó hacerles daño alguno después de que fueran relevados de sus mandos en el Ejército. Y el mismo Batista les había ofrecido cabal protección. No es de pasar por alto, asimismo, que un buen número de oficiales asilados en el Hotel Nacional eran amigos de Batista, quien, por haber servido bajo sus órdenes como alistado, no tenía el menor interés de perjudicarlos. Sin embargo, unos quinientos de aquellos jefes se habían acomodado en el sobrio edificio, actuando del modo que suelen hacerlo los niños cuando se arrinconan a ensayar pucheros porque sus padres les regañaron. Al declararse en huelga los empleados del hotel, la oficialidad no tuvo más remedio que terciarse el delantal —cosa muy dura para estos señores— y valerse por sí mismos. Aunque no muy bonito que digamos, el espectáculo que ofrecían coroneles y comandantes mondando papas y fregando platos, ha de haber sido bastante divertido.

Unos días después del alojamiento masivo de los oficiales en el Nacional, se supo que amigos y familiares de éstos introducían armas y parque en el edificio. Batista ordenó cercarlo con un cordón militar y cursó invitación a los oficiales de abandonar el lugar en grupos pequeños, retornando a sus hogares. Les ofreció salvoconductos y les aseguró que cuantos no tuvieren acusaciones pendientes, serían restaurados a sus cargos en el Ejército reorganizado. Empero, los oficiales rechazaron el ofrecimiento, negándose, como lo afirmaron una vez más, a negociar y tratar en forma alguna con un "sargento amotinado". Con toda serenidad y en evitación de males mayores, Batista permitió que personas afectas a los oficiales les enviaran alimentos al hotel.

Pasaban los días y proseguía la introducción oculta de

armas al edificio. Todo aquel asunto del Nacional se convertía en cuestión de orden público. Aumentaba la tensión dentro y fuera del hotel. El tránsito circulante por el área correspondiente tuvo que ser desviado. El vecindario de los repartos residenciales del Vedado y Miramar, tenia que hacer un rodeo al ser alejados de los alrededores del hotel en su cotidiano y permanente ir y venir al centro de La Habana. Casi toda la ciudadanía empezó a cansarse de la huelga aquella de brazos caídos tan poco elegante. Y algunos elementos aconsejaron a Batista que cortara el agua al hotel para obligar a los oficiales a salir del edificio. Batista se negó rotundamente, alegando que era inhumano dejarlos sin agua ni alimentos.

Valiéndose de los buenos oficios de varios connotados diplomáticos extranjeros, Batista había intentado resolver el problema por medios conciliatorios. Mas, los oficiales se mostraron recalcitrantes a todo arreglo. Una de las comisiones que hiciera considerables esfuerzos por persuadir a los oficiales a que abandonaran el Hotel Nacional, la encabezaba el Embajador de España Don Luciano López Ferrer, decano del cuerpo diplomático acreditado en Cuba. Otro grupo de negociadores que incluía al Dr.Carlos Saladrigas, al Dr. Domingo Ramos,a Lucilo de la Peña y Aurelio Alvarez, fué despachado sin mayores contemplaciones cuando intentó negociar con los remisos oficiales. Y aún después, un comité de Rotarios formado por los señores Luis Machado, Félix Granados y José Pérez Cubillas —todos ellos prominentes figuras ciudadanas— intentó en vano hacerle ver a los oficiales la importancia de evitar una guerra abierta.

Me confesaba Batista después, que al fracasar todos los esfuerzos conciliadores y evidenciarse que nada bueno podría derivarse de la empecinada actitud de los oficiales, su paciencia estaba ya casi al tope. El 30 de septiembre tuvo informes acerca de un pacto secreto concertado entre los oficiales en cuestión y la organización revolucionaria ABC.

El plan tenía como objetivo específico el producir un levantamiento contra el gobierno de Grau y ni que decirse tiene, sirvió para poner más al rojo vivo el sentimiento de hostilidad a los oficiales atrincherados en el Nacional. Y había más aún: las fuerzas de Batista —alistados— que custodiaban al hotel, eran de continuo insultadas, vejadas y provocadas por algunos de los oficiales. Sólo la orden terminante de Batista en cuanto a impedir la riposta personal de los soldados en evitación de incidentes de tal naturaleza, mantuvo a éstos serenos y firmes en sus puestos.

Pero con el transcurso de las horas íbase tornando más y más densa la atmósfera. La extrema tensión indicaba obviamente que se cernían sobre Cuba muy cercanos días de dificultades y angustias.

Capítulo 12

Y lo que se barruntaba sucedió en la mañana del 2 de octubre. Unos disparos de los oficiales dentro del hotel y el tiroteo se generalizaría. A los pocos segundos, la batalla del Nacional —una de las más sangrientas y espectaculares de aquel período revolucionario— alcanzaría su apogeo. Como a las seis de la mañana se inició el fuego graneado desde los cuatro laterales del edificio.

Hay diversas versiones sobre las causas que precipitarian esta acción bélica. La más común se basa en que uno de los oficiales disparó contra un grupo de alistados que descargaba un camión de alimentos en el patio del hotel. Sin embargo, la narración más verídica ha de ser la del mismo Batista. Y héla a renglón seguido, con sus propias palabras:

"Muy temprano en la mañana del 2 de octubre decidí enviar dos mensajeros al Hotel Nacional para reiterarles a los oficiales mi invitación a que salieran del hotel. Les garantizaba plena protección por medio de un regimiento de caballería a las órdenes del Capitán Ignacio Galíndez. Yo había formado la tropa en un semicírculo en derredor al hotel. El círculo sería completado con el mando del Estado Mayor —en el garaje Alfaro— a unos quinientos metros del edificio. Cuando cursamos nuestra invitación a los oficiales, supusimos que nos contestarían aceptando o mandándonos una contraproposición. Los comisionados fueron acercándose por los arbustos y rocas que rodean el recinto. Pero cuando llegaron cerca de la entrada principal los oficiales dispararon contra ellos que tuvieron que correr para salvar la vida. El combate había empezado. Se nos había cogido por sorpresa. Yo estaba inspeccionando con mis ayudantes los Capitanes Ferrer y García Pedroso un puesto de ametralladoras al frente y justamente al este del edificio cuando sonaron los primeros disparos. Nuestros hombres allí estaban expuestos al fuego desde el Nacional y muy pronto resultaron bajas".

Tal es la versión de Batista en cuanto al inicio de la batalla del Hotel Nacional.

Residía yo en el centro de La Habana entonces. La noche anterior habíamos trabajado hasta muy tarde en las oficinas de la Prensa Asociada y me molestó el timbre del teléfono junto a mi cama. Eran las seis de la mañana y apenas si había dormido un poco. Me llamaba el empleado de la casa de apartamentos en que yo vivía, para informarme del tiroteo que tenía lugar en aquellos momentos en los alrededores del Nacional, a unas quince cuadras de allí. Inmediatamente subí a la azotea. Lo primero que vi fué el guardacosta cubano **Patria,** navegando en el golfo hacia el mar abierto de frente al Hotel Nacional. El fuego iba incrementándose más y más y, después de comunicarme telefónicamente con mis colegas de la Prensa Asociada, partí rumbo al lugar de los hechos. Habíamos oído decir que el inicio de la lucha en el hotel, desataría una revolución en todo el país que se compaginaba expresamente de acuerdo a un itinerario o programa. Una vez comenzada la pelea, grupos de revolucionarios del ABC se moverían hacia aquel sector atacando a las fuerzas de Batista desde la retaguardia. Hubiera sido en efecto una bonita maniobra militar... de haberse dado. Pero no se dió. Las fuerzas del ABC no aparecieron por ninguna parte.

La mañana amaneció nimbada de brumas, en contraste con los días generalmente límpidos del cielo habanero, lo que le imprimía un toque de irrealidad a cuanto acontecía. La Habana es una de las ciudades más bellas del Hemisferio Occidental. Su Malecón, ese gran paseo que bordea elegantemente el golfo de México, constituye una de las más hermosas avenidas del mundo. ¿Cómo podía estarse efectuando semejante cosa en un escenario tan lindo? Las guerras se realizan en los campos de batalla —me decía a mí mismo— y lo que ocurría no podía suceder en La Habana. Al llegar a las proximidades del hotel cambiaría de parecer. Los cuerpos de media docena de soldados yacían en la calle, cerca del famoso monumento al **Maine.** Los camilleros a todo correr bajo el fuego recogían los heridos. Un hospital de primeros auxiliares había sido improvisado en un contiguo edificio de oficinas, en el que, enfermeras vestidas de blanco atendían ya a las primeras víctimas de la batalla. Saliendo de este centro de emergencias me pararon varios soldados, conminándome a que me refugiara. El fuego iba in crescendo y la puntería de los oficiales era infalible. Me ubiqué detrás de una columna en el soportal del mismo edificio y me dí a la tarea de ser espectador del combate. Era algo muy real. Con balas de verdad se tiraban y los hombres caían a todo lo largo de la calle que cruza frente al hotel. En un solar yermo situado al Este del recinto, unos treinta soldados de un pelotón de ametralladoras, habían logrado instalar un nido. A los pocos minutos la mitad de ellos eran cadáveres. Fué exactamente éste el emplazamiento que Batista inspecionaba cuando se iniciara la refriega. Y, al regresar su automóvil al Cuartel General instalado cerca del hotel, balas calibre 30 silbaron sobre el auto perforándolo de un extremo a otro. Batista y sus ayudantes habíanse salvado milagrosamente.

Una hora después volví al centro de la ciudad para confrontar noticias con la Embajada Americana. Pero no encontré a nadie allí, salvo dos policías cubanos que estaban de guardia. Incesantes llamadas telefónicas de excitados ciudadanos norteamericanos, eran contestadas por los dos policías. Atendí una: informaban que un norteamericano que residía en el edificio de apartamentos López Serrano —cerca del Hotel Nacional— había sido muerto. Comprobé los detalles y cursé un cable de prensa a New York. El compatriota muerto era Robert Lotspicht, Administrador de la fábrica Swift and Company en La Habana. Le alcanzó una bala al asomarse a su balcón para ver el espectáculo. Fué el único extranjero que murió en el conflicto. Destaqué reporteros para que observaran la batalla por los cuatro costados del Nacional y regresé a mi puesto del Malecón. Me acompañaba José Villalta, una de las "estrellas" de la Prensa Asociada en aquella tormentosa época. El ejército de alistados dirigido por Batista contaba ya con artillería ligera. Zumbaban los obuses a través del edificio del Nacional, cayendo al mar que daba al frente. Los artilleros que habían establecido su base en una elevación del terreno, disparaban contra el hotel prácticamente a boca de jarro. El pequeño guardacostas **Patria** daba bandazos en el mar, a la sazón picado, y fallaba su puntería. Batista, en mangas de camisa en su cuartel instalado en la ladera de una lomita, dirigía la acción contra los oficiales. Me lucía apesadumbrado. Pero actuaba con calma y serenidad. A quienquiera que le hubiere observado, le parecía capaz de haber llegado a cualquier extremo con tal de evitar aquella lucha con oficiales que habían sido sus superiores jerárquicos. Mas, no podía hacer otra cosa, planteada la batalla, que dirigirla. Desempeñaba muy bien la tarea, con aire de hombre que tenía que terminar un trabajo. Batista me ha confesado que aquel sangriento 2 de octubre ha sido uno de los días más tristes de su vida.

Un rato después del inicio del tiroteo, algunos hombres pertenecientes al Cuerpo de Ingenieros del Ejército, se encaminaron hacia el hotel en un camión blindado. Trataron de llegar al portal, pero tenían sólo la protección del blindaje del vehículo y fueron recibidos a balazos por los oficiales. Hubo muertos de entre éstos y casi todos los demás fueron heridos. Los oficiales estaban peleando de verdad. Batista hizo otra tentativa de arreglo. Ordenó: ¡Alto al fuego! dijo a su ayudante el Capitán Gonzalo García Pedroso que enarbolara bandera blanca y procediera a pie hacia el hotel en un esfuerzo más en pos de una solución amistosa.

Al aproximarse el Capitán, los oficiales le dispararon, obligándole a batirse en retirada.

El fuego se hacía más intenso a cada minuto. Toda el área en derredor al Nacional, ofrecía la impresión de quedar a la postre hecha trizas humeantes. Atrincherados detrás del persianaje de las altas ventanas del edificio, tenían los oficiales clara ventaja sobre los alistados. No tenían éstos más remedio que exponerse para contestar el fuego certero de la oficialidad. De vez en cuando un oficial asomaba la cabeza por una ventana abierta y los alistados le abatían con ametralladoras. Entretanto todo el vecindario residencial experimentaba tremenda conmoción. El tiroteo había comenzado sin previo aviso, resultado de ello que los moradores civiles quedaran atrapados en sus palacetes y apartamentos. Las balas glissaban en los exteriores de sus casas y el pánico cundía. Funcionarios de la Cruz Roja y miembros del personal de la Embajada de los Estados Unidos afanábanse desesperadamente por la concertación de una tregua. De un alto al fuego que les permitiera evacuar a los civiles de aquel sector. Por fin, a eso del mediodía se acordó un paréntesis de una hora. Fué entonces que las ambulancias de la Cruz Roja, y otros vehículos, algunos de los cuales habían sido enviados por la Embajada Norteamericana, comenzaron la evacuación. La pausa aunque corta —terriblemente corta— fué bienvenida. La mayoría de los periodistas y corresponsales extranjeros la aprovecharon para tomar café y enviar nuevos despachos a sus respectivas entidades. Ambulancias, automóviles y ómnibus rodaban apresuradamente por el área del Hotel Nacional como si el fin del mundo fuera cuestión de minutos.

Iniciada esta tregua, dos representativos de la Cruz Roja se personaron en el cuartel de Batista recabando permiso para ir al Nacional para prestar atención médica a los heridos. Batista accedió y aprovechando la oportunidad garabateó una nota en un pedazo de papel que sacó de su guerrera y la puso en las manos de uno de los hombres de la Cruz Roja. Estaba dirigida a los Coroneles Sanguily y Ferrer, que eran los oficiales de mayor jerarquía dentro del hotel, y decía así: "Hemos declarado una tregua que continuará hasta el regreso de Víctor Mendoza, de la Cruz Roja, que ha acudido a vosotros en misión humanitaria. Proponemos las siguientes bases para terminar la guerra declarada esta mañana por los ocupantes del Nacional: 1) cese inmediato de toda actitud bélica. Salida de los oficiales en grupos de cinco, a intervalos de diez minutos, completamente desarmados y con la condición de hombres bajo arresto. 2) por nuestra parte, garantizaremos respetar las vidas de los oficiales para así terminar esta situación deplorable, en nombre de la República de Cuba".

La nota estaba firmada: "Fulgencio Batista, Jefe del Ejército Revolucionario".

Los representantes de la Cruz Roja volvieron con la noticia de que los oficiales querían se ampliase el cese de las hostilidades hasta las tres de la tarde para poder estudiar más detenidamente la oferta de Batista. Este consintió. Pero... poco antes de las tres los oficiales abrieron fuego nuevamente y el tiroteo atronó otra vez con mayor intensidad que antes. Tal vez la impresión de calma que trajo la tregua, causaba, reiniciada la batalla, una percepción aumentada de las detonaciones. Los artilleros, con cañones de 75 milímetros, hablaron de nuevo su lenguaje demoledor. Grandes boquetes se abrían de súbito en las repelladas paredes del Nacional. Buena era la puntería. Las ventanas con sus marcos se desencajaban tras el impacto de los obuses y los cuerpos de los muertos yacían por doquier. Algunos corresponsales norteamericanos pasaban apuros en el fragor del combate. Dick Armstrong —del **International News Service**— fué alcanzado por un pedazo de concreto desprendido violentamente de la columna de un edificio cercano en que se refugiaba y resultó lesionado. Tom Pettey, del **Herald Tribune** de New York, pifió al establecer su puesto de observación en una casa de apartamentos deshabitada, cerca del hotel. Apenas se había instalado para observar la batalla cuando los oficiales descerrajaron el fuego sobre aquel sitio. Grandes tortas de cemento y yeso cayeron sobre Pettey y éste tuvo que tirarse de barriga al suelo para quedar justamente fuera del alcance de las balas.

Alrededor de las cuatro de la tarde —con cien muertos en las calles aledañas al hotel— los oficiales decidieron abandonar el empeño. Por lo menos parecieron indicar ese propósito, alzando una sábana blanca a modo de bandera colgada de un palo en la azotea del Nacional. Era éste el momento que aguardábamos casi todos los corresponsales. Ahora podríamos entrar al hotel y contar los muertos y heridos. Con mi compañero Villalta decidí intentar la operación por el lado del mar. Caminamos por el Malecón y casi logramos llegar a la puerta de acceso al patio del Nacional... cuando un grupo de soldados de caballería con evidente excitación nos conminó —montados y blandiendo sus machetes— a que abandonáramos el lugar. Nos advertían que la bandera blanca de los oficiales era un truco, no un cese. Ellos abrirán fuego tan pronto como nos acerquemos más. Y, a juzgar por lo que sucedería después, los soldados de caballería tuvieron razón.

Volvimos Villalta y yo al edificio de oficinas donde nos habíamos apostado y encontramos allí a un joven teniente, al que pedimos un pase para entrar al Nacional. Nos respondió que si estábamos dispuestos a correr el riesgo, tendríamos que ir acompañados de un soldado de infantería. En efecto, así lo hicimos y volvimos a reandar el camino hacia el hotel. Unos pasos habíamos dado cuando se nos acercó un civil bien portado y ostensiblemente sobreexcitado, que rogó que lo lleváramos con nosotros. Tenía un hermano entre los oficiales contendientes—nos dijo—y él necesitaba verlo de todos modos. Convinimos en ello. Y los tres junto al soldado seguimos loma arriba. De pronto un oficial armado de un fusil-ametralladora empezó a disparar desde uno de los balcones del Nacional. Si su intención era la de matar solamente al soldado que nos acompañaba, o si creía que todos formábamos parte de la fuerza enemiga, es algo que jamás averiguamos. Lo cierto fué que sus tiros hicieron blanco en el civil que habíamos querido ayudar, quien cayó muerto a nuestros pies.

Fué esta la señal para que el fuego se generalizara nuevamente por todas las bandas y en el sector entero prendió el pánico más espantoso. Villalta y yo nos la arreglamos para escapar a sitio seguro. Pero algunos de los que estaban cerca de nosotros no tuvieron esa suerte. Nunca se olvidan experiencias como aquella. La segunda racha duró sólo unos minutos. Parece que algunos oficiales, morbosamente porfiados, habían quebrantado las reglas usuales en estos casos para matar unos cuantos alistados más. Pero la mayoría de la oficialidad estaba dispuesta ya a deponer las armas en aquellos momentos. Y los soldados fueron sacando del hotel a pequeños grupos de oficiales capturados, obligándoles a formar filas mientras llegaban los medios de transporte que habrían de conducirlos a la Fortaleza de La Cabaña, donde serían internados.

Minutos después de haber cesado totalmente el fuego, los Coroneles Sanguily y Ferrer eran sacados del Nacional por el Teniente Belisario Hernández, a quien Batista había impuesto la misión de protegerlos. Sanguily, que había fungido de Jefe de Estado Mayor antes de la Revolución de los Sargentos, divisó a Batista y le gritó: "Queremos hablar con usted". He aquí a los oficiales que durante semanas se habían negado a discutir asunto alguno con Batista porque "no era más que un Sargento amotinado". Ni el momento ni Batista estaban para conferencias. Y respondió: "Esta no es ocasión para discutir. Es muy peligroso". Y volviéndose a Belisario Hernández díjole: "Teniente, llévese a los oficiales a La Cabaña sin demora". Era la primera vez que Batista se negaba a hablarle a sus ex-jefes. Y nosotros que habíamos presenciado la escena le preguntamos por qué había contestado tan bruscamente. "Quería salvarlos de posibles represalias", nos respondió, agregando: "La excitación cundía y esos dos oficiales eran los cabecillas de la refriega que convirtió la revolución blanca del 4 de septiembre en la revolución roja del 2 de octubre. Cuando Sanguily me llamó, estaba yo a pocos pasos de un número de alistados que tenían que estar naturalmente iracundos y nerviosos. Habían visto a sus compañeros caer como palomas bajo el plomo que salía del Nacional. No era, pues, el momento oportuno para una conferencia con Sanguily y lo mandé a lugar seguro".

Algunas personas asegurarían más tarde que habian visto hacer fuego y matar a unos cuantos oficiales después de capturados y puestos en fila fuera del hotel. Reinaba enorme confusión en aquellos instantes. Y dudo mucho que haya quien pueda narrar exactamente lo sucedido. Muy seguro estoy, empero, de que varios alistados y uno o dos oficiales fueron muertos por disparos de ambas partes al haber violado los oficiales la bandera blanca de la rendición. Y estoy seguro porque los vi matar. En otros puntos de la ciudad surgieron algunos disturbios de escasa importancia en la hora inmediatamente posterior a la rendición. Y los terrorristas, por su parte, se encargarían de mantener La Habana en vigilia toda aquella noche con disparos esporádicos. Pero la batalla del Hotel Nacional había terminado.

Acababa de consumarse un hecho en grado sumo lamentable, totalmente innecesario y en el que ninguna de las dos partes resultó vencedora. Más de doscientos cubanos —en su mayoría alistados del Ejército— murieron inútilmente. Quinientos ex-oficiales, engañados a sí mismos, hicieron evidente su tontería y eliminando además, para siempre, sus posibilidades de volver a sus carreras militares. Desde aquel día los oficiales depuestos dejaron definitivamente de ser factor en la vida cubana. Por sí habíanse hecho convertir en los "hombres olvidados" de la Revolución. Algunos fueron juzgados por su impropia conducta y a los demás tan sólo se les regañó mientras se les instó al buen comportamiento devolviéndoseles a sus hogares.

Me es difícil ahora que escribo estas líneas, casi a la vera del Hotel Nacional, recordar cómo tan bello paraje fuera un día ensangrentado campo de batalla. Hoy los jar-

dines del hotel forman un hermoso ramillete de flores tro-
picales. Pero hace veintiún años estuvieron cubiertos de
cadáveres.

Los boquetes abiertos dos décadas atrás por la artillería
en las paredes del hotel fueron reparados y una nueva
generación de cubanos ha llegado entretanto a la madurez.
El tiempo ha maquillado todos los desperfectos. Pero los
que vivimos aquella mañana brumosa del 2 de octubre de
1933 jamás olvidaremos la furia mortífera de la Batalla
del Hotel Nacional de **Cuba**

Capítulo 13

BATISTA se sentía en extremo preocupado por la matanza consiguiente de la Batalla del Hotel Nacional. Consideraba que todo aquello había sido innecesario. Hablando con él pasada la contienda, me dijo que había hecho cuanto humanamente fué posible por evitar la pelea. En primer término ofreció a los oficiales soluciones decorosas. Y, ya iniciado el fuego, las reiteró para que cesara. Dos días después de la refriega, visitó Batista al Embajador Welles en la Embajada de los Estados Unidos, con el fin de expresarle su personal sentimiento por la muerte del norteamericano Sr. Lotspicht. Larga y significativa sería la conversación entre ambos. Pasáronle revista a todo el problema de Cuba y Welles, por primera vez, concedió que era Batista la única autoridad existente en el país y el único que podía salvar a Cuba. Tan fué así que en su reporte a Washington sobre esta plática, Welles informaba: "sostuvimos una discusión larga y franca sobre el estado actual de la República. Me pidió consejos así como mi opinión y yo se los di. Le dije que a juicio mío, hoy por hoy él es el único individuo en Cuba que representa la autoridad. Agregué que en parte, ello se debía al hecho de que, aparentemente, cuenta con el apoyo leal de gran número de tropas, además la acción determinada y efectiva de que dieron muestras las fuerzas de La Habana y las de otras ciudades, aunque en menor grado, contra los comunistas y elementos radicales extremistas". Indudablemente que tales declaraciones han de haber agradado mucho a Batista, porque venían precisamente de labios del hombre que un mes atrás estuvo tan poco dispuesto a reconocerle autoridad, describiéndole a él y sus partidarios como radicales extremistas o elementos comunistas.

Esta franca charla entre Welles —el diplomático graduado en Groton y Harvard— como representante de una de las grandes potencias del mundo, y Fulgencio Batista —ex-cortador de caña del villorio de Banes— constituiría de suyo un importantísimo evento en la vida del líder de la Revolución de los Sargentos. Al menos, le confirmaba de una vez por todas como hombre de importancia internacional que, en opinión de Estados Unidos, controlaba los destinos de Cuba. Welles le dijo a Batista que su acción contra el Comunismo habíale granjeado el apoyo de la mayor parte de los intereses comerciales y financieros de Cuba, quienes ahora volvían la vista a él en demanda de protección. Le dijo también, que su negativa de permitir a Grau que entregase los periódicos a un grupo de estudiantes y de trabajadores en las plantas de dichos periódicos, hizo que ganara el favor de la prensa cubana. Le comunicó que cierto número de líderes de los partidos políticos más fuertes estaban acordes en que el control de Batista, como Jefe del Estado Mayor del Ejército, debía continuar. Según éstos, era la única solución posible y por tanto, estaban decididamente dispuestos a secundarlo.

Muy en serio hablaba Welles con Batista sobre asuntos de vitalísima importancia. Le manifestó que el gobierno de Grau no había cumplido con ninguna de las condiciones necesarias para lograr el reconocimiento de los Estados Unidos y que el obstáculo verdaderamente infranqueable era "la obstinación inútil y poco patriótica de un pequeño grupo de jóvenes, que en vez de jugar a la política, debían atender como les competía sus asuntos universitarios, así como el mantenimiento de la misma actitud por parte de unos cuantos individuos unidos a éstos por motivos puramente egoístas". Referíase, por supuesto, al grupo estudiantil que secundó a Grau desde el inicio y que no se avenía a ninguna solución que pudiera remover a Grau de Palacio. A preguntas de Welles, Batista prometió que trataría de zanjar las diferencias con las diversas facciones, incluyendo al fuerte grupo revolucionario del ABC que —como señaló Batista— conspiraba en aquellos momentos contra el nuevo ejército advenido el 4 de septiembre. El diplomático estadounidense hizo una aclaración: le era en absoluto indiferente quién tuviera la presidencia en sus manos y quiénes fueran a servir como miembros del gabinete. Su único objetivo —aseveró— era el de hallar una solución que "representase de manera efectiva, los deseos del pueblo de Cuba".

En su informe a Washington acerca de tan trascendental conversación, Welles mencionó el hecho de que dicha plática había sido un tanto anómala, explicándole al Secretario Hull, que, en su criterio, era preciso aclarar sin embargo, que "no existe en estos momentos ninguna autoridad en Cuba excepto Batista y que aún en caso de que surgieren nuevos disturbios que pudieren poner en peligro vidas y haciendas de los norteamericanos u otros extranjeros en la República, parece esencial seguir manteniendo estas relaciones". En resumen, lo que Welles quiso decirle a Hull fué lo siguiente: "Si no puedes vencerlos, entonces, únete a ellos". Tomando como punto básico la victoria del Ejército de Batista en el Hotel Nacional, el Secretario de Estado Cordell Hull —después de una conferencia con el Presidente Roosevelt— le expresó su opinión de que tal vez debiera hacerse algo para reconocer el gobierno de Grau. Pero Welles se mostraba inflexible. Afirmó que el gobierno de Grau no reunía los requisitos necesarios para concitar el reconocimiento y le señaló a Hull, con toda sinceridad, que la victoria del Nacional había sido de Batista. Grau —sugirió Welles— es una cosa, y Batista con su Ejército, otra, completamente distinta. Era ésta una sana observación. El Ejército acataba a Grau tan solo porque Batista así lo disponía. Pero lo mismo para los soldados que para casi toda Cuba la verdadera autoridad del gobierno era Batista. No cabían dudas en cuanto a que la victoria del Hotel Nacional había fortalecido la posición del Coronel revolucio-

nario. Ni tampoco acerca de los deseos de éste respecto a
darle a Cuba un gobierno estable, capaz de mantener el
orden público, granjeándose el respeto y reconocimiento
de los gobiernos del mundo. Pudiera argumentarse acaso
en punto a los medios de que tuvo que valerse para lograr
tal objetivo. Mas, para cuantos le vieron trabajar tan afa-
nosa como desinteresadamente en aquellos días, no puede
haber ninguna duda sobre la sinceridad de sus propósitos.
Robándole horas al sueño noche tras noche, conferenciaba
y discutía toda solución posible con diversos líderes políticos
y examinaba minuciosamente cuanta fórmula se ponía a
su consideración, amén de no agotar esfuerzo alguno por
poner de acuerdo a tanto elemento que andaba a la greña.
La paciencia de Job hubiera resultado pequeña en semejante circunstancias para no cejar en el empeño de crear
un gobierno civil idóneo en Cuba. Y si Batista hubiera querido señorear como dictador militar en su país, oportunidad
más propicia que la que se le ofrecía en aquel invierno de
1933-34 no pudo dársele. Pero no eran evidentemente tales
sus propósitos, porque ocasión tras ocasión, trató de encontrar cubanos civiles capaces de administrar los asuntos del
Estado. Y porque en todo momento persuadió a los líderes
políticos a que dejaran a un lado los partidarismos para
trabajar todos al unísono por el bien del país. Mas, sus esfuerzos siempre penúltimos, no tuvieron éxito a su pesar.

A nadie puede escapársele que Batista habría podido
olvidar por completo los gobiernos civiles y traspasado el
Poder a los militares de haberlo querido. Nada habría podido impedírselo. Gozaba del apoyo pleno del Ejército y
no había en Cuba fuerza capaz de oponérsele. Por lo tanto,
algo más que el mero interés egoísta tuvo que inspirar a
Batista en los días y noches continuadas que pasara nego-
ciando, conferenciando y buscando las soluciones que permitieran la instauración de un gobierno civil aceptable
para la mayoría de la nación cubana.

Con anterioridad a la acción del Hotel Nacional, Batista
fué tolerante para con los líderes estudiantiles que se ha-

bían adosado al Presidente Grau. Estos muchachos formaban un grupo sin madurez política, bullanguero e intoxicado
por un concepto erróneo del Poder; poder que en realidad
nunca habían propiamente poseído. Fácil resulta intuir,
pues, que este núcleo estudiantil constituía una rémora a
todo intento encaminado a resolver los problemas políticos
de Cuba. Y que, como bien dijera Sumner Welles, debían
estos jóvenes ocuparse de sus clases en la Universidad. Por
el contrario, no cesaban de lanzar proclamas y manifiestos
que en nada contribuían a evitar la confusión reinante.
Empero, después de la contienda del Hotel Nacional los
estudiantes realmente se desorbitaron. Cometerían el error
de suponerse ellos —y no el Ejército de Batista— los verdaderos triunfadores de la batalla y, así como así, decidieron
deponer a Batista para que las cosas marcharan mucho
mejor. Tal idea no era sólo absurda sino también completamente estúpida. Batista, claro está, determinó echar
a los estudiantes del gobierno, mandándolos a que reanu-
daran sus clases.

Capítulo 14

EL proceso de crecimiento, particularmente para cuantos aspiren a un título de la Universidad de La Habana, crea con frecuencia muy serios problemas en Cuba, no sólo para los mismos estudiantes, sino para sus padres, para el gobierno, y lo que es más aún, para el pueblo en general. Esa magnífica institución que es la Universidad de la Habana, ha sido durante años, el punto focal de muchos desórdenes públicos que jamás se hubieren tolerado en ninguna otra universidad del mundo.

Y el rol de esa bicentenaria Alma Mater como centro de alta cultura y de estudios superiores, se ha visto comprometido muy gravemente en varias oportunidades, gracias a verdaderos desmanes cometidos por los estudiantes, tal parece superestimándose como una clase especial, completamente inmune a los preceptos reglamentarios de la Universidad, a las leyes de la República y a las normas mismas de la convivencia social.

La rutina estudiantil-universitaria ha estado desde hace años —y continúa estando en muchos casos— subordinada a las intromisiones políticas de jóvenes inmaduros, que, por lo visto, nunca han oído hablar de disciplina, o que en todo caso, demuestran muy poco o ningún respeto por las autoridades constituídas dentro y fuera del plantel. Es un hecho incontrovertible y desafortunado, que en ciertos sectores de la vida universitaria, las actividades del alumnado han sido más anárquicas que educativas.

Durante los años iniciales de la década de 1930 los estudiantes dedicaban más tiempo y energías a las actividades políticas —a menudo tan violentas como inútiles— que

131

al aprendizaje de sus lecciones. De tal manera, contribuían asi substancialmente al malestar político de Cuba. Cierto es que sólo un número relativamente pequeño del total de más de 15,000 alumnos matriculados en ese centro ha sido responsable —en los distintos períodos— de la mayor parte de los disturbios acaecidos. Pero no es menos cierto también que la culpa a tenor de la mala conducta, ya tradicional, que practican dentro y fuera de la Universidad estos grupos de alumnos discolos, recae en todo el cuerpo estudiantil.

Cuando los universitarios, los miembros de las facultades, buenos o malos, permiten que su institución se convierta en refugio de gangsters reconocidos; cuando no hay oposición alguna a que grandes arsenales para fines supuestamente revolucionarios sean habilitados allí mismo; cuando no evitan los estudiantes la fabricación de bombas criminales en sus propios laboratorios químicos, y cuando, en fin, se toleran semejantes fechorías y otras más, la Universidad tiene que aceptar la responsabilidad de los actos de estos pequeños grupos de malhechores.

Por largo tiempo el pueblo se hizo de la vista gorda con respecto a los incidentes estudiantiles, mirándolos con el benévolo criterio de que eran cosas de "los muchachos que no son más que muchachos". Pero al cabo se hizo patente que una cosa es comerse vivos los pececitos de colores o tomar parte en estudiantadas más o menos inocentes, y otras muy distinta la de arrojar bombas, destruir propiedades públicas y privadas y dispararle además a la policía.

El primer centro docente de La Habana, que es sostenido por el Estado, goza de mayor libertad de acción que cualquier otro establecimiento de su tipo de los que yo hubiere tenido noticias. Y es tal privilegio, o mejor: el abuso de tal privilegio, el culpable de la absurda malevolencia que ha reinado en ese recinto durante muchos años.

Como quiera que esta suerte de libertinaje ha manchado infinidad de páginas del historial de la Universidad de la Habana, parécenos conveniente exponer algunos aspectos fundamentales del acuerdo que existe entre dicho plantel y el Gobierno, constituyendo quizás un caso único.

En los años del régimen de Machado, anteriores a 1933, los estudiantes universitarios entrañaban, sin duda, una constante molestia para el gobierno. Las luchas estudiantiles contra el dictador, habían contribuído indudablemente a su derrocamiento. Un buen número de estudiantes fué asesinado por los agentes machadistas y no hay razón para creer que aquellos jóvenes héroes y mártires estuviesen inspirados por otros sentimientos que no fueran los del patriotismo. Ganáronse los universitarios —y se les reconocería— una substantiva participación en el crédito correspondiente a la expulsión de Machado del Poder.

Tan violenta llegó a ser la campaña antimachadista en la Universidad que el gobierno suspendió todas las actividades docentes en dicha institución por casi tres años. Desde el punto de vista de lo que convenía o no a Machado, fué un error tal suspensión, ya que tendió a fortalecer e hizo más sólido el movimiento estudiantil, sin que el dictador lograra el objetivo propuesto, que no era otro sino el de abatir un importante segmento de la oposición a su régimen.

Pero después de la caída de Machado el 12 de agosto de 1933, los estudiantes se convirtieron en casta privilegiada. Andaban por las calles de La Habana con aire de perdonavidas, portando unos brazaletes que les distinguía como miembros de una fuerza policíaca autonombrada, con derecho a interpretar, hacer o deshacer las leyes, según sus propios caprichos. Cuando Grau San Martín entró a ocupar la Presidencia de la República provisionalmente, en 1933, creyéronse los estudiantes que habían cogido a Dios por las barbas. Grau —profesor universitario— dióles la bienvenida a los muchachos al gobierno, consintiéndolos, mimándolos y consultándoles sobre todos sus movimientos políticos. Posiblemente estas adulaciones por parte de Grau contribuyeran a darles una visión falsa a los estudiantes respecto a la importancia política que creían tener.

En octubre de 1933 —a menos de dos meses de la expul-

sión de Machado— el gobierno de Grau dictó un Decreto
Ley otorgando y reconociendo la autonomía a la Universidad de La Habana. No hay dudas de que el Presidente
estuvo bien intencionado. Machado había interferido hasta
los más sencillos y legítimos asuntos educativos de dicha
Universidad. Y, al suspender las clases negó a la juventud
cubana su derecho a alcanzar un pergamino universitario.
De ahí, que, el gobierno de Grau, al reconocerle derechos
autónomos al Alma Mater, no se proponía sino evitar la
reedición de los males que fomentara Machado. Ahora
bien, hay que convenir en que desde la obtención de la
autonomía universitaria, grupos exiguos pero poderosos de
estudiantes, han violado todo el espíritu de este acuerdo
histórico, promoviendo campañas de desorden y participando en actos de terrorismo. Las acciones ilícitas y frecuentemente violentas —cuando no traidoras— de estos grupos
en 1935, decursado apenas el primer año de vigencia de
la autonomía universitaria, concitaron la necesidad de
suspenderla por cierto tiempo. La Isla de Cuba atravesaba
por entonces otra de sus frecuentes crisis políticas y se
cernía el grave peligro de una huelga general. Los elementos más díscolos del estudiantado universitario se conducían
a la sazón desaforadamente. Y de este modo una situación
de suyo turbulenta asumía más sombríos matices. Mientras
duró la suspensión de la autonomía, que fué solamente unos
meses, muy pocas funciones normales de la Universidad
continuaron. La vida en el Alma Mater estaba casi para-
lizada. El Congreso de Cuba en 1937 —después de haber
estudiado los problemas universitarios— aprobó una ley
restableciendo la autonomía y modificando algunas de las
normas y reglamentos de la institución. Erigía al Rector
como cabeza de dicho centro docente y creó un Consejo
Universitario de treinta y nueve miembros que, con el
Rector, asumiría las funciones de cuerpo de gobierno. La
misma ley establecía un subsidio para la Universidad que
se fijó en un dos y cuarto por ciento del montante total del
presupuesto anual de la República. La Universidad quedaba

obligada a rendir cuentas al Ministerio de Educación por el manejo de estos fondos. Acerca de las apropiaciones presupuestales correspondientes a la Universidad, han tenido lugar algunas controversias. En varias ocasiones ha reiterado el Consejo Universitario que nunca ha recibido la cantidad total asignada en presupuesto, mientras que el Ministerio de Educación ha declarado al respecto que la Universidad de la Habana no ha rendido cuentas claras de sus gastos.

Varias han sido las interpretaciones que se le ha dado a la Autonomía Universitaria y a sus alcances. Algunos líderes estudiantiles han insistido que se trata de una especie de estado adjunto-separado. O mejor: de un estado dentro de otro estado, como por ejemplo, el Vaticano.

La autonomía de la Universidad de la Habana fué garantizada y asegurada en la Constitución de 1940, creándose un cuerpo policíaco en ese centro, al que se le denominó Policía Universitaria, responsable ante el Rector y sin conexión alguna con los organismos que en Cuba velan por el cumplimiento de la Ley. Aunque dirigentes estudiantiles han insistido e insisten en la no jurisdicción de otros cuerpos de vigilancia dentro de la Universidad, la ley de autonomía, según la aprobó el Congreso, especifica que al existir en este centro docente serias alteraciones del orden público, puede ser suspendida dicha autonomía, extendiendo entonces las fuerzas regulares —Policia y Ejército— su autoridad sobre las propiedades y personas del recinto universitario. Quiere ello decir, que la idea del supuesto status del Alma Mater similar al del Vaticano es falsa. No es asi.

Otra causa que origina problemas en este plantel es la laxitud y tolerancia con que se actúa en materia de restricciones. Son tan inadecuados los requistos exigidos para ingresos, que ha sido cosa simple para los gangsters, agitadores políticos y especialmente para los comunistas y toda suerte de elementos disolventes, matricularse en la institución y obtener asi los beneficios inherentes al status semi-autónomo de la Universidad. También le ha permitido a politicos demagogos utilizar ese centro como plataforma desde la cual se organizan campañas y ataques contra individuos y gobernantes, libres de cualquier peligro de que se les tome cuenta por lo que dicen. Ese descuido en la matrícula y admisión en la Universidad a través de los últimos años ha incorporado a la docencia un crecido número de "estudiantes" de edad mediana o madura que no tiene interés alguno en sus estudios. Se ha popularizado en tono de sorna —pero con cierta porción de verdad— que la Universidad de la Habana ostenta la distinción de contar con más estudiantes calvos que cualquier otra universidad del mundo.

Esta situación de la Universidad de la Habana fué admirablemente descripta por el **Diario de la Marina** en una serie de artículos publicados a principios de 1953. Fueron escritos durante un período en que los universitarios vivieron una de sus típicas situaciones de disturbios y desórdenes. El periódico en cuestión se ha distinguido por su objetividad. Y, en la serie de artículos mencionados, acreditaba a la Universidad muchas cosas buenas realizadas en diversos campos, formulando el autor varias preguntas como éstas a las autoridades universitarias:

¿Qué ha hecho la Universidad de la Habana con su autonomia absoluta? ¿Quién introdujo el sistema de matrícula gratis, que jamás debió haber sustituído al de inscripción a través de competencias o concursos, gracias al cual un estudiante de escasos medios que demostrase aptitudes sobresalientes, podía ingresar en la Universidad? ¿Quién convirtió el recinto universitario en una república independiente, con derecho al apedreo de ómnibus, a causar molestias a la ciudadanía, organizar mítines políticos y dedicarse a cierto género de actividades completamente extrañas a las funciones normales de una universidad?

La autonomía universitaria —apuntábase en el **Diario de la Marina**— no puede ser utilizada por nadie, ya sea profesor o líder estudiantil, para actuar dentro de la institución, en forma que fuera de ella, esté expresamente prohibido por las leyes de la República.

Empero, sin detenernos más en las intenciones de la ley que otorgó su autonomía a la Universidad de la Habana, lo cierto es que ésta ha sido fuente de grandes preocupaciones para el pueblo de Cuba. La continuada o casi continua mala conducta de sus estudiantes, pese a que el número de elementos díscolos entre ellos puede ser en efecto pequeño, ha dañado de manera profunda y quizás permanente, el prestigio de ese alto centro educacional de Cuba. Además, el proceder escandaloso de sus alumnos se ha sumado con mucho a las lacras de la República durante unos de los más críticos procesos de su vida de estado joven.

Capítulo 15

LA lucha por poner orden en la casa política de Cuba habría de seguir hasta después de los primeros años de la década de 1930. Todas las fórmulas concebibles para procurar la restauración de la paz se ofrecieron y se rechazaron. El gobierno del Presidente Grau no era, por lo que podia verse, lo suficientemente fuerte como para enfrentarse de veras a las condiciones reinantes en el país. Es más, ni siquiera mostraba interés por darle protección a la propiedad privada. Los huelguistas y agitadores de izquierda habian venido causando muy serios disturbios en cierto número de ingenios azucareros. Y en algunos casos hasta llegaron a desconocer rampantemente los derechos de propiedad, apoderándose de varios ingenios y estableciendo "soviets" en miniatura para operar estas fábricas de azúcar, La actitud de Grau respecto a tales intentos socializantes fué del todo pasiva. Si Batista toleraba a Grau era sólo porque estimaba que cualquier cambio súbito de presidente en aquellos momentos, podia romper el equilibrio nacional, causando aún mayor desasosiego. No estaba satisfecho de la moral que habia en el Ejército y requeria de más tiempo para consolidar su control sobre la tropa.

Los observadores más acuciosos de la situación cubana esperaban que el rompimiento entre Grau y Batista se produjera de un momento a otro; cosa que casi llegó a suceder el 3 de noviembre de 1933. Para ese dia se habia concertado una reunión entre Batista y la Junta Civil original en casa de Sergio Carbó. La apariencia que ofrecia el lugar le desagradó a Batista cuando hizo acto de presencia. Los ayudantes presidenciales, con ostentosos uniformes y charreteras estaban allí. Y bien a la vista, asimismo, portando ametralladoras de mano, un grupo de individuos que no eran nada amigos de Batista. Oscar de la Torre, jefe de una de las organizaciones adictas a Batista, tuvo aviso de que se tramaba un atentado contra éste en la reunión de marras, y él, con varios compañeros, situáronse en algunos puntos fuera de la casa de Carbó. Estaban listos para proteger a Batista si ocurría algo anormal. Comenzó la reunión. Grau, visiblemente molesto, púsose de pie mirando fijamente a Batista y le dijo: "Usted ha estado tratando de derrocarme, sosteniendo reuniones clandestinas y olvidándose de que yo, como Presidente, puedo quitarlo a usted de su cargo en cualquier momento. Aquí tengo mi propia renuncia en el bolsillo de mi saco; no puedo continuar gobernando bajo estas condiciones".

Batista refrenó sus impulsos. Con calma interrrumpió al Presidente para decirle que a su debido tiempo y con el debido respeto contestaría a los cargos que le imputaba. Era un momento crítico y José M. Irisarri—uno de los miembros de la extinta Pentarquía de Septiembre—habló de esta manera: "Doctor Grau, usted no puede renunciar de tal modo sin que sobrevenga el caos y yo creo que debe usted saber que Batista no solamente es el legítimo Jefe de las Fuerzas Armadas, sino algo mucho más significativo por su identificación con el movimento revolucionario que instauró este gobierno. La deposición de Batista traería también el caos". Irisarri fué apoyado por Guillermo Portela, otro de los pentarcas y miembro de la Junta. El Presidente Grau reconoció lo exacto de la apreciación de Irisarri, señalando que él no había dado paso alguno contra Batista porque reconocía que éste era "el alma de la Revolución". Batista entonces tomó la palabra para pedirle a Grau que retirara su renuncia "porque una renuncia sin algún plan de sucesión sería algo muy serio para el país en estos momentos". Al fin la crisis fué conjurada al convenir Grau en permanecer en la Presidencia de la República. Y así terminó la trascendental reunión en la que se le dió un voto de confianza a Grau, pese a que se sabía que sus días en la Primera Magistratura estaban contados. De todos era conocido, por lo demás, que a Grau le sostenía únicamente un pequeño grupo de jóvenes estudiantes. Y que, forzosamente, tendría que perder cualquier batalla que llegase a librar contra Batista.

El estudiantado de la Universidad de la Habana, entretanto, se cansaba de la conducta del Directorio Estudiantil —que era precisamente el grupo adherido a Grau— y en una asamblea general celebrada el 5 de noviembre para discutir el status de dicho organismo, se adoptó una resolución que compelía a los estudiantes al retorno a clases abandonando la política.

Los males políticos de Cuba eran graves en las postrimerías de 1933. El paciente no respondía a los tratamientos indicados por los médicos de cabecera, ni tampoco al del especialista extranjero consultante, Sumner Welles. Las discrepancias entre los diversos grupos que habían el sólido frente revolucionario contra Machado, mantenían al pueblo cubano en alarmante sobreexcitación nerviosa. El cansancio de la gente estaba ya al tope. La necesidad de paz se convertía en obsesión colectiva y se ansiaba cualquier solución que le pusiera coto a los desórdenes y a la inestabildad política. Con los días que pasaban la situación se hacía sin embargo más crítica. Fallaban todos los planes y soluciones en pos del restablecimento de un gobierno representativo. Y mientras tanto, grupos terroristas descontentos diéronse a la tarea de trastornar más aún el ya harto lamentable estado de cosas. Las bombas colocadas por estos grupos en todas partes de la Habana aumentaban el malestar y la confusión. Los estudiantes que apoyaban a Grau no habían tenido nunca el respeto de los políticos tradicionales, ni tampoco de los grupos importantes del antimachadismo, y nada podían contribuir a los esfuerzos que se hacían por hallar una solución.

Grau era la figura central de la controversia cubana en aquel momento. Los jerarcas de la vieja política demandaban la remoción de Grau, que, por otra parte, acabó por perder el apoyo del Directorio Estudiantil. El Gobierno de los Estados Unidos no le veía con buenos ojos, y la falta de fe a su respecto demostrada por el Embajador Welles era notoriamente conocida. Grau tampoco sentía afecto alguno por Welles desde mediados de septiembre, cuando el Embajador decidió, tal parece, que había llegado la hora de administrar una reprimenda al Presidente provisional. En efecto, durante la quincena segunda de septiembre, Welles se entrevistó con Grau y lo que le dijo no era muy bonito ni para Grau ni para los miembros de su gobierno. He aquí la versión que sobre este asunto reportaría Welles a Washington: "Le dije que a mi juicio la confianza en su administración iba decreciendo día a día, y que la actitud que ahora habían asumido los empresarios financieros, comerciales y agrícolas, negándose a pagar impuestos, cerrando sus establecimientos o cancelando órdenes cada vez que era posible, haciendo además pública protesta contra cualquier intento de prolongar el régimen actual, tenían que convencerlo, como me habían convencido a mí, de que el gobierno no estaba sostenido por elementos muy importantes del país". Para Grau y el grupo de Batista que sostenía al Presidente, la actitud de Welles no parecía una política de 'manos fuera" por parte de los Estados Unidos. Y lo que tantas veces se había pregonado: sonaba más bien a intromisión... pese a que Welles había dicho un día después a sus superiores del Departamento de Estado: "estoy más convencido que nunca de que la mejor política para nosotros es la de mantenernos alejados de todo; excepto de lo que se refiera a la protección de las vidas de los ciudadanos norteamericanos".

Y así continuó este tío vivo político. Declaraciones y contradeclaraciones se oían y leían, casi hora por hora, diariamente. Solución tras solución provenían en vano de todos los sectores. Noches enteras de reuniones mantenían a los políticos, a los reporteros de periódicos y al pueblo en general en un constante desasosiego. Ninguna de las soluciones resultaba viable porque todas y cada una de ellas se basaban en el derrocamiento del gobierno que ejercía el Poder, siendo, por supuesto, nada fácil negociar con éste cualquier fórmula que implicaba la cesantía de aquellos que gobernaban y su sustitución por otros que aspiraban a mandar.

Grau seguía aferrado al timón. Estaba en excelente posición para rechazar soluciones, ya que su poder descansaba en el respaldo de Batista con su Ejército. Ninguna atención prestaba al hecho de que no tenía el apoyo mayoritario de la nación. Claro, que hubiera sido una gran cosa para él que el pueblo le respaldase. Pero en aquellos días de creciente turbulencia política era mejor negocio contar con los rifles. La única razón en cuya virtud Batista continuaba sosteniendo a Grau era la de su apreciación sobre que un súbito cambio en las altas esferas del gobierno podría arrojar el país en el torbellino de mayores desconciertos. Pero, había escollos por delante. Según pasaban las semanas de disputas y querellas, la crisis nerviosa en la colectividad y en algunos de los grupos revolucionarios iba aumentando. Con este incremento del desasosiego se iba imponiendo la perentoriedad de hacer algo efectivo. Si no se solucionaba el problema por vía de las negociaciones, se abriría paso la tesis de lograrla mediante una revolución contra el régimen de Grau. Y en efecto, tal idea iba tomando forma. En cuestión de unos pocos días se empezaba a discutir abiertamente en los cafés, las calles y las oficinas. La atmósfera se caldeaba y los periodistas y reporteros fueron asumiendo una actitud expectante. Noche tras noche se hacían largas horas de guardia esperando el ""momento". A finales de octubre el nerviosismo nacional iba agudizándose, de tal suerte que lesionaba ya los intereses comerciales de la isla. Los negocios iban de mal en peor. La gente no compraba. Todo el mundo parecía estar fuera de quicio.

A principios de Octubre llegaron a Batista los primeros rumores de una conspiración que se tramaba. Agentes de su Servicio de Inteligencia le informaron que los ex-oficiales de las fuerzas armadas, y la organización ABC, serían los jefes de un vasto movimiento encaminado a derrocarlos a Grau y a él. Según estos informes la acción se preparaba para el 8 de noviembre. Los ex-oficiales serían dirigidos por un Capitán llamado León Calás. Los Coroneles Sanguily y Ferrer, por lo visto, no estaban involucrados en estos planes conspirativos. Se supo también que las Fuerzas Aéreas simpatizaban más o menos con esta insurrección en cierne.

En la mañana del 7 de noviembre recibía Batista informes en los que se daba cuenta de un colapso sufrido en algunas de las unidades-claves de los cuerpos armados. Se estaban trasluciendo inconvenientes con las tropas pertenecientes a las guarniciones de Dragones, Atarés y San Ambrosio: todos estos puestos de vital importancia en la ciudad de la Habana. Batista, convencido de que no era posible bloquear la insurrección, se preparó para combatirla. De acuerdo con los informes, que fueron debidamente confirmados, la revuelta se produciría el 8 de noviembre. De modo pues, que hizo redoblar la guardia en todas las estaciones de policía y se aprestó para afrontar lo que viniese. Tuvo noticias de que la Fuerza Aérea abriría el combate, bombardeando el Campamento de Columbia, escogido como primer blanco.

Batista y Grau habían sobrevivido anteriormente a una crisis violenta: la batalla del Hotel Nacional. Pero aún les aguardaban muy serias dificultades cuando alboreó el mes de noviembre de 1933. Y Batista lo sabía bien.

Capítulo 16

EL estallido se hizo sentir a la una y media de la madrugada del 8 de noviembre de 1933.

La revolución contra el Gobierno de Grau-Batista —largo tiempo en amenaza e igualmente esperada— infligió a Cuba un golpe terrible. De un extremo al otro de la Isla cundió la espectación, la inquietud y el desorden. Pilotos rebeldes pertenecientes a la base aérea del Campamento de Columbia, volando muy bajo en aviones de combate, rociaron la ciudad con plomo de sus ametralladoras calibre 50 —disparando sobre y contra las mismas calles y azoteas una y otra vez intermitentemente. Hombres y mujeres del pueblo corrían y gritaban aterrorizados a ras de las aceras, refugiándose detrás de puertas y columnas o donde pudieran. Los automóviles con las luces apagadas volaban más que corrían por las avenidas, mientras sus ocupantes rastrillaban furiosamente, rifles y ametralladoras de mano, disparando a cuanta cosa se moviera. El espectáculo daba la dantesca impresión de que Cuba había enloquecido súbitamente. Sí: ¡la hora cero había sonado! Ya nada podían hacer mediadores ni amigables componedores para salvar al país de otra sangrienta revuelta. Todas las conversaciones de los políticos, amén de las maniobras de diplomáticos amigos, como toda razón antepuesta, habían sido inútiles. Y los cubanos mataban a cubanos en las calles habaneras, en las de Santiago —capital de Oriente situada al otro extremo de la Isla— y aún en los pueblos pequeños del interior. Evidentemente, se trataba de algo más que una gran riña tumultuaria o una alteración inusitada del orden público. Estábamos ante una verdadera insurrección, bien

144

planeada y coordinada a través de todo el territorio nacional. Nosotros, en las oficinas de la Prensa Asociada, recibimos aviso cuatro horas antes de iniciarse la acción, informándonos que rompería al rayar la madrugada. Pero no hicimos mucho caso al principio, porque la misma historieta se había repetido otras veces sin que finalmente pasara nada. En Cuba los periodistas no pueden vivir al margen de los rumores y conservar sus puestos, porque desde hace años, se ha puesto en juego el pasatiempo criollo de echar a rodar voces casi nunca bien fundadas. El reportero, por tanto, debe estar en sintonía con el rumor, pero confrontándolo y volviéndolo a confrontar para no caer y hacer caer a lectores nacionales y extranjeros en las proverbiales tomaduras de pelo. El primer "tip" llegó a manera de indicio o soplo a la Prensa Asociada, a eso de las nueve y media de la noche, que empalmaría con la madrugada de la revuelta. Semanas antes habíamos trabajado en la divulgación de un plan del que se decía iba a ser la pauta de la más grande y violenta de todas las revoluciones. Al tener noticias a través del último aviso mencionado, nos pareció un poco más verosímil que los procedentes. De modo pues, que convocamos a todo el personal de la Prensa Asociada y sostuvimos un cambio de impresiones. Buck Canel —uno de nuestros mejores reporteros— se ofreció para salir y practicar una breve exploración. Telefoneó antes a unos cuantos lugares y partió con instrucciones concretas de informar sobre cualquier cosa que viese. A la media hora nos hablaba Canel desde un escondite de los insurgentes, confirmando el "tip" que nos había dado. Allí, según Canel, se estaban distribuyendo rifles, ametralladoras y parque. El tiroteo asimismo, comenzaría en la madrugada. Canel quedó con aquel grupo insurreccional hasta el preciso instante en que, terciadas las banderolas y equipados cada cual con sus armas, aguardaban la orden definitiva de iniciar la acción. Cuando Canel volvió a la Prensa Asociada ya toda la dotación nuestra estaba allí. José Arroyo —uno de los más decididos reporteros de cualquier país— caminaba de un lado a otro de la oficina tratando de refrenar sus ímpetus. Ekin Birch —un viejo soldado— tenía todo listo para lo que se presentare. Pepe García, el reportero gráfico, llena su alforja de películas y bombillos. Y George Kaufman —el hombre de contacto y oficina— había dispuesto lo necesario para que las noticias pudieran transmitirse a la Oficina Central de la Prensa Asociada en New York con toda rapidez. Tan seguros estábamos ya de que aquella era la gran noche, que cursamos nuestro primer reportaje a New York en seguida, anticipando las determinaciones de la revolución e informando que, de un momento a otro, se produciría la noticia sensacional.

Por aquella época la Prensa Asociada disponía de un hilo directo entre La Habana y New York. Mas, como este hilo sólo funcionaba hasta la media noche, obtuvimos de New York se mantuviera abierto y sin ninguna interrupción toda la madrugada.

Pasaban las horas y nuestros nervios se iban hiperestesiando más y más. ¿Cuándo llegaría el momento? ¿Y por dónde? —Entonces empezamos a cavilar. Aparte de los informes de Canel, no teníamos confirmación real alguna de que en efecto la revolución empezaría antes del amanecer. En vista de ello, decidí hablar con algunos otros reporteros sobre la situación para confrontar ciertos detalles. Pero, por lo que parecía, nuestros colegas competidores carecían en absoluto de informes y esto realmente nos preocupó. Porque es muy agradable para un reportero saber que tiene noticias exclusivas... que no poseen los colegas rivales. Sin embargo, cuando los hechos no ocurren... entonces no es nada cómodo el saberse solos, aunque se esté en primera línea. Al filo de las doce me fuí a un café favorito de los corresponsales norteamericanos. Allí todo era normal. Nadie daba muestras de excitación y tuve a bien dejar caer una indirecta en la que dejaba entrever que acaso sucediese algo antes del amanecer. Entonces dos reporteros acordaron tomar un automóvil e ir al Campamento de Columbia, a ver cómo andaban por allá las cosas. Cuando hacían el viaje de regreso, fueron atrapados por la revuelta que acababa de estallar. Los primeros tiros salieron de un camión lleno de revolucionarios, que corría velozmente por el Paseo del Prado. Y antes de que nuestro operador pudiera poner en funcionamiento el teletipo, ya en la propia calle frente a nuestra oficina habíase generalizado el tiroteo. Las balas silbaban y castigaban los herrajes de nuestro balcón, obligándonos a cerrar y poner barricadas tras las puertas de madera. Arroyo, que se estacionó en las afueras de la ciudad, nos telefoneó diciéndonos que la insurrección estaba en su apogeo, con lluvia creciente de tiros que se hacían sentir más a cada momento. El corresponsal Jesús Melón Ramos nos llamó desde Marianao, una población aledaña a La Habana, y nos informó lo mismo. Estaba próximo al Campamento de Columbia y comunicaba que el fuego en aquel sector era muy nutrido. Nuestros corresponsales en pueblos y ciudades vecinas nos llamaban continuamente para darnos idénticos informes. Parecía que la revolución estaba ardiendo de punta a cabo de la Isla y que la lucha era intensa en todas partes. Los estimados o cálculos sobre bajas de uno y otro bando agrandaban sus cifras sin limitaciones. Supimos que los grupos revolucionarios civiles estaban siendo sostenidos y apoyados por un buen número de oficiales y personal de las Fuerzas Aéreas del Ejército, así como por grandes secciones de tropas de otras ramas. Las guarniciones de Atarés y San Ambrosio se habían rebelado, tal como se esperaba, recibiendo pronto refuerzos de la de Dragones y de algunas importantes estaciones de policía estratégicamente situadas en el corazón de La Habana.

Momentos antes de haber reventado la revuelta, Batista había celebrado una urgente reunión en su casa de Columbia con el Secretario de la Guerra, Antonio Guiteras y el Jefe de la Policía Nacional. Terminada apenas la breve conferencia, los revolucionarios atacaron el lugar. Aviones rebeldes del aeropuerto de Columbia iniciaron las operacio-

nes por sobre la sección principal del Campamento y, valiéndose de luces de emergencia dejaban caer bombas. Batista salía de su casa con sus ayudantes, el Comandante
Jaime Mariné y el Capitán Manuel Benítez. Caminaban
hacia el Cuartel General del Distrito cuando los primeros
aviones aparecieron por sobre sus cabezas. Al cruzar el
Campo o Plaza de Armas, una bomba cayó en una escuela
situada junto a la residencia de Batista, convirtiéndola en
añicos. Las brillantes luces iluminaban todo el Campamento
y Batista y sus acompañantes, agarrados en su mismo centro, resultaban magníficos blancos para los bombarderos.
Arrojáronse al suelo, cubriendo sus cabezas con las gue-
rreras y permaneciendo completamente inmóviles hasta que
aflojó el ataque. Al avanzar de nuevo hacia el edificio del
Cuartel General, advirtieron que el Sargento encargado de
un nido antiaéreo en aquel trecho permanecía en actitud
pasiva y sin hacer uso de sus armas. Batista pensó que el
hombre simpatizaba con los insurgentes y dió la orden
a uno de sus ayudantes de obligarle a disparar contra los
aviones. El Capitán Benítez, con cuatro zancadas se puso
detrás del Sargento y, colocándole el cañón de su pistola
en la espalda, le conminó a que hiciese fuego. Obedeció
el Sargento y quedó combatiendo durante toda la noche.
Luego le explicó a Benítez que les sorprendió tanto el
ataque de los aviones que sus nervios no le habían dejado
disparar.

Bien que sabían Batista y unos cuantos de sus ayudantes
que el foco de la rebelión radicaba en el Cuerpo Aéreo. Por
eso habrían de colegir que, evitándose el despegue en la
pista interior del Campamento, los aviones rebeldes serían
paralizados y la insurrección sería quebrada por su mismo
espinazo. Al aproximarse al campo de aterrizaje, Batista
ordenó al Comandante Ignacio Galíndez que abriera fuego.
El asunto ofrecía extrema delicadeza por la contiguidad
de un orfelinato que podría ser alcanzado por las balas. La
pequeña columna de Batista no venía bien armada, y esa
circunstancia obligó al Coronel a ordenar a sus hombres

que disparasen lo más hacia abajo posible. O sea, a ras de tierra, para crear la impresión en el enemigo de que el ataque provenía de una fuerza numerosa. Galíndez disparó su ametralladora por espacio de cinco minutos y se fué acercando cautelosamente a la pista. De repente se lanzó al campo, seguido de unos cuantos de sus acompañantes. La sorpresiva acción de comandos entronizó el pánico en los aviadores rebeldes, quienes al rendírsele al Comandante Galíndez, serían hechos prisioneros. Resultó la operación un triunfo importante para las huestes de Batista. Pero con todo, la revolución en su apogeo proseguía imperturbable en los demás sectores.

La noche del 7 de noviembre fué en verdad una noche de terror. Llegado el nuevo día no se notaba el menor síntoma de que el fuego amainase.

Temprano en la mañana del 8 de noviembre las fuerzas de Batista se estaban consolidando para un ataque combinado contra los rebeldes. Entre los objetivos propuestos figuraba la reconquista de la Décima Estación de Policía de La Habana, en la que se hallaban prisioneros el Capitán García Pedroso, uno de los más sobresalientes colaboradores de Batista, y Rubén de León, destacado líder revolucionario de la lucha contra la dictadura machadista. Los rebeldes habían hecho saber que los dos prisioneros habrían de ser ejecutados y Batista no pasaba por alto que se imponía actuar con suma rapidez. Sus fuerzas acometieron la Décima Estación en una arremetida formidable de armas ligeras y los rebeldes se rindieron, salvándose así a Garcia Pedroso y Rubén de León.

Mientras tanto, el primer contingente de prisioneros era conducido al Campamento de Columbia. Batista había ordenado se les alineara frente a su cuartel para dirigirles la palabra. Sumaban varios centenares de personas, y después de señalarles lo absurdo de la acción en la que se hubieron comprometido, Batista les aseguró que tendrían toda la protección necesaria entretanto estuviesen bajo la custodia del Ejército. De pronto y dando un paso al frente, una muchacha salió de las filas de los prisioneros, diciéndole al Coronel: "Si usted me da una pistola y la libertad regresaré inmediatamente a las calles y seguiré peleando por mi causa". Batista quedó sorprendido al ver una joven entre el heterogéneo grupo de rebeldes y no menos por la audacia que mostraba aquella mujer. Le contestó: "Señorita, yo no soy su dueño, sino simplemente su custodio; pero ya que se trata de una dama y que no han sido formulados cargos contra usted, voy a hacerle esta proposición: No le daré la pistola, pero sí su libertad".

Este diálogo entre una arrogante joven rebelde y el Jefe del Ejército en un momento de tal tensión podrá parecer fuera de lugar. Mas, Batista —que muy bien pudo haber ordenado que la metiesen en un calabozo— admiraba efectivamente su arrojo. Ella le contestó con la misma desafiante actitud: "Si usted me da la libertad me uniré a mis compañeros. Todo lo que quiero de usted es la seguridad en forma de un salvoconducto". Reprimiendo una sonrisa, Batista explicaba a la muchacha que lo único que podía ofrecerle era seguridad mientras estuviese bajo su custodia en el Campamento de Columbia. "No olvide señorita" —le advirtió— "que las calles están llenas de personas sobre las que no tengo control alguno. Si usted permanece en el Campamento estará segura. Pero una vez que lo abandone tendrá que depender de su suerte". La joven aceptó la libertad, volviendo a su gente. Y en la tarde del siguiente día apareció de nuevo en el último lote de prisioneros capturados en la Fortaleza de Atarés. Había cumplido lealmente su amenaza de volver al combate.

Las escaramuzas y encuentros en las calles habaneras hiciéronse más violentas según alzaba el día y los rebeldes parecían tener el triunfo consigo. Ocho estaciones de policía estaban en sus manos y se aprestaban a moverse en masa sobre el Palacio Presidencial. De tiempo en tiempo algunos jefes de las facciones insurgentes telefoneaban a nuestras oficinas de la Prensa Asociada para darnos cuenta de sus victorias. Querían tener la seguridad de que la prensa les sería favorable.

Yo me aposté lo más cerca posible de la mansión presidencial para ver bien el masivo ataque. Un ruido horrísono, mezcla de gritos, imprecaciones, ráfagas de ametralladoras y todo lo demás precedía a la legión insurgente que avanzaba. Escudados tras un tanque improvisado, se acercaban. Era un tanque realmente extraño. Algo así como un camión blindado con planchas laterales de acero de las que asomaban pavorosos cañones de armas diversas por unas ranuras dejadas al efecto. Según se movía hacia delante el raro artefacto, aquellas bocas de sus costados vomitaban plomo sin tregua. Me situé detrás de una columna como a media cuadra de Palacio, y observé. La legión rebelde avanzaba impertérrita cubierta por un barrage de disparos de ametralladoras de mano, rifles y pistolas, sin hallar prácticamente ninguna oposición. Dos policías que trataron de cruzar el Parque Zayas y unirse a las huestes leales dentro del Palacio del Ejecutivo, fueron ultimados por el fuego de los rebeldes. La cuantía de muertos y heridos de la insurrección alcanzaba ya centenares y las cifras aumentaban sin cesar. Estaban tan cerca de su objetivo los atacantes que empecé a suponer que los defensores de la mansión palatina iban a rendirse sin pelear. A lo mejor van a pasarse a los rebeldes, pensaba... cuando, de pronto vino la elocuente respuesta. Los custodios de la casa del Presidente habían recibido instrucciones de no disparar hasta tanto los insurgentes estuvieren a unos pasos del edificio, a fin de lograr fáciles blancos. Cuando habían llegado a menos de media cuadra de Palacio, las fuerzas de Batista abrieron fuego. Habían montado ametralladoras de calibre 50 detrás de barricadas de sacos de arena en la azotea de la casa presidencial y estaban bien pertrechados para una pelea en forma. Tan intenso era el fuego que partía de Palacio que los rebeldes cayeron súbitamente en un pánico total. En pocos minutos habían vuelto la espalda y corrían como gamos, dejando el tanque aquel improvisado en medio de la calle. El Palacio se había salvado.

Al tiempo mismo que se producía la contienda palatina, se libraban furiosas batallas en otras secciones de la capital, especialmente alrededor de la Estación de Policía del Cerro —en las afueras— donde hubo infinidad de bajas por ambas partes. Batista recibió entonces una mala nueva. El destacamento estacionado en la finca El Dique, ubicada junto a la carretera central y en el trayecto Habana-Matanzas, habíase pasado a los rebeldes. Parece que los hombres de aquella guarnición habían sido víctimas de una estratagema. Falsos informes les habían sido llevados que afirmaban que el Presidente Grau se encontraba prisionero y Batista muerto en acción. Tan pronto como Batista recibió estas noticias, comisionó a uno de sus mejores oficiales para que se trasladara a El Dique con una columna, a fin de tratar de recuperar aquella posición con la fuerza que allí operaba. Una vez que el oficial explicó a los hombres del destacamento en cuestión que la captura de Grau y la muerte de Batista eran noticias absolutamente falsas, la guarnición entera se realineó en las filas de Batista.

Aquella tarde ensombrecida del 8 de noviembre un gran número de rebeldes habíase concentrado en el vetusto Castillo de Atarés, una famosa fortaleza colonial de pétrea estructura, que constituye una reliquia de los tiempos de la dominación española. Situado el viejo castillo al sudeste de La Habana, parecía en rigor un buen lugar para resistir las más recias acometidas. Los insurgentes de Atarés estaban capitaneados por Juan Blas Hernández —un pequeño caudillo medio-revolucionario y medio-cuatrero— que había dado mucha guerra a los gobiernos de la República por varios años. Blas era un guajiro acostumbrado a pelear en campo abierto y era una de las figuras populares cubanas de mayor colorido. Habituado a dirigir sus incursiones de guerrilla sobre poblados y puestos aislados de la Guardia Rural, aquellos sólidos muros que lo rodeaban en Atarés han de haberle lucido algo insólito. Nunca antes había tenido que pelear en área de tan cerrados linderos.

Toda aquella tarde las fuerzas de Batista martillaron implacablemente la vieja fortaleza por mar y tierra. Un cañonero anclado al fondo de la Bahía de La Habana, lanzaba sus obuses certeramente contra el castillo, mientras la tropa de tierra atacaba el mismo objetivo con pequeños morteros. Los rebeldes empezaron a sentir la superioridad del Ejército de Batista.

Los no combatientes todos, con excepción de periodistas, camarógrafos y otras personas encargadas de misiones similares, habían sido previamente trasladados de aquel sector. Mas, el fuego abierto de rifles y ametralladoras —tanto el que procedía de la fortaleza como el que iba de afuera contra ella— estaba alcanzando a todo el área residencial y comercial densamente poblada extendida al oeste de Atarés.

El zumbido de los obuses, las detonaciones secas de los morteros y el rápido tabletear de las ametralladoras, conjuntaban un hórrido ruido que crispaba los nervios. Era el ruido peculiar de la guerra moderna. Llegada la noche las luces de la ciudad no se prenderían. Y las calles obscuras y solitarias eran sólo holladas por franco-tiradores insurgentes y por algunos periodistas. Una hora antes de la medianoche el fuego se incrementó poco a poco. Y a su conjuro pareció que enormes manadas de perros se habían hecho cargo de la situación. Aullando y ladrando lastimeros, agregaban lo que faltaba a la terrífica noche, para darle mayor semejanza con el vestíbulo de un Averno surrealista.

Unos reporteros nos trajeron la noticia de que otros contingentes de rebeldes estaban entrando al Castillo de Atarés para consolidar la posición y arreciar la lucha contra las huestes de Batista. Sin embargo, al realizar semejante maniobra no estaban haciendo otra cosa que lo que precisamente Batista y sus hombres querían. Aunque las tropas leales rodeaban la fortaleza por todas partes, estaban permitiendo deliberadamente —sin la menor interferencia—

que los grupos rebeldes penetraran en el castillo. Hasta llegó a suceder que algunos de los insurgentes salían para llevar mensajes a sus compañeros de otros sitios de la ciudad, instándoles a que acudiesen a la antigua fortaleza colonial. Por fin nos enteramos de lo que Batista planeaba, y que en efecto no era más que atraer a los rebeldes para que se concentrasen en Atarés. Más ventajoso consideraba él pelear con ellos en un solo frente que una docena. Ya embotellados allí dentro de los muros del castillo, las tropas de Batista le exigieron la rendición, que por supuesto, fué rechazada incontinenti. La oferta se repitió una y otra vez, obteniendo siempre la misma negativa respuesta.

A la mañana siguiente, cuando el sol apenas alboreaba, se reanudó el fuego en toda La Habana y en otros puntos de la Isla. Los informes que llegaban del interior indicaban que los rebeldes sufrían una batida en toda la línea. La lucha en el sector de Atarés era decididamente terrible. Mas, pronto se hizo obvio que los insurgentes tendrían que rendirse más tarde o más temprano. El cerco cerrado del Ejército de Batista se estrechaba, acorralándolos yarda por yarda y pulgada por pulgada. Por los cuatro costados los insurgentes, aunque peleaban con heroísmo, iban perdiendo terreno minuto a minuto.

Finalmente, en la tarde del 9 de noviembre la fortaleza cayó en manos de los leales al gobierno. Con este hecho terminaba la rebelión. Pero aún antes de finalizar y ya en los últimos momentos, hubieron de librarse muchas luchas cuerpo a cuerpo, sobre todo en las laderas y entrada del propio castillo. Fué entonces que Blas Hernández cayó muerto con una bala certera atravesándole el recio pecho. El viejo Blas había peleado como un león y por última vez. La lista de las bajas durante los dos días de encarnizada lucha es la más extensa de cualesquiera otras revueltas habidas en la historia de la República de Cuba: más de quinientos muertos y centenares de heridos.

La revolución contra el régimen de Grau había fallado

porque éste pudo seguir contando con el apoyo de Batista y de su Ejército. Batista, aunque consciente de las deliberaciones de Grau, había seguido con él durante las tantas fórmulas ensayadas para hallar el medio pacífico que le obligase a dimitir. Y continuaba apoyándole cuando la Oposición tomó el camino de las armas. A través de todas las negociaciones, Batista había insistido en que cualquier plan basado en el derrocamiento del Presidente provisional debía incluir, por fuerza, el medio factible para nombrar el sucesor con toda celeridad, a fin de prevenir la derivación de un nuevo período de caos. En ninguno de los planes que habían sido ofrecidos por la Oposición apareció jamás semejante cláusula.

La historia de Cuba en esos dos días estremecidos de angustias y zozobras del 8 y el 9 de noviembre de 1933, fué escrita con borbotones de sangre de cubanos, de hermanos que, no pudiendo zanjar sus diferencias mediante acuerdos amistosos, recurrieron a la violencia de un sangriento choque armado.

Después de constatar las victorias de Batista en là Batalla del Hotel Nacional y en la Revolución de Noviembre de 1933, hasta sus propios enemigos dejaron a un lado la creencia de que él encarnaba tan sólo una figura pasajera en el escenario político cubano. Algunos criticaron la fuerte ofensiva que desarrolló contra los movimientos subversivos, pero no dejaban de reconocer que era hábil y resuelto; que contaba de veras con el apoyo leal del Ejército y que hablaba con indudable autoridad. Por lo demás, nada pudo indicar que Batista, para sofocar ambas insurrecciones, hubiere recurrido a otras armas que las usuales en casos semejantes. Claro que fué inflexible, pues de no haberlo sido, nunca hubiese alcanzado la victoria. Empero, conocí varios casos —uno de los cuales no está fuera de lugar aquí— en que Batista dió muestras de gran sentido humano para con los hombres y muchachos que trataron de liquidarlo. El incidente no se basa en rumores o informes de segunda mano. Lo supe directa e inmediatamente después de haber cesado el fuego de la Revolución de Noviembre.

Algunas semanas antes del levantamiento del 8 de noviembre de 1933, yo había contratado los servicios de un joven estudiante de la Universidad de La Habana para que me ayudara a mejorar mi español. Era un muchacho inteligente, de mucha personalidad e hijo de un educador muy conocido. En aquellos días de enorme trabajo para un corresponsal, hube de arreglármelas para que mi instructor pudiera darme algunas clases entre una cosa y otra. El 8 y el 9 de noviembre —días de la insurrección— no tuve tiempo para tomar mis lecciones de español, por supuesto. Y durante el tráfago de aquellas horas febriles en que tuve que estar al tanto de todo para poder enviar a la Prensa Asociada los detalles y pormenores de la lucha, nada había sabido yo de mi joven maestro. Sin embargo, a la semana de haber sido sofocada la rebelión, se me aparecería el muchacho para que reanudáramos las clases. Como era de esperarse, nuestras primeras palabras tuvieron que versar necesariamente sobre tópico de tanta actualidad y monta como la reciente revolución.

Y usted, ¿ por dónde estuvo?, le pregunté. "En ella", me contestó. "Y el estar vivo significa que he tenido una gran suerte". Comprendí que quería narrarme su dramática aventura, y me acomodé dispuesto a escuchar el relato.

—"Verá usted" —comenzó diciéndome—, "siempre he sido miembro del grupo universitario opuesto a Batista. Estábamos preparados para acabar con él desde los inicios de la revolución, Creíamos poseer un plan a prueba de errores. Me uní al movimiento y se me asignó la tarea de dejar caer bombas sobre el Campamento de Columbia, especialmente sobre la residencia de Batista. Era un verdadero honor. Así es que me metí en una vieja avioneta de aprendizaje con un buen acopio de varios explosivos, con un piloto-aviador de los que se habían rebelado y pusimos proa al Campamento. Volamos bajito sobre la casa del Coronel y yo dejé caer un par de bombas. Observé que, por lo menos, habíamos causado daños considerables a una construcción contigua a la de Batista... y empecé a sentirme un héroe. Después de largar todas las bombas que llevábamos, regresamos al Campo de Aviación por más explosivos. Aterrizamos perfectamente bien. Pero no sabíamos que habíamos caído en el mismo centro de las fuerzas de Batista que, mientras nosotros estuvimos en el aire, habíanse adueñado del Campo. Nos capturaron en seguida, y era yo, como le cuento, el mismo que había arrojado las bombas a la vivienda de Batista. Seguro estaba, por eso, de que moriría ante un pelotón de fusilamiento como un mártir de la revolución. Pero la realidad es que mi fuero interno no esperaba la muerte. Los soldados nos registraron y fuimos conducidos a una prisión del Campamento. Allí permanecí ese dia, esa noche y todo el día siguiente hasta después de la medianoche en que vino un guardia a mi calabozo y me dijo que saliera. Había llegado mi final, supuse, y me armé de cuanto valor tenía para enfrentarme al duro trance. Oré y lloré y quise mostrarme valiente. Se me llevó caminando por delante a una gran casa en el mismo Campamento de Columbia, que en seguida identificaría como la Oficina del Jefe del Ejército. ¿Me someterían a un Consejo de Guerra? ¿Se me fusilaría sumariamente, sin darme oportunidad de despedirme de mis padres y compañeros estudiantes? ¿Apreciarían las futuras generaciones de cubanos el heroísmo que me condujo a la muerte? Seguro estaba yo de que moriría... inexorablemente".

Una pausa y mi joven profesor siguió contándome. "Por fin", —prosiguió— "después de esperar una hora eterna en un pequeño cuarto cuidado por centinelas, se me ordenó ponerme de pie y pasar a la habitación contigua. Los soldados abrieron la puerta que a ella conducía y me dejaron allí. Una vez dentro me hallé cara a cara con el hombre a quien yo había querido matar: Fulgencio Batista. Los guardias habían desaparecido y nosotros dos éramos los únicos en la habitación. Me dijo 'Cierre la puerta y pase; le quiero hablar'. Su tono era firme aunque no poco amistoso. Estoy seguro que los dientes me castañeteaban y recuerdo que las piernas me flaqueaban al sentarme en una silla frente a su mesa. Prosiguió: 'Bueno, joven, dicen que fué usted quien arrojó la bomba con destino a mi casa. ¿Por qué quería matarme? ¿Qué le he hecho yo a usted para que se propusiera asesinarme? ¿Cómo se enredó en todo esto?' Aunque sus preguntas eran lentas, deliberadas, yo no podía hallar ninguna contestación a ellas. Miraba atónito al hombre. No parecía ser el demonio que me habían descrito mis compañeros, ni tampoco hallarse muy molesto por mi tentativa de mandarlo a la eternidad. Continuó: 'Le ha causado a sus padres un inmenso dolor. Están enfermos de preocupación pensando en usted; y por lo que me parece, bastante abochornados por su conducta. Conozco a su padre, por el que siento el mayor respeto. Ha hecho mucho por Cuba. Hace poco habló conmigo y el pobre viejo está disgustadísimo por el proceder de usted. Ahora váyase a su casa, a sus padres, inmediatamente. Y pásese el resto de la vida esforzándose por demostrales que es un muchacho decente, que incurrió en el error de dejarse guiar por otros jóvenes equivocados. Váyase y manténgase fuera de todas estas cosas en el futuro'.

—"Terminamos la entrevista dándonos la mano. Y eso fué todo . Ningún pelotón de fusilamiento, ni consejo de guerra, ni martirologio. Pero me sentía eufórico de contar con mi vida otra vez. Y desde ese momento no quiero saber de revoluciones. Voy a dedicarme a mis estudios y a mis lecciones".

Y, esa es la historia que me narró un joven revolucionario, quien pocos días antes se había propuesto la descabellada hazaña de acabar con Batista, sólo porque algunos de sus compañeros de estudios le habían convencido de que el ex-Sargento era enemigo de su país.

Días después de sofocada la rebelión, Batista contaba a unos amigos que cuando el último grupo de prisioneros le fué presentado en el Campamento de Columbia, se asombró del gran número de adolescentes que había entre ellos.

"Centenares de muchachos de catorce a dieciséis años, temblaban de miedo al ser traído a mi presencia. Yo no tenía la menor intención de castigarlos, porque ya toda aquella muchachada había sufrido bastante con las torturas del temor que se experimenta bajo el fuego, mirando como caen y mueren sus compañeros en la batalla. Eran demasiado jóvenes para estas durezas; así pues, decidí que regresaran a sus hogares y salieran de la atmósfera de revolución lo antes posible. Ordené que fueran encarcelados en cierto lugar donde la fuga era cosa sencilla. De esa manera podían huir a sus casas y ponerle fin a los terribles días de ansiedad que debieron sufrir sus padres".

Casi veinte años más tarde Batista me relató otro incidente acontecido la noche del 9 de noviembre de 1933, fecha en que la revolución fuera sofocada.

"Yo estaba solo en mi despacho" —decíame— "cuando uno de mis ayudantes entró para decirme que una mujer me llamaba por teléfono, insistiendo en hablarme. Rehusaba dar su nombre pero señalaba que era de extrema urgencia que yo la escuchara. Cansado y perturbado, como podrá imaginarse, ordené que dijesen a la persona que llamara al día siguiente. El ayudante volvió para participarme que la mujer insistía. Algo hizo que yo quebrara mi norma de no contestar llamadas anónimas, y fuí al teléfono".

"No puedo recordar las palabras exactas de la conversación" —me explicó Batista—, "pero nunca olvidaré su esencia. Héla aquí. La voz sin identificar dijo ser una de mis amigas y admiradoras más fervientes, que quería expresarme lo avergonzada que estaba de mí y de los hombres del gobierno. Le dije que tan abatido como ella me sentía yo por los últimos acontecimientos. Pero me interrumpió para consignarme que no podía comprender cómo me cruzaba de brazos y permitía que el Presidente Grau y sus colaboradores convirtieran en fiesta nacional una victoria que tantas vidas cubanas había costado. Y agregó que en esos precisos momentos los reflectores del Capitolio estaban lanzando sus destellos al cielo y que una loca celebración del triunfo tenía lugar en el Palacio de la Presidencia. Cómo es posible, preguntó, que los cubanos celebren la muerte de sus compatriotas de tan vulgar manera.

"Le aseguré" —me aseveró Batista— "que comprobaría la verdad que hubiese en sus palabras. Y de ese modo terminó el diálogo telefónico".

Las luces giratorias de la cúpula del Capitolio sólo se hacen funcionar en las grandes ocasiones de regocijo nacional. Me continúo diciendo Batista: "Averigué, y efectivamente, no era falso lo que afirmaba la dama incógnita: sobre la ciudad rutilaban las luces del edificio del Congreso y una gran fiesta tenía lugar en Palacio. Llamé por teléfono, y con una orden se puso fin a los festejos y fueron apagadas las luces del Capitolio". "No he podido identificar hasta hoy" —terminaba diciéndome Batista— "a la autora de aquella llamada. Pero quién fuese, le prestó un gran servicio a Cuba, y... siempre he guardado un profundo agradecimiento para aquella desconocida voz femenina".

Capítulo 17

BATISTA había abrigado la esperanza de que la revolución de noviembre de 1933 serviría, al menos, para reforzar el Gobierno de Grau. Si tal cosa hubiérase derivado del hecho mismo, en algo habría contribuido a la solución de los graves problemas que plagaban la Isla. De aceptar el pueblo a Grau hasta tanto se pudiere convocar y reunir una asamblea constituyente, el país encontraría al cabo su camino hacia el establecimiento de una forma estable y democrática de gobierno. Vanas eran sus esperanzas. Los desórdenes públicos proseguían y se conspiraba en las seis provincias. Aunque la moral del ejército había salido alentada de la victoria de noviembre, no así la de la Policía Nacional, que era, sin duda, una de las principales ramas de las Fuerzas Armadas de la República. Los grausistas habían introducido en ese cuerpo una serie de jóvenes inexpertos asignándole importantes posiciones. En cambio, funcionarios policíacos de experiencia fueron cesanteados o trasladados a lugares remotos. De esta manera se les reservaban los mejores puestos a los recién ingresados, entre los cuales no faltaban criminales fichados y otros individuos de dudosos antecedentes. La moral de dicho cuerpo, pues, no podía ser más descendida. En cierta oportunidad se dió un escándalo en La Habana Vieja, cuando un Teniente de la Policía, después de robarse un pequeño aparato de radio de una casa particular, fuera perseguido en las calles a la voz de ¡ataja! por los dueños del receptor.

La falta de disciplina en la policía dió pábulo al incremento de las ilicitudes y diéronse muchos casos de franca connivencia entre policías y delincuentes, resultando que el

161

mantenimiento del orden recaía casi por completo en las fuerzas del ejército. Y ello acontecía precisamente en los momentos en que Batista se empeñaba en la reestructuración de ese organismo. Muy preocupado le tenía el peligro de que se hallaba percatado en cuanto a que la quiebra de la moral pública pudiera infiltrarse a las filas del ejército que era, obviamente, la única barrera entre el pueblo cubano y la anarquía. Batista pasó muchas horas con el Presidente Grau, señalándole los peligros del instante y urgiéndole a que apreciara cabalmente la necesidad de establecer un régimen que tuviese el respeto de la ciudadanía. En una palabra: diciéndole a las claras al Primer Mandatario que los frutos de la Revolución no podían ser el desorden, la violencia, el autobombo y las posturas de brazos cruzados; sino por el contrario, el restablecimiento del orden, el respeto al régimen y la adopción de un plan que tendiera a normalizar las cosas, de modo tal, que en un ambiente propicio pudiera cumplirse la sana voluntad del pueblo. Insistió con el Presidente para que hiciese caso omiso de banderías políticas y buscara a los hombres aptos para la gobernación, sin sectarismos. Grau no mostró interés alguno en las sugerencias de Batista. Y entretanto, los líderes de varias facciones políticas seguían exigiendo que Grau fuera sustituído. Batista demandaba paciencia, en la esperanza de que más tarde o más temprano Grau cambiaría sus métodos, aviniéndose a buscar un arreglo con los grupos que le combatían. Pero Grau continuaba obstinado.

Las condiciones empeoraban en Cuba y Batista decidió por fin recomendar al Presidente Grau que buscara nuevamente entre ambos una solución. Se pusieron de acuerdo sobre el sitio de la entrevista. Entrando el Coronel en el Palacio Presidencial vió que Antonio Guiteras, Secretario de Gobernación, se paseaba nerviosamente en uno de los salones. Se encontraron él y Batista y hablaron. "Vaya al despacho de Grau y convénzalo de que tiene que renunciar", urgió Guiteras. Y siguió diciendo: "Esto hay que terminarlo, y si no se termina pronto nadie sabe lo que pasará". Batista respondió a Guiteras, aconsejándole calma, y pasó al despacho del Presidente. El diálogo entre los dos hombres que estaban solos, no fué el usual de dos buenos amigos. Batista le dijo a Grau que la situación exigía ciertos cambios que no podían seguirse posponiendo indefinidamente. Este arguyó entre sí y no, pero sin prometer nada concreto. La discusión proseguía cada vez más subida de punto y ambos se pusieron de mal genio. Al final de la conversación el Jefe del Ejército advirtió a Grau de los peligros del momento. "Si las cosas continúan como están, a tí y a mí" —significó Batista— "nos van a tirar por esa ventana a la misma calle, porque el pueblo, sencillamente, no puede resistir esta situación por más tiempo".

La realidad era que Grau había tenido muy poco éxito en cuanto a lograr apoyo para su gobierno. Y cada día se hacia más evidente que no obtendría el reconocimiento de los Estados Unidos. Era bien sabido de todos, asimismo, que a menos que Grau alcanzara rápidamente tal reconocimiento su régimen no sobreviviría mucho más. La trifulca entre Grau y el Embajador Welles, por otra parte, era aún más amarga y enconada que antes de que el diplomático norteamericano dejara el país antillano en diciembre. Grau, muy molesto por la persistente oposición de Welles, llamó al Embajador para decirle que se había incubado una "conspiración internacional" para coartarle a su gobierno el reconocimiento de los Estados Unidos. E insinuó que creía que Welles tenía algo que ver con semejante conspiración. Esta agria queja en punto a lo que Grau denominaba un "boycot" contra su régimen hacía ostensible su creencia de que los Estados Unidos eran ciertamente responsables de que otros países vecinos tampoco hubieran reconocido su gobierno. Grau sabía que Welles y otros funcionarios norteños habían consultado a otros gobiernos de las repúblicas del hemisferio acerca de si a Grau debía o no reconocérsele.

Nunca amigo de los **yanquis,** la reacción de Grau a la

negativa de Welles fué la de tornarse más y más antinorteamericano. Tan era así que su enemistad comenzó a traslucirse en sus actos públicos. Esto preocupaba sobremanera a Batista, hombre de más sentido práctico que Grau. Batista y otros líderes sabían que las posibilidades del reconocimiento menguaban con cada nueva demostración contraria a los Estados Unidos. Ya hubiere sido por su enfado con Welles y su política de no reconocimiento o porque quería ganarse las simpatías de los elementos radicales anti-imperialistas del país, Grau impulsó una campaña contra los intereses norteamericanos en la Isla. No sólo toleró que los empleados de la Compañía Cubana de Electricidad (propiedad norteamericana) se apoderasen de la empresa, sino que llegó inclusive a calorizar semejante acción. Aprobó oficialmente la demanda de los obreros respecto de nombrar "un interventor" para manejar las plantas de la compañía en beneficio de los empleados. Y tal hecho, por supuesto, carecía de toda justificación legal.

La conducta de Grau en el caso de la compañía eléctrica desagradó a Batista, que tan pronto fué enterado del asunto empezó a actuar. Un día, a eso de la medianoche, supo que los empleados de la mencionada empresa se hallaban reunidos para acordar una declaración de huelga. Acompañado por su ayudante, Batista se llegó hasta el barrio de la Habana en que se ubicaba el local de estos empleados. Y cuando llegó la reunión estaba todavía celebrándose. Tocó a la puerta... y después de la sorpresa que experimentaron los presentes al ver allí al Jefe del Ejército, fué invitado a pasar. Batista se dirigió a los obreros pidiéndoles fueran razonables. Les señaló que el trabajo que ellos realizaban era de grandísima importancia para el pueblo de Cuba, solicitando que le ayudaran a mantener el orden. Los obreros le dieron las gracias y sus líderes pasaron a explicar que el Presidente Grau les había prevenido de que, si declaraban la huelga, el Ejército de Batista los atacarían. Si habían votado por ir a la huelga —aseveraron— fué como protesta contra la anunciada coerción.

Luego de sugerir que acaso todo se debiera a una posible mala interpretación del sentido de las palabras del Presidente Grau, Batista les aseguró a los allí reunidos que él como Jefe del Ejército, se responsabilizaría de los actos de la tropa, significando, además, que creía tan innecesaria como falta de objeto cualquier agresión a los empleados de la compañía de electricidad. Así, las cosas, la decisión de ir a la huelga fué dejada sin efecto y Batista prometió intervenir en el lío entre la empresa y sus trabajadores. Se llegó finalmente a un acuerdo y las propiedades fueron devueltas a la compañía. La solución del problema de los eléctricos fué una de las muchas tareas que se recargaban sobre los hombros de Batista en aquellos meses atorbellinados, pese a que necesitaba concederle la mayor parte de su tiempo a dirigir los asuntos de las Fuerzas Armadas, visto que casi genéricamente los oficiales de alta graduación eran jóvenes sin la debida experiencia.

Las relaciones entre Batista y los Estados Unidos mejoraron considerablemente al llegar a La Habana Jefferson Caffery, que sustituyó a Welles como Embajador después de la partida de éste en el mes de diciembre de 1933. Welles era el diplomático inflexible que reparaba poco en la personalidad humana. Para él lo importante en su trabajo como representante de los Estados Unidos eran el protocolo y los formalismos.

Los cubanos, por lo general, otorgan enorme importancia a las relaciones públicas. Son gente amigable, con una dosis excepcional de gracia y colorido en su carácter. Y de suyo admiran esas mismas cualidades en otras personas. Es más, uno de los dichos populares de este pueblo simpático, subraya efectivamente la susodicha característica nacional de este modo: **"En Cuba se puede ser todo, menos pesado".** Caffery y Batista se hicieron amigos casi antes de que el nuevo Embajador hubiere vaciado sus maletas. Welles había recibido algunos desplantes y gestos de desafío por parte de Batista. Pero Caffery no se vió enfrentando con tales barreras psicológicas en sus tratos con el Jefe del Ejército. Los dos hombres no siempre estuvieron de acuerdo. Mas, se respetaban y podían discutir sus diferencias sin altiveces ni superemotividades. Si las relaciones entre el gobierno de Batista y los Estados Unidos son amistosas hoy, esto se debe, en gran parte a la obra de Caffery en aquel quinquenio endemoniado de 1930.

Uno de los hechos más embarazosos que confrontó Caffery durante los años que cumplió sus funciones en Cuba fué el de la ocupación de pertrechos de guerra por el ejército cubano en el viejo edificio de la Embajada de los Estados Unidos en el barrio del Cerro en La Habana. El edificio no se había usado en los últimos años. Pero continuaba perteneciendo a Norteamérica y estaba bajo la custodia de un encargado de esa nacionalidad.

En la Prensa Asociada nos enteramos de la ocupación pocas horas después de efectuada. Se nos informó sobre el "descubrimiento" realizado por funcionarios del gobierno cubano y nos pareció un rumor más, sin fundamento. No podíamos comprender cómo y por qué se iba a encontrar tal cantidad de armas en el edificio en desuso de la Embajada. Y nuestras dudas aumentaron al decírsenos que pertenecían a la organización revolucionaria ABC. Era cierto que esta organización había venido planeando una revolución contra Batista hacía semanas. Pero en el Campamento de Columbia ví una lista completa de los pertrechos confiscados. Quise confirmar en el acto la insólita versión por boca del propio Embajador Caffery. La noche había avanzado bastante y me ví compelido a localizarle en su residencia. Caffery era siempre directo y claro en sus respuestas a los periodistas, y que con frecuencia solía poner énfasis en afirmar que él no era del tipo escurridizo de alto burócrata del gobierno. Pero cuando le pregunté sobre las armas lo que me contestó entre recovecos extraños no fué prácticamente nada. Llamé entonces a Larry Haas —de la Prensa Unida— y le interrogué respecto del hallazgo de marras, indagando de él me dijera si había oído algo. La pregunta sacó a Larry de su cama. Al poco rato estábamos reunidos para elucubrar un plan inquisitivo estratégico. Por fin Larry telefoneó a Caffery, hablándole como si ya conociera los detalles todos del asunto. Caffery tuvo que confesar que algo por el estilo había acontecido. Sin embargo, trató de restarle interés al asunto, diciendo que carecía de verdadera importancia. A nosotros nos parecía lo contrario, pues durante meses los Estados Unidos habían reiterado puntillosamente lo que habían afirmado en sus declaraciones iniciales, o sea: que en ningún momento intervendrían en los asuntos internos de la política cubana. Enviamos nuestros reportes a New York y tratamos de averiguar más al día siguiente. Aunque nunca pudimos completar todos los detalles, encontramos que un sereno norteamericano estacionado en el edificio de la vieja embajada había puesto en conocimiento del Ejército cubano que el ABC depositó armas allí con el permiso de un funcionario de los Estados Unidos. Pero las armas fueron almacenadas en aquel lugar con mucha antelación a que Caffery hubiere venido a Cuba, de modo pues, que éste no podía hallarse envuelto en el sorprendente asunto.

Los representativos del gobierno norteamericano en la Isla tenían una incuestionable ventaja en sus negociaciones con Batista en tan intranquilos tiempos. Y la tenían por la equilibre razón de que los Estados Unidos eran su mejor mercado azucarero. Por muchos años Cuba había gozado de un arreglo especial sobre su producción de azúcares, referido a un régimen de cuotas que comportaba efectivamente un privilegio con respecto a las demás áreas productoras y por ende, un mercado garantizado para cada zafra anual de la Isla. Dicho convenio, por lo demás, otorgaba a Cuba un trato preferencial en orden a derechos arancelarios.

Como quiera que la industria azucarera es la más importante de la Perla de las Antillas, cualquiera amenaza contra este status tan conveniente que Cuba disfrutaba con

Estados Unidos era, —tenía que serlo— un asunto realmente grave. De hecho le habría ido sumamente difícil a cualquier gobierno, provisional o no, sostenerse en el Poder en Cuba si con sus actuaciones provocase la cancelación del convenio azucarero con Norteamérica. Y aunque Batista conocía todo esto muy bien, no era algo ignorado que los representativos del gobierno norteño se encargaban, de vez en cuando, de refrescarle la memoria al Jefe del Ejército, sobre los obvios peligros que entrañaba la revocación de esta entente azucarera.

Pero Batista lee mucho. Siempre ha leído mucho. Y no sólo libros, sino también la prensa diaria. Precisamente en aquellos mismos momentos en que Batista trataba de resolver algunos de los problemas nacionales, el Presidente de los Estados Unidos habíase visto en la necesidad de defender la política azucarera cubano-norteamericano de los ataques que le hacían ciertos intereses azucareros de los propios Estados Unidos, ya que no podían ver con buenos ojos las ventajas que Cuba tenía en disfrute. El Presidente Franklin D. Roosevelt —para acallar las reclamaciones de los intereses azucareros norteños— formuló una declaración pública en la que se comprometió, de modo inequívoco, a la defensa del sistema de cuotas para el azúcar cubano. Y visto que la importantísima declaración recibió muy amplia publicidad, se hacía demasiado difícil creer que fueran a ser eliminados los preferenciales azucareros de que Cuba gozaba, con el mero afán de obtener una cierta ventaja sobre Batista. ¿Cómo iba el Ejecutivo norteamericano a desmentirse, destruyendo aquello que tan hábilmente defendía en los mismos Estados Unidos? ¿Cómo podría eliminar el privilegio a Cuba cuando acababa de decirle al mundo que tenía que ser mantenido? Desde aquel momento, por consiguiente, la posibilidad de perder la cuota azucarera norteamericana no asustaba a nadie en Cuba, y muchísimo menos que a cualquiera, al Coronel Batista.

Capítulo 18

DECURSADAS las festividades pascuales del año 1933, se hizo ostensible que Grau no podía continuar en la Presidencia de la República. Contra su régimen se había venido formando un compacto frente. Y todo parecía indicar otra crisis en puerta. La Oposición abarcaba casi todas las organizaciones revolucionarias, siendo así que las demostraciones populares contra Grau eran casi cotidianas. Hasta el mismo grupo estudiantil que le había apoyado siempre, había pasado a denunciar públicamente los errores de su régimen. Manifestaciones protestarias se sucedían en las calles habaneras, en las que se pedía, a grito pelado, la destitución de Grau. En estas insolubles condiciones Batista llamó a los líderes de los diverso grupos revolucionarios y a los jefes de los partidos políticos para —en un esfuerzo de consuno y urgente— buscarle sustituto al profesor de Fisiología de la Universidad, tornado en político falluto y en Primer Magistrado en precario.

El nombre de Carlos Mendieta, uno de los líderes más respetados en la lucha contra Machado, se había repetido muchas veces por aquellos días. Todo indicaba que su designación al supremo cargo de Presidente Provisional iba a tener el respaldo del pueblo. Pero se sabía, asimismo, que al Coronel Mendieta no le interesaba la gran silla. Batista —gran admirador de Mendieta— decidió visitarle para inducirlo a que asumiese la primerísima posición del gobierno. Conocíanse bien las cualidades suasorias de Batista, ya probadas en las múltiples oportunidades ofrecidas desde la Revolución de los Sargentos. Se concertó una entrevista entre el Jefe del Ejército y el Coronel Mendieta para la tarde del 13 de enero de 1934, en la finca de un amigo mutuo. Batista siempre ha considerado que aquella entrevista con Mendieta fué trascendental entre las tantas en que hubo de participar desde los días de la Revolución.

Después de los saludos y formalidades de rigor Batista inició el diálogo. Había acudido a la entrevista plenamente convencido de que en aquellos instantes decisivos, sólo Mendieta podía salvar el país. Y sabiendo muy de veras que tendría que esforzarse al máximo para convencerle de que ocupara la Presidencia de la República, Batista se expresó con más fervor que nunca: "Coronel Mendieta, —comenzó diciendo— "estoy hablándole en nombre de Cuba, y a plenitud de responsabilidad" (Batista decía esto con el alma en cada palabra y el pequeño grupo que presenciaba la escena y escuchaba la conversación se percataba de ello). "Soy hijo de un mambí" —añadió— "de un soldado que peleó como usted, por la independencia de Cuba. No tengo que insistirle sobre la gravedad del momento actual porque usted mismo la comprende y la vive. Estoy solo, casi solo, en esta vorágine de confusión y anormalidad. Me falta experiencia y no tengo respaldo histórico que me soporte para asumir el tremendo trabajo de resolver los problemas nacionales. Es deber de todos nosotros servir a Cuba y el vuestro es mayor aún que el de cualquier otro hombre en estos instantes. No estoy ciego y comprendo que hacerse cargo de la Presidencia Provisional de la República hoy por hoy, representa un gran sacrificio; pero usted ha confrontado y vencido obstáculos mayores durante su vida. El pueblo tiene fe en usted y el país necesita de vuestro liderazgo, de vuestro prestigio y de vuestro carácter. No me hago ilusiones y sé que usted tampoco se las está haciendo. La situación está preñada de peligros; pero la voz pública lo respalda a usted y se le mira como un símbolo, como el hombre que puede resolver ahora los problemas de Cuba —problemas que el Dr. Grau jamás podrá solucionar. La estructura social del país ha sufrido un colapso; la ley no existe, y la fe de los ciudadanos está destruída.

Queda usted; solamente usted. Como patriota y como cubano no puede negarle su ayuda a Cuba y a su pueblo".

Batista posee un talento especial para hablar y hacerse oír en cualquier circunstancia. Poder usar de la palabra con don convincente cuando el caso exige un discurcurso o un planteamiento específico, es algo que sólo pueden hacer los grandes líderes revolucionarios. Batista nunca tuvo tiempo para escribir sus discursos en los días en que gestaba y dirigía la Revolución. Pero por lo general, nunca inadvirtió la importancia de lo que decía en algún instante crucial y anotaba luego sus fundamentos esenciales. Tenía la costumbre de tomar notas taquigráficas inmediatamente después de pronunciar sus discursos de trascendencia para archivarlas. Esas notas han llegado a ser documentos muy valiosos para los historiadores contemporáneos de Cuba.

La súplica de Batista a Mendieta fué sin duda una gran oración. Una de las más convincentes alocuciones suyas, y el Coronel Mendieta hubo de escucharle atento e interesado. Batista creyó haberlo convencido y aguardaba entre seguro y ansioso la respuesta. "Ya que me habla usted en nombre de Cuba", —contestó Mendieta— "puede contar conmigo". Sonrió al estrechar la recia mano franca del Jefe del Ejército, que se sentía feliz, con la honda convicción de que los problemas de Cuba iban a solucionarse en un plano de patriotismo, muy por encima de las comineras disputas políticas de los últimos meses. Pensaba que Grau aceptaría el plan de instalar al Coronel del Ejército Libertador, Carlos Mendieta, en la Presidencia de la República... y se marchó en seguida a visitar al profesor-Presidente.

La conferencia entre Grau y Batista fué fría, pero no hostil. El uno le dió a conocer al otro su plan para situar a Mendieta en la Presidencia. Y Grau pareció advertir que la situación cubana asumía más gravedad que nunca antes. Finalmente, después de varias horas de conversación, Grau le dijo a Batista que no sería obstáculo para una salida patriótica; y que si Mendieta, o cualquier otro cubano con apoyo popular estaba dispuesto a sustituirle en la Presidencia, —él —Grau —renunciaría ipso facto. La única condición que ponía Grau era la de que su dimisión tendría que hacerla ante la Junta Revolucionaria original, integrada por diez y nueve personas. Esto resultaba un verdadero problema por la sencillísima razón de que la Junta creada en septiembre de 1933 habíase desbandado hacia meses, casi inmediatamente después de sus primeras gestiones. Mas, Batista aceptó el requisito y se dió a la improba tarea de reunirla con sus diez y nueve miembros consabidos. Tuvo éxito. Se convocó la reunión para las once de la noche del día 14 de enero en el Campamento de Columbia.

La renuncia fué presentada. Inmediatamente de ello se desató un violentísimo debate entre el pequeño grupo de íntimos de Grau, encabezado por Rubén de León y varios líderes del movimiento genérico que pretendía sustituir a Grau. Cuando más candente era el debate, Rubén de León se dirigió directamente a Batista de esta manera: "No olvides Batista" —le dijo— "que siempre se puede hallar una bala para un dictador". Batista ripostó a tono: "Consideraré eso como uno de tus chistes y te perdonaré porque estás en mi casa. Aquí estoy rodeado de fuerzas leales. Y aquí nos encontramos para rendir una labor patriótica en favor del pueblo de Cuba, que no pertenece ni a ti ni a Grau, ni a Mendieta ni a mí". Batista se vió compelido a refrenar a varios de los oficiales del ejército que estaban presentes, y la reunión se declaró en receso a las cuatro de la madrugada, sin más incidente, pero sin llegarse a un acuerdo. Los asistentes convinieron en reunirse otra vez aquella misma mañana.

Y así lo hicieron. Se reinició el debate. Batista había llegado a tiempo. Mas algunos de los otros se habían reunido antes y tenían preparadas tres proposiciones para someterlas a la junta completa. La primera pretendía retener a Grau en la Presidencia, pero con un nuevo gabinete. La segunda se resolvía en un candidato de transacción: Carlos Hevia, y la tercera proponía a Mendieta. Mientras tanto, Mendieta había mandado a decir que apoyaba a Hevia.

Habiéndose retirado Mendieta, Batista aceptó la segunda propuesta, es decir, la designación de Hevia, aunque sabía que éste no contaba con el favor de grandes sectores ciudadanos.

La incumbencia del Presidente Provisional, Carlos Hevia, que había sido Secretario de Agricultura en el denominado gobierno mediacionista de Céspedes, a raíz de la caída de Machado, fué bien corta. Menos de un par de días. Los grupos políticos más importantes de Cuba no lo apoyaron. Para la opinión pública había sido impuesto a la nación. Comprendiendo al cabo que su postura no era firme, Hevia le cursó su renuncia a Batista, quien a su vez la trasladó a Mendieta, con la encarecida solicitud de que aceptara la Presidencia de la República sin más demora. Mendieta convino en prestar ese servicio a Cuba y horas después, los líderes políticos más destacados se reunieron para designarlo. Juró el supremo cargo el 18 de enero.

La exaltación de Mendieta a la primera magistratura de la República surtió un efecto balsámico estabilizante sobre el país. Mas, no por mucho tiempo. Reincidieron los desórdenes en La Habana. Y una vez más, Cuba se vió atosigada por las huelgas, asaltos, plagios, asesinatos políticos y el más desorbitado y mórbido terrorismo.

Capítulo 19

UNO de los más empecinados desatadores de perturbaciones que pasara por el meridiano político de Cuba en la segunda mitad de 1933 hasta principios de 1935, lo fué el doctor Antonio Guiteras Holmes. Era ciertamente un tipo de novela de aventuras, que habia fundado un grupo revolucionario medio nihilista, que bajo su égida y la bandera de una organización denominada "Joven Cuba", libraba una pertinaz campaña de terrorismo a través de toda la Isla. Quizás fuera la Joven Cuba, pero hubiera podido intitularse igualmente, o mejor, la Joven Rusia.

Guiteras, hijo de madre norteamericana y de padre cubano, nació en los alrededores de Filadelfia a principios de siglo. Vino a Cuba de niño y trabajó más tarde como viajante de productos farmacéuticos. Ingresó a la política en la Universidad de la Habana, de donde fué expulsado en 1927 como opositor estudiantil a la Prórroga de Poderes del Presidente Machado. Muy pronto habia despuntado en él la afinidad por los senderos de la extrema izquierda social. Pequeño de estatura y padeciendo una seria enfermedad de los ojos, Guiteras —Tony, como le llamaban habitualmente— no encarnaba al lider agresivo y perdonavidas. Preferia trabajar en la sombra. Y en asuntos de agitación pública era una autoridad. Pasaba muchas horas estudiando la historia de las revoluciones del mundo, y cuando lo permitía la ocasión, solía hablar largo y tendido sobre el tema. La idea de que la revolución era la única vía segura para curar cualesquiera y todos los males políticos y sociales era su obsesión; y se autoconsideraba un especialista en tal campo.

Guiteras había sido muy activo en la campaña contra Machado, tornándose por ello en una figura nacional después de la caída del gobierno de Céspedes en el otoño de 1933. Grau San Martín, fungiendo de Presidente provisional de la República, —a sugerencia de algunos revolucionarios— escogió a Guiteras para el cargo de Secretario de Gobernación. Esta fué la primera y única vez en su vida que Guiteras se identificó con algo siquiera semejante al orden establecido. Líder de minorías nacional y socialmente disgustadas, siempre acampaba junto al desorden y al terrorismo. El breve lapso que sirvió en el gabinete de Grau no fué feliz para este joven obsedido por ideas extrañas. Detestaba la conformidad y era un sujeto permanentemente inquieto y molesto. En noviembre de 1933 —después de fungir de Secretario de Gobernación por dos meses —anunció que renunciaría. Alegó que el régimen de Grau no era de izquierda. O por lo menos, no lo suficientemente izquierdista para ser de su agrado. Significó que trataría de crear un nuevo gobierno presidido por los trabajadores, los soldados, los marinos y los pequeños empresarios. Bien sabía Guiteras que el establecimiento de tal régimen resultaba un imposible. Mas, hizo aquellas declaraciones con la sencilla intención táctica de ganarse el apoyo de más fanáticos para su nueva campaña de desconciertos. A pesar de ello, permaneció en el gabinete de Grau por algún tiempo después de haber anunciado su renuncia. Desempeñaba entonces la doble función de Ministro del Interior y de la Guerra. Pero al fin rompió con el gobierno, y en especial con el Coronel Batista. Esta ruptura marcó el inicio de una larga contienda entre los dos hombres, y eventualmente tronchó en forma abrupta la carrera de este hombre, medio norteamericano, medio cubano y completamente marxista en sus proyecciones.

Abandonado el Gobierno, organizó Guiteras una organización de jóvenes adictos y se propuso el fomento de cotidianos desórdenes. En una campaña de terror muy bien planeada, los guiteristas de la Joven Cuba pusieron bombas, libraron batallas de tira y corre contra todo lo que se les opuso —especialmente contra sus enemigos políticos— y malgastaron el tiempo en amedrentar la población. En Cuba se ha dado en llamar **tiroteo** a cualquier fuego de pistolas, rifles o ametralladoras que se prolongue un poco. Y, en los días revolucionarios de 1933 a 1934, se utilizaba más bien como un arma psicológica. Con excepción de las bombas, nada había tan conturbador para los habitantes de las ciudades de Cuba que aquellos tiroteos nocturnos a través de las obscuras azoteas de los edificios ubicados en el corazón de las ciudades. Esto destruía la moral pública de tal suerte que, si el método se prolongaba por mucho tiempo, llegaba a entronizar un estado colectivo de pánico. Los terroristas utilizaban el procedimiento para poner en aprietos al Gobierno y a su Fuerza de Policía, sirviéndole, además, para "jaquear" a sus enemigos políticos. Los métodos de mano de hierro de los guiteristas causaban tribulaciones a los ya exasperados comerciantes y hombres de negocio, que si titubeaban en contribuir a los "fondos revolucionarios" de Joven Cuba, veían sus establecimientos saltar hechos añicos por las bombas. Los enemigos políticos, parejamente, eran capturados y ejecutados por los gangsters que escondían aparentemente su condición de tales tras el eufónico nombre de Joven Cuba. Se denominaban revolucionarios, porque sonaba mejor que pandilleros, pues no otra cosa eran. Amenazaban, secuestraban, fabricaban y ponían bombas, chantajeaban y mataban. Y todo por supuesto, en nombre de "la revolución".

En aquel período en que Guiteras actuaba con su Joven Cuba las bombas estallaban intermitentemente noche por noche, llegándose a consignar en la ciudad de La Habana la friolera de ciento treinta y tres en una sola jornada comprendida entre el ocaso y el alba. Nada de heroico había en la colocación de una bomba de tiempo en el hogar de un enemigo político. Pero era lo que en verdad podía esperarse de los carbonarios guiteristas. Siempre eludían las refriegas de tipo abierto, de hombre a hombre. Finalmente llegaron a constituir tal amenaza pública que Batista cursó las órdenes para acabar con la banda. Guiteras se escondió, permaneciendo inactivo por un breve lapso. Ya en esta fecha había cobrado siniestra celebridad. Tan mala era su reputación y la de sus secuaces que se haría práctica común el culparles de todas las ilicitudes que se cometían en el país.

Los periodistas hicieron de Antonio Guiteras algo así como una figura romántica y los crímenes cometidos por su organización sirvieron de base para muchas informaciones sensacionales, tanto en Cuba como en el extranjero. Cuando tenía lugar el perseguimiento de Guiteras por fuerzas de Batista, decidí entrevistar al jefe de Joven Cuba. Parecía algo difícil a la sazón, pero periodísticamente bien que valía cualquier esfuerzo en tal sentido. Supe que donde quiera que se encontraba recibía mensajes de su gente, e inclusive por escrito algunas veces. También llegué a conocer la identidad del muchacho que le llevaba los recados a Guiteras, y me dispuse —como quien no quiere las cosas— a vigilar sus movimientos.

Por fin un día espié al huidizo mensajero escabulléndose por una calle oscura de La Habana. Rayaba el filo de la media noche y por su comportamiento comprendí que el muchacho andaba en misión secreta. Le vi entrar en una casa de dos pisos y momentos después salir como alma que lleva el diablo y desaparecer en la obscuridad. Pasados unos cinco minutos entré al edificio. La escalera que conducía al segundo piso estaba cerrada por una verja de hierro con el pestillo pasado. Podía escuchar voces pero no veía a nadie. Oprimí el botón del timbre eléctrico y esperé. El rumor de voces se apagó. En breves segundos una voz de mujer preguntó quién llamaba. No podía verla realmente, pero advertí que hablaba el español con un ligero acento norteamericano. Tenía que ser la madre de Guiteras. Me identifiqué y le dije que quería hablar con ella acerca de Antonio. Después de decirme que nada sabía de él, por fin hizo funcionar la conexión que soltaba el pestillo de la verja y pude pasar al segundo piso.

La señora Guiteras me aguardaba en el descanso de la escalera. Me lució como cualquier ama de casa de Pennsylvania: un poco gruesa, con cerca de cincuenta años y... visiblemente molesta por mi visita. Hablé con celeridad e insistí en que mi propósito era ofrecerle a su hijo la oportunidad de negar los cargos que se le imputaban. Me respondió afirmándome que desconocía totalmente el paradero de Antonio. Pero que, de poder localizarlo me avisaría. Volví a las oficinas de la Prensa Asociada y esperé, pero dudoso del éxito.

Una semana después dos desconocidos entraron en las oficinas de la Prensa Asociada, ya tarde en la noche. No tenían cara de amigos. Uno de ellos pronunció mi nombre y me pidió saliese al patio. Ya fuera de la oficina me preguntaron si quería ver a Tony. Por supuesto que les contesté afirmativamente. Entré entonces a un viejo automóvil de turismo con sus cortinillas bajas. Al entrar yo en él, uno de mis visitantes misteriosos me dió una venda, sugiriéndome que quizás quisiera cubrirme los ojos. Como a los quince minutos de marcha fuí sacado del auto e introducido en un edificio. Cuando se me quitó la venda, vi un grupo de hombres de pie formando un círculo y vueltos hacia su centro. Todos estaban armados con pistolas. Uno de mis escoltas hizo la señal y el círculo se abrió. Dentro del estrecho cerco aparecían dos sillas y en una de éstas se encontraba sentado Antonio Guiteras, el famoso ex-viajante de farmacia, quien durante meses había mantenido a Cuba en jaque —Guiteras el hombre a quien Batista buscaba afanosamente a través de toda la Isla. Sonrió y me invitó a que me sentara en la silla contigua, frente a él y a un pie escaso de su propio asiento. Una pistola automática que aprisionaba en la mano, a sugerencia mía la dejó en el suelo, debajo de la silla Yo había conocido a Tony cuando formaba parte del Gobierno y sabía por tanto, que hablaba un inglés perfecto. El abrió la conversación: "¿Por qué quería verme usted?" —Yo le respondí que deseaba conocer algún ángulo de su vida al cual no se hubiere prestado suficiente atención. Inmediatamente se destapó en una arenga contra los Estados Unidos y contra Batista. Y acto seguido negó haber tenido relación alguna con el noventa por ciento de los crímenes y hechos que se le atribuían a él y a sus compañeros. La entrevista duró unos diez minutos. Y cuando yo ya estaba listo para marcharme, Guiteras me llamó aparte —fuera de alcance del oído de sus guardaespaldas— y me dijo: "Yo sé que por razones de su condición de corresponsal extranjero usted ve a Batista con frecuencia. Estoy seguro de que no dirá una palabra acerca de dónde me vió". —Le prometí que no hablaría. Sonrió y luego agregaría: "Ese señor es el único individuo a quien siempre he respetado... el único que siempre me ha preocupado".

Guiteras cambiada de escondite reiteradamente. Pero persistía en su campaña terrorista contra el gobierno y contra el orden público. Los cuentos sobre sus hazañas se hicieron novela y leyenda, y, en la primavera de 1935 fué secuestrado el hijo de una rica familia habanera, pidiéndole una fuerte suma de dinero por su rescate. Los periódicos informaron que la cantidad exigida por los plagiarios era de medio millón de pesos, agregando que dicho dinero sería utilizado para costear una 'revolución". La policía trabajó febril y tenazmente en el caso. Pero no pudo evitar que se pagase el rescate. La familia del joven se puso en contacto con los secuestradores y pagó, según los rumores, la libertad de éste. La creencia general sobre el caso era la de que este dinero había sido entregado a la gente de Guiteras y que el pago fué realizado en México, a un emisario del propio líder de Joven Cuba. Esto aceleró la búsqueda de Antonio. Y al estrechársele más y más el cerco del ejército y la policía, concibió el plan de huir de Cuba... sin recurrir al expediente del asilo diplomático. Esperaba escapar por la Bahía de Matanzas, a unos cien kilómetros al este de La Habana. Y claro está, como todas sus acciones, el plan de fuga no careció de sus consabidos ribetes de aventura. Guiteras, con una docena de sus más íntimos lugartenientes, habían de esconderse en el viejo fortín del Morrillo en dicha bahía cierta noche, hasta que llegara una señal desde el mar que le haría un bote anclado bien afuera. El bote había sido contratado para llevarlo a él con su estado mayor a un lugar más seguro en playas extranjeras. Resultaba irónico que Guiteras buscara seguridad en el país que tan fervientemente detestaba: la tierra de su nacimento, los Estados Unidos de América.

Pero Guiteras nunca llegó a la costa de la Florida. Lo balacearon a orillas de la Bahía de Matanzas en el único combate hombre-a-hombre que sostuviera con las fuerzas de Batista. Uno de sus compañeros le traicionó, delatando sus planes al ejército y los soldados se movieron cercando el fortín desde el cual habría de escapar a la embarcación que le esperaba. Toda el área fué iluminada por potentes reflectores. Los soldados ordenaron a Guiteras y a sus hombres que saliesen del fuerte con las manos en alto. La orden fué contestada con una ráfaga de ametralladoras que salió desde el fortín y dos de los soldados de Batista rodaron por el suelo, muertos. Luego de una breve pausa, la demanda fué reiterada, y uno o dos de los guiteristas obedecieron. Pero Tony, quitándole uno de los fusiles-ametralladoras a un compañero, salió fuera del fortín disparando, en un desesperado esfuerzo por salir de la trampa del Morrillo.

No hace mucho tiempo, un grupo póstumo de jóvenes simpatizadores de Guiteras —ninguno de los cuales tenía edad suficiente como para haberle conocido— erigió un blanco monumento de piedra allí en las orillas rumorosas de la Bahía de Matanzas, donde quedara trunca la impetuosa carrera de Antonio Guiteras, cuyo fin violento y dramático tuvo lugar la noche del 8 de mayo de 1935.

Capítulo 20

RESULTO muy desalentador para Cuba, como para Batista, que tanto había trabajado por conseguir que el Coronel Mendieta asumiera la Presidencia provisional de la República, que el prestigioso mambí no pudiese estabilizar la situación política del país, restableciendo la confianza nacional en el Gobierno. En el período de dos años que Mendieta estuvo en el Poder, poco se logró en cuanto a darle efectiva tranquilidad al país. Ya en las postrimerías de su mandato los desórdenes tornáronse más agudos y virulentos.

Bajo el mandato de Mendieta tuvo lugar la terrífica Huelga de Marzo de 1935, organizada y dirigida por el Partido Comunista de Cuba, fundamentalmente. Aunque participaron en ella otras organizaciones estudiantiles y revolucionarias, como por ejemplo el ABC, los comunistas manejaron nacional e internacionalmente el evento. Fué particularmente notable que siendo el ABC una facción ideológicamente de centro-derecha nacionalista, le hiciese el caldo gordo a los moscovitas en aquella ocasión.

La Huelga de Marzo, —en la que es justo señalar que se negó a tomar parte Antonio Guiteras— representó una absurda derrota para las juventudes revolucionarias insertadas en importantes departamentos del gobierno, después del triunfo de la Revolución de los Sargentos. Se inició el movimiento huelguístico en el Hospital Municipal de Emergencias de La Habana, siendo Alcalde el Dr. Miguel Mariano Gómez. El motivo original no fué otro que unas reclamaciones baladíes de los alumnos internos de aquel centro. Los comunistas, a través de la Confederación Nacional Obrera de Cuba y de sus colaterales en infinidad

181

de actividades públicas, apoyaron la huelga con la delibe-
ración consiguiente de agregarle gran cantidad de deman-
das y convertirla en un evento "anti-imperialista" de tipo
insurreccional. Los líderes universitarios se dejaron llevar
por la demagogia, y el ABC y el entonces naciente partido de Grau, se sumaron al intento "putchista". Ante
un huracán de tamaña magnitud, Batista tuvo que apre-
tarse muy seriamente el cinturón. La cuestión no era la
de utilizar violetas y jazmines para detener aquel alud
creado e impulsado por el Comunismo Internacional. Había
que vencer o morir, según era la consigna de los jefes huelguistas de Marzo. Ante el encontronazo con la Fuerza Pública encargada de cuidar del orden y la paz en la nación,
habría muertos y heridos de ambas partes. Pero, como en
la Batalla del Hotel Nacional y la Insurrección de Noviembre, Batista triunfó una vez más. Mas por lo que podía
apreciarse, Cuba seguía en su paso trancado de dificultades
cada vez mayores. Al cabo, el Coronel Mendieta renunció
en diciembre de 1935. Le sucedió José Barnet, Secretario
de Estado, quien había de ocupar la Presidencia hasta
tanto se llevaran a vías de hecho las elecciones de 1936.
Según entraban y salían estos presidentes provisorios, se
iba haciendo más patente que el único líder verdadero emanado de la Revolución era Batista mismo. Pero, con dis-
creción y buen tino, se mantenía entre bastidores favoreciendo la exaltación hegemónica de líderes civiles. La negativa de Batista respecto a instalarse en la jefatura del estado era congruente con la línea de conducta que se hubo
trazado a raíz del derrocamiento del gobierno fugaz de
Céspedes, cuando él no era más que un simple sargento.
Por entonces la Junta de los Diecinueve, a la que Batista
entregara el Poder el 4 de septiembre de 1933, le instó a
ser uno de los jerarcas de la Pentarquía a cuyo cuidado
habíase puesto la dirección y administración de la cosa pública. El respondió rehusando el ofrecimiento con estas con-
dignas palabras: "Me siento más feliz que nunca, pero no
creo que deba aceptar. No me parece razonable permitirme

prestar servicios en una comisión con cuatro cubanos de tanto conocimiento y experiencia. Cooperaré a plenitud y luego habré de retornar a mis deberes como Sargento; deberes que he cumplido hasta este momento".

Batista tenía el criterio de que la provisionalidad tenía que ser dirigida por civiles. Y que debían celebrarse elecciones generales lo antes posible. Tan convencido estaba de ello que continuó prestándole su apoyo a los varios presidentes nombrados por los líderes civiles de la Revolución, aunque, en rigor ,algunos de los designados estaban obviamente fuera de toda cualificación para asumir tan alta magistratura.

Unos meses después de que el señor Barnet ocupara la jefatura del Estado, Cuba celebró sus primeros comicios libres en años. El candidato del gobierno lo fué el doctor Miguel Mariano Gómez, ex alcalde de La Habana y figura popular entre los grupos revolucionarios. Tenía por contrincante al General Mario G. Menocal, ex-presidente de la República y patriarca que acaudillaba la política tradicional. Gómez ganó con facilidad. El pueblo estaba contento, no tanto por la victoria de Miguel Mariano, como por el hecho democrático de que había sido electo un Presidente de la República en unos comicios libres y pulcros. Parecía que al fin Cuba se aproximaba a la estabilidad política. Mas, el regocijo desapareció pronto. Antes de que Gómez hubiera cumplido un año en la Presidencia, chocó para su mal con el Poder Legislativo.

Según lo alegado por el Congreso, el Presidente Gómez había violado uno de los postulados básicos de la Constitución, tratando de ejercer influencia o coacción sobre el Poder Legislativo. Se discutía a la sazón una ley referida a un impuesto o pequeña cuota por cada saco de azúcar, y Miguel Mariano se oponía a dicha medida. El impuesto sería aplicado al sostenimiento de las centenares de escuelas rurales que Batista había establecido a lo largo de la Isla y el proyecto de ley, contaba, desde luego, con el pleno respaldo de los amigos de Batista en la Cámara y el Senado. Se incoaron procedimientos sumarios para acusar al Presidente Gómez. Se decía también, que éste había tratado de quitarle ciertas sinecuras a determinados miembros del Congreso que eran patrocinadores del proyecto del impuesto a cada saco de azúcar. La Nochebuena de 1936, pues, los congresistas votaron la destitución de Miguel Mariano Gómez. Por tal motivo, pasó a ocupar la primera magistratura de la República el Vicepresidente, Federico Laredo Bru.

Por suerte para Cuba, Batista no se limitaba a observar y sostener el interminable desfile de figuras presidenciales. Había problemas urgentes que resolver; asuntos que eran de vital importancia para la Nación y cuyas soluciones no siempre estaban a mano en el Palacio Presidencial. En los comicios de 1937 los desórdenes públicos empezaron a amainar en Cuba con el derivado progreso del país. Ya era un hecho la total reorganización de las Fuerzas Armadas y de la Policía Nacional. La moral del ejército era excelente y Batista podía dedicar más tiempo al desarrollo de nuevos proyectos en los campos de la educación y la salubridad.

Uno de los planes primeros que Batista acometería en 1933, elevado ya al rango de Jefe de las Fuerzas Armadas, fué el de ofrecer mejores y mayores oportunidades de instrucción a los niños campesinos. Cuando ya las cosas del Estado marchaban con más serenidad, podría prestarle más atención a este proyecto. Batista sabía —por propia experiencia— cuán difícil le era a los muchachos residentes en los apartados rincones del agro adquirir siquiera la más rudimentaria educación. Grandes extensiones de Cuba todavía aisladas, amén de las dificultades del sistema de transporte abundaban para impedir la posibilidad de culturización de los hijos de campesinos. El régimen de carreteras de la República consistía en una arteria central que corría de un extremo al otro de la Isla —mil cien kilómetros de Este a Oeste— y no había las suficientes y necesarias carreteras laterales ni los caminos vecinales para beneficio de cuantos habitaban al Norte o al Sur de la carretera principal. Batista comprendía que a los niños de estas regiones apartadas les era poco menos que imposible asistir a los centros de enseñanza ubicados, casi siempre, cerca de las poblaciones urbanas y paralelos a la vía central. Imperiosa resultaba, por eso, la necesidad de llevar la instrucción hacia ellos, que no podían buscarla en los insuficientes lugares que estaban generalmente alejados de sus medios accesibles.

Por aquella época los índices de analfabetismo en Cuba alcanzaban más allá del setenta por ciento, no existiendo los fondos estatales presupuestados para las nuevas escuelas que Batista estaba empeñado en establecer por vía experimental. El Ejército mantenía un puesto de la Guardia Rural en casi todos los caseríos y poblados del país. Batista había servido en dicho cuerpo y conocía que buena parte de la vida social de las comunidades pequeñas aisladas se desenvolvía en torno a estos puestos. ¿Por qué, pues, no hacer lo necesario para que se impartiese enseñanza en estos puestos de la Guardia Rural? ¿Por qué no hacer lo imprescindible, aunque las primeras lecciones se limitaran a las cuatro reglas y a leer y a escribir ,tanto a los niños como a los adultos?

Esta idea tan sencilla fué la base sobre la que Batista estructuró uno de los sistemas de impartir educación más notable jamás concebidos. En poco tiempo unas setecientas escuelas estaban funcionando y el número crecía semana por semana. Los miembros de las clases del ejército, con preparación adecuada, fueron designados a las regiones en que actuaba la Guardia Rural. Sirvieron de maestros, y se creó un nuevo rango militar: el del Sargento-Maestro, o Sargento Cívico-Militar. Entretanto, se levantaban nuevos edificios para escuelas en muchos rincones de la campiña; algunos de éstos sumamente sencillos, y poco a poco la organización de escuelas rurales de este tipo fué adquiriendo fisonomía propia.

Como quiera que no se contaba prácticamente con fondos estatales presupuestados para tal empeño educativo, Batista utilizó los del ejército para este laudable fin. Al popularizarse el movimiento, aumentaron las necesidades de maestros, siendo así que Batista tuvo que recurrir a los alistados que tuviesen por lo menos, instrucción primaria. Para hacerle frente a esta creciente demanda, estableció una escuela normal, donde hombres y mujeres eran entrenados para la enseñanza en los medios rurales. En breve tiempo el número de escuelas se había elevado a mil trescientas. El sistema resultaba un modelo de buena organización. El país había sido dividido en cuarenta zonas y en cada una de ellos se estableció una misión rural. Cada misión estaba compuesta por un equipo de siete maestros, especializados en asuntos tales como: pedagogía, agronomía, artes domésticas, higiene, medicina veterinaria, cirugía dental y labores de oficina. Además de las escuelas diurnas, se crearon algunas vocacionales para internos denominadas Hogares Campesinos. Durante varios años este sistema de escuelas rurales permaneció bajo la égida del Ejército y florecería prodigiosamente. En 1940, cuando Batista fué electo Presidente, pasó a manos del Ministerio de Educación. Estaban funcionando entonces casi dos mil escuelas rurales y miles de niños cubanos hijos de campesinos recibían un aprendizaje básico-práctico que no conllevaba el estímulo al éxodo, sino que tendía al arraigo del joven del campo a su medio para superarlo.

El proyecto de las escuelas rurales comportó, al final del Gobierno de Batista, su mayor contribución a Cuba. Y esta es una opinión conservadora, emitida nada menos que por Aureliano Sánchez Arango, Ministro de Educación bajo el régimen del ex Presidente Prío, y hoy por hoy el enemigo público número 1 de Batista, quien dijo que, "con la obra de las escuelas rurales y sus actividades anexas, el régimen de Batista ha logrado una de las más grandes contribuciones al progreso de Cuba, hecha por cualquiera otra administración en época alguna".

Una idea del aprecio enorme que el pueblo sentía por aquellas escuelas cívico-rurales se ofrece en la cuantiosa solicitud que se hizo cuando Batista inició su nuevo período revolucionario de mando en 1952. Centenares de cubanos pedían se rehabilitara todo el programa. A Batista no le hacía falta que le insistieran mucho sobre el particular. Pero, incuestionablemente que ha de haber comportado para él gran satisfacción confirmar que aquella obra en la que tan sinceramente creía y a la que tanto esfuerzo había dedicado, era objeto de tan cálida demanda ciudadana por el mucho bien que había propiciado.

En torno al aspecto puramente académico del programa, Batista organizó en 1936, un sistema de unidades médicas móviles para que prestaran servicios en las zonas donde se hallaban funcionando las escuelas rurales. Estos vehículos motorizados era en realidad algo así como clínicas-rodantes en las que los niños recibían atención médica y dental. Además, a las niñas se les enseñaba primeros auxilios, tales como auxiliar en partos (que frecuentemente tienen lugar en los campos bajo condiciones exentas de higiene y sin auxilio alguno profesional), así como los rudimentos generales de las ciencias domésticas.

Los dos gobiernos denominados "auténticos" que siguieron al de Batista en el período 1944-1952, permitieron irresponsablemente que estas clínicas móviles dejaran de prestar servicios. Mas, cuando Batista retornó al Poder en Marzo de 1952, cursó la orden de rehabilitar estas unidades a fin de que pudieran entrar inmediatamente en funciones.

A mediados de 1954, o sea dos años después de la fecha en que Batista volvió al Poder, 3,022 escuelas rurales se encontraban funcionando en toda la Isla. La educación a adultos, que por cualquier causa no habían podido aprender a leer y escribir en sus primeros años, también alcanzó un alto promedio en igual período. Un total de 72,199 cubanos comprendidos desde los 18 a los 70 años de edad, aprendió a leer y escribir, reduciendo notablemente el porcentaje de analfabetismo en el país.

En el primer período presidencial de Batista —1940-44— y aún anteriormente, cuando fungía de Jefe de las Fuerzas

Armadas, otros notables progresos en el campo de las reformas sociales fueron impulsados.

Los treinta y un años que precedieron a la Revolución de los Sargentos en 1933 —es decir, desde la instauración de la República en 1902— los gobiernos de Cuba prestaron poca o casi ninguna importancia a la legislación social.

Las condiciones de los trabajadores, especialmente en la industria azucarera, era deplorable, aún cuando era esta desde entonces la primera en la ordenación económica del país. En aquellos treinta y un años, sólo tres leyes sociales fueron promulgadas. Fueron éstas: la Ley Arteaga —1909— evadida ocasionalmente, y que se refería a la prohibición de pagarle a los trabajadores azucareros en vales o fichas; la Ley del Seguro Industrial para los obreros —1916— y la Ley estableciendo la Caja de Jubilaciones para los Ferroviarios en 1951.

En los seis años subsiguientes a la Revolución de los Sargentos, Batista logró establecer trascendentes reformas sociales. Los gobiernos que él apoyó aprobaron leyes sobre: salarios mínimos, jornada de ocho horas, nacionalización del empleo, regulación laboral de mujeres y niños, descanso retribuído, normas para la contracción colectiva de trabajo, legalización del derecho de huelga y otras leyes regulando este derecho. Asimismo, se pusieron en práctica otras leyes acerca de seguro de maternidad para las obreras y las esposas de los trabajadores, estableciéndose cajas de pensiones y jubilaciones para los empleados de periódicos y bancos. Además, la Ley del Seguro Obrero fué modificada para que brindara efectivamente mejoras y beneficios a los trabajadores. Toda esta legislación fué apoyada y casi generalmente concebida por el mismo Batista.

La Ley que se atenia a la protección del cubano nativo era una necesidad nacionalmente vital. Por años las empresas extranjeras que operaban en Cuba habían venido empleando casi exclusivamente a personal no cubano, siendo así que a los nativos les resultaba casi imposible obtener

empleos decorosos. La nueva Ley disponía que el cincuenta
por ciento de todos los empleados en cada comercio, industria o negocio tenía que ser cubano. Había, por supuesto,
las excepciones de rigor, que se referían a especialistas o
técnicos. Pero, básicamente estipulábase que la mitad del
número de personas empleado en una empresa comercial o
industrial tenía que ser nativo. Esta Ley fué aprobada durante el gobierno de Grau-Batista, aunque el uno y el otro
no estaban de acuerdo en punto a su intepretación y aplicación. Grau insistía en que sólo los cubanos nativos podían
contarse en el cincuenta por ciento consiguiente. Batista
sugería que el tanto por ciento fuera aumentado al setenta
y cinco, pero que en él se incluyesen también los cubanos
naturalizados. Pensaba que los ciudadanos por naturali-
zación poseían ciertos derechos dignos de protegerse. Mas,
Grau —obstinadamente— se mantenía firme. El Embajador de España, Don Luciano López Ferrer, estaba muy
preocupado por la interpretación que el Presidente Grau
daba a dicha Ley, y visitó a éste para consignar su protesta. López Ferrer señalaba que, a tenor de la disposición
"nacidos en Cuba', miles de españoles que vivían en la
Isla serían perjudicados. El diplomático arguía que muchos
padres, nacidos en España, pero residentes y ciudadanos de Cuba, tenían hijos nacidos en este país y que de
acuerdo con la opinión de Grau, los padres tendrían que
regresar a España para ganarse la vida y los hijos de
ellos, nativos de Cuba, no podían permitirse el lujo de
abandonar sus empleos e irse a la Península con sus
progenitores. Tal cosa implicaría la disolución de infinidad de familias. Pero Grau continuaba adamantino.
Y cuando el Embajador comprendió que no podía convencerlo dió por terminada la entrevista. Saludando con una inclinación exagerada y con perfecto sarcasmo diplomático,
Don Luciano aseveraría: "Señor Presidente, quiero darle las
gracias por la gran injusticia que usted ha hecho a mi pueblo". Sin embargo, el punto de vista de Grau siguió preva-

ieciendo. Por lo menos en la letra escrita de la Ley. ¡Y, gracias a un huracán, se halló —créase o no— la manera de burlarla!

Meses antes de ser promulgada esta Ley de nacionalización del empleo, un ciclón devastador azotó con furia inusitada el pueblo de Santa Cruz del Sur, destruyendo infinidad de edificios públicos. Todos los archivos de los Juzgados se perdieron, en virtud del meteoro y de un ras de mar que provocara. Para conseguir el restablecimento del Poder Judicial en aquel pueblo, el Gobierno Central aprobó una Ley, a cuyo tenor los documentos públicos perdidos en el ciclón de Santa Cruz podían ser substituídos por el sencillo procedimiento de la declaración jurada. En otras palabras: una persona nacida en Santa Cruz del Sur podía obtener un certificado de nacimiento, pese a la pérdida de los archivos del Registro Civil, con sólo declarar que había nacido allí.

Durante muchos meses después de la modificación aplicada en la Ley del Trabajo, las Notarías de todo el país estuvieron haciendo un gran negocio. Y a poco, obreros con disímiles acentos idiomáticos estaban exhibiendo documentos "probatorios" de que eran nativos de Santa Cruz del Sur. Este pequeño pueblo de la costa meridional de Camagüey nunca había tenido una gran población. Pero, según los certificados de nacimiento puestos en circulación desde entonces, se supo que la aldea castigada por el viento y el mar llegó a constituir uno de los centros más densamente poblados del mundo.

Capítulo 21

EN el otoño de 1938 el Coronel Fulgencio Batista —Jefe de las Fuerzas Armadas de Cuba— recibió uno de los honores más altos de su carrera. Fué invitado especialmente a los Estados Unidos, como huésped del General Malin Craig, Jefe del Estado Mayor del Ejército Norteamericano. El hecho sentaba un singularísimo precedente en la diplomacia militar y Batista aceptó la cordial invitación, estimándola com un gran honor para Cuba. El General Craig expresaba en su mensaje la esperanza de que Batista pudiera estar en Washington a tiempo para asistir a la tradicional celebración del Día del Armisticio, en noviembre once.

Batista salió de Cuba rumbo a Miami en un "clipper" de la Pan American World Airways en la fresca mañana del 29 de octubre. En esta ciudad floridana, horas después, abordó un coche especial en uno de los trenes de viajeros que cubren la ruta regular Miami-New York. Llegó a Washington la tarde del siguiente día. En la estación ferroviaria le recibía el General Graig, con una comitiva especial que incluía al Subsecretario de Estado Sumner Welles, padre morgánatico del gobierno de Céspedes derrocado por Batista hacía cinco años. Al cubano se le dispensó una magnífica recepción en la capital de los Estados Unidos. En la Casa Blanca, cumplimentando una de sus primeras visitas oficiales, permaneció varias horas conferenciando en privado con el Presidente Franklin Delano Roosevelt. Entre estos dos hombres la simpatía fué mutua tan pronto se conocieron. Una buena y continuada amistad nació en aquella ocasión y se extendió sin sombras hasta el minuto fatal del fallecimiento de Roosevelt. A través de los años de la Guerra contra el Eje, cuando Batista era Presidente de Cuba, colaboró estrechamente con Roosevelt en la defensa del Hemisferio Occidental.

Aquel Día del Armisticio del año 1938, Fulgencio Batista contempló de pie, junto a los más altos jefes del Ejército Nortemericano, el inmenso desfile militar que se llevó a cabo en Washington. El era el huésped de honor. Su salto prodigioso, de alistado del Ejércitc cubano a la señera posición de aquella tribuna, jamás había tenido igual. Batista sentíase henchido de sano orgullo. El orgullo de ser cubano. Y orgulloso además, porque alistado de otros días, estaba representando en tan solemne ceremonia al pueblo y a las Fuerzas Armadas de Cuba. Fué un momento memorablemente glorioso en la vida del muchachito nacido en la pobreza allá en un remoto caserío de Banes treinta y siete años atrás.

Esta visita de Batista a los Estados Unidos produjo en suelo cubano una muy honda impresión y el ex-Sargento hubo de sentirse satisfecho a plenitud. Cinco años antes había osado atacar la tan dispuesta Enmienda Platt, logrando su abolición. Con ello los Estados Unidos habían perdido el derecho legal de intervenir en los asuntos cubanos, alcanzando de este modo la Patria de Martí su completa independencia por vez primera en su historia.

Batista retornó a La Habana el 25 de noviembre y fué recibido como un héroe legendario. Miles de cubanos se congregaron en los muelles para dar la bienvenida al Jefe del Ejército; al "mensajero de la prosperidad" —como se le llamara— que venía a bordo del cañonero **Cuba.** Varios millares de personas desfilaron ante el Palacio Presidencial, donde el Presidente Laredo Bru esperaba al Jefe del Ejército.

Coincidiendo con la visita de Batista a los Estados Unidos, algunas naciones americanas habían venido gestionando ayuda económica de Washington. Los enemigos políticos de Batista opinaron que éste no había hecho otra cosa allá. Pero semejante propósito no había sido ni siquiera idea que cruzara por la mente de Batista. Y para poner las cosas en claro, el cubano aclaró a su modo criollamente sincero, el viaje a los Estados Unidos: "No he traído monedas de oro de a mil pesos porque no fuí a vender ni el más pequeño rincón de Cuba. Fuí a participar en negociaciones entre dos pueblos, que habrán de producir beneficios mutuos. Debe comprenderse, de una vez y para siempre, que deseamos y tenemos la intención de obtener solamente beneficios que sean justos para ambas partes".

Batista fué recibido con honores por la urbe de los rascacielos. En tal ocasión conoció al ex-alcalde de New York, Fiorello La Guardia con el que trabó una perdurable amistad. Años más tarde, con motivo de otra visita a New York, un amigo mío ofreció en su club una comida en honor de Batista y de La Guardia. Los dos invitados casi no tuvieron tiempo para comer. En cuanto se saludaron, una conversación entusiasta sobre asuntos mundiales, economía, problemas azucareros cubanos y política internacional les ganó por completo. Batista me dijo después que aquella velada había sido una de las más interesantes gozadas por él en New York, y que le impresionaron sobremanera los amplios conocimientos de La Guardia sobre cuestiones mundiales. Le había hablado de los problemas económicos de Cuba con conocimientos bastantes.

A su regreso de los Estados Unidos, Batista se dedicó con renovados bríos a los trabajos nacionales. El reconocimiento oficial que le había otorgado el gobierno de Roosevelt, le alentó en la tarea de restablecer totalmente la normalidad cubana. Ya para este tiempo una buena parte del caos estatal había desaparecido. En las Fuerzas Armadas —después de la reorganización— prevalecía una magnífica disciplina y el horizonte se iba despejando en todos los órdenes. Batista estaba sumamente interesado en tornar lo antes posible a la forma constitucionalista de gobierno. Para lograr tal cosa era indispensable la convocatoria y reunión de una asamblea constituyente que elaborase los módulos sobre los cuales celebrar elecciones en toda la Nación al amparo de una nueva Carta Fundamental. Algunos de los viejos partidos políticos se encontraban ya reorganizados y otros nuevos habían surgido. Los comicios para la asamblea constituyen tenían gran trascendencia porque los poderes de dicha suprema asamblea deliberante habrían de ser casi ilimitados. Y por ende, los ciudadanos que resultaren electos para integrarla, habrían de tener incuestionables posibilidades de convertirse en miembros del nuevo Poder Legislativo.

El día fijado para las elecciones constituyentes fué el 15 de noviembre de 1939. El gobierno tenía sus propios candidatos a través de los partidos afines, y la Oposición era formidable. Los electores acudieron a las urnas y emitieron sus sufragios sin la menor intimidación, democráticamente. El conteo de los votos acusó el triunfo para los opositores de Batista. No existía ninguna duda, puesto que la Oposición contaba con una abrumadora mayoría de sufragios. Antes de estos comicios los enemigos de Batista no se cansaron de propalar malos augurios, asegurando que el Gobierno no permitiría elecciones libres. Pero no pudieron dar mayores muestras de inobjetividad política y de total equivocación. También habían pronosticado que Batista —como había sido usual en otros países americanos— buscaría la manera de anular los comicios cuando comprobara la derrota del Gobierno. Este segundo desacierto les dejó turulatos. El cociente de las urnas no servía físicamente a Batista. Pero le avalaba en lo ético y en lo histórico.

En un mensaje dirigido a sus adictos, cursado al siguiente día de la contienda electoral, Batista habló con su proverbial franqueza, fijando la línea a seguir: "Hemos perdido las elecciones. Eso quizás sea bueno. Las urnas han sido honradas y el pueblo ha respondido con un gran número de votos en favor de nuestros opositores. Es cierto, como muy lógicamente se ha argumentado por algunos de nuestros líderes, que los nombres de los líderes nacionales de la Oposición —inclusive de candidatos presidenciales— han figurado en las boletas de las seis provincias. Esta irregularidad, para no extendernos, debió haber sido prevista en el Código Electoral. Las leyes, al fin y a la postre, tendrán que resolver ese problema. Pero el hecho es que hemos perdido las elecciones. Les hablo para notificarles mi decisión de no permitir ni secundar movimiento que tenga por objeto la alteración del resultado de las urnas. Durante muchos años la meta de nuestra lucha ha sido la de lograr para el pueblo el derecho a ejercer su voluntad libre y soberana y al fin lo hemos conseguido. Para nosotros los hombres del gobierno, se nos convierte en deber el guardar, aún más celosamente que la misma Oposición, este derecho del pueblo, para así trillar el camino hacia un futuro que se cimente en el respeto, la dignidad, la soberanía, la libertad y la independencia".

El hecho de que sus contrarios pudieran haber cometido ciertas violaciones técnicas del Código Electoral, hubiere podido justificar suficientemente que Batista recurriera las elecciones completas ante los tribunales. O que, en vista de que por entonces controlaba absolutamente la gobernación del país, haberse sencillamente negado a acatar el veredicto de las urnas. No existía ninguna autoridad capaz de discutirle cualquier camino que hubiere decidido elegir. Pero optó por otra actitud en razón de dos motivos. Primero: estaba jubiloso por el entusiasmo que el pueblo había demostrado en los comicios. Y segundo: porque sabía que sus enemigos políticos le tendrían entre manos. Era de apreciar cómo estos enemigos por lo común muy locuaces, habían enmudecido ante la noble conformidad de Batista por el resultado adverso de los comicios.

El caso de que la Oposición controlara la mayoría de la Asamblea Constituyente implicaba un reto a la astucia política de Batista. Había consolado a varios de su adictos aseverándoles que "no existe una derrota digna que no pueda convertirse en brillante victoria". En la tercera sesión de la Asamblea sus contrincantes pudieron elegir a Grau Presidente de ese cuerpo deliberativo. La votación había sido de cuarenta y uno contra treinta y cinco. A Grau se le había relevado de la Presidencia de la República cinco años atrás y era un fuerte enemigo político de Batista. El 9 de febrero de 1940, cuando la Asamblea celebró su sesión inaugural, se haría ostensible que los partidos de la alianza adversa al gobierno contaban con la mayoría de los votos. Batista consideró la situación muy cuidadosamente y decidió dejar transcurrir varias semanas antes de iniciar sus actuaciones. Con la mentalidad del soldado, reconocía las fuerzas del enemigo para buscar el punto débil en sus defensas. Pero como político, ya había determinado la acción a seguir. El procedimiento efectivo era el de "divide y vencerás". Mas, hasta que no tuviese un plan bien desarrollado, la importancia de este axioma resultaba puramente abstracta y sin factible aplicación con vista a su propósito.

Ya el 15 de marzo el ex-Sargento estaba listo para moverse. Ese día sostuvo una larga conversación con el General Menocal —viejo y avezado político— que en dos oportunidades había sido Presidente de la República. Basándose en la teoría de que los hombres razonables siempre pueden discutir, Batista decidió conferenciar con el General Menocal, resultando de aquí la reconciliación entre ambos que, por antiguas discrepancias, habían permanecido alejados algún tiempo. Llegaron a un acuerdo político. Pero el anciano ex-Presidente se negó a actuar independientemente, insistiendo en que necesitaba la autorización de su Partido Demócrata-Republicano. Citó inmediatamente al Comité Ejecutivo Nacional de dicho partido para que dictaminase sobre las condiciones del acuerdo Menocal-Batista. Y, después de un largo debate, este Comité decidió seguir al General Menocal, uniéndose el Partido Demócrata-Republicano a la coalición gubernamental. De este modo sería —fué— que el "héroe de las Tunas" entregó el control de la Asamblea Constituyente al ex-Sargento de Banes. Cuando la Oposición despertó, la amalgama ya había fraguado y Batista era dueño de la supremacía indiscutible.

La Asamblea Constituyente terminó sus labores el 22 de

junio de 1940, habiendo redactado la nueva Carta Constitucional de Cuba y de haber fijado el 14 de julio de ese año
como la fecha en que debían celebrarse las elecciones generales. Estas promovieron mayor interés aún que las anteriores en toda la Isla. Los candidatos fueron Ramón Grau
San Martín y Fulgencio Batista y Zaldívar, es decir, las dos
figuras que habían predominado en la escena política nacional desde la Revolución de los Sargentos en 1933. Grau,
que ocupara la Presidencia provisionalmente después de la
victoriosa insurrección de Batista, había sido respaldado por
éste y las Fuerzas Armadas a su mando durante los cuatro
meses que duró su gobierno. Al dejar la Presidencia en enero
de 1934, Grau se convirtió en irreductible opositor político
de Batista. Lidereaba al Partido Auténtico —uno de los
más activos y nutridos de los nuevos grupos— y era su candidato presidencial. Batista figuraba en la boleta de la
Coalición gubernamental, compuesta por siete partidos distintos. La rivalidad entre los dos hombres no se limitaba
sólo a la política. Grau era enemigo personal de Batista desde que se viera compelido a abandonar la presidencia de
la República, aún cuando los hechos históricos demostraban
que Batista había hecho cuanto humanamente le fué posible para sostener a Grau en el supremo cargo, y pese a que
éste no había podido captarse el apoyo de las mayorías populares ni el reconocimiento de los Estados Unidos.

Batista trabajó su campaña vigorosamente. Con el vigor
y entusiasmo que le habían hecho ascender desde las filas
de alistados a la comandancia suprema de las Fuezas Armadas de Cuba, se dió bizarramente a la campaña proseli-
tista. Su grupo de eficientes auxiliares se asombraba del
paso de carga que les marcaba su jefe en la contienda. Batista viajaba en persona por toda la Isla, pronunciando discursos en los más pequeños y apartados lugares, estrechan-
do manos, frecuentando los medios rurales y escuchando
de los campesinos sus problemas. Mucho antes de comenzar
su campaña había renunciado su cargo en el Ejército a fin
de evitar la consabida acusación de ser el candidato de las

Fuerzas Armadas. Dedicó todas sus energías a la justa electoral. Y puso tanto denuedo en esta tarea como el que había puesto en sus actuaciones en el gobierno durante los siete difíciles años anteriores. Los periodistas que le acompañaban se rendían muchas veces completamente exhaustos cuando Batista finalizaba un día de aquellos de su infatigable campaña presidencial.

Desde los inicios del proceso comicial se hizo evidente que Batista era el favorito de los muchachos. Donde quiera que iba lo recibían miles de chiquillos, escolares de enseñanza primaria, quienes constituían, decidida y espontáneamente, sus más entusiastas propugnadores. Le halagaba, por supuesto, la admiración sincera de los grandes núcleos escolares. En una visita a Oriente la popularidad extraordinaria que gozaba entre los muchachos era tan impresionante que dijo Batista a uno de sus amigos: "de poder votar los escolares gano las elecciones por un amplio margen".

Grau, entretanto, estaba realizando su campaña con igual tenacidad, tratando de ganarse el apoyo del hombre de la calle. Hasta el mismo día de las elecciones resultaba muy difícil predecir quién iba a ser el triunfador. Pero el 14 de julio de 1940 los electores de Cuba escogieron para Presidente de República a Fulgencio Batista, en unos comicios tan limpios y ordenados como los que habían tenido lugar para elegir la Asamblea Constituyente. La derrota de Grau se produjo por varios centenares de miles de votos. Y el gobierno de Batista quedó inaugurado el 10 de Octubre, comenzando así el líder de la Revolución de los Sargentos, su primer cuatrienio como Presidente Constitucional de la República de Cuba.

Capítulo 22

PRODIGOS fueron en buenos servicios para la Nación los cuatro años —1940-44— del período de Batista como Presidente de la República. Tuvo éxitos sonados en sus esfuerzos por dotar al país de mayores y más aptas posibilidades educacionales y sanitarias.

Inmediatamente después de inaugurar, mediante el juramento de ritual al mandato que la ciudadanía le confiara, dió los pasos necesarios para garantizar la más completa libertad de prensa, libertad de expresión, libertad de credos religiosos, libertad de reunión y de todos los derechos inherentes al status normal de un pueblo democrático.

Especialmente interesado en la salud pública, le imprimió mayor celeridad y más amplias dimensiones al programa de salubridad que había puesto en marcha siendo Jefe de las Fuerzas Armadas.

Cuando era niño conoció de infinidad de casos de agudos y crónicos padecimientos y de muertes acarreadas por falta de la apropiada atención médica. En los cañaverales de Oriente los trabajadores habían luchado tenazmente contra enfermedades que venían condicionadas por la mala alimentación. El trabajador cañero percibía un jornal más o menos seguro durante cinco meses del año. Pero el problema de mantener debidamente alimentada la familia en los siete meses restantes del denominado "tiempo muerto", resultaba una faena inconmensurable en dificultades. La desnutrición y la tuberculosis andan casi siempre de la mano. Batista había visto morir a su propio hermano de tan cruel enfermedad. Será fácil comprender, por tanto, que al escalar la posición presidencial, tuviese en mente la posibilidad de mejorar las condiciones vitales de la nación, incrementando las posibilidades de atención médica colectiva y extendiendo parejamente los beneficios de un plan de salubridad a la Isla entera.

Asesorado por especialistas cubanos y norteamericanos, Batista había iniciado una campaña antituberculosa cuatro años antes de asumir la Presidencia de la República por elección popular. El programa abarcaba toda la nación y jamás había tenido paridad en Latino-América. Batista, personalmente, trabajó en la planificación del combate contra el temible mal. En 1936 dejó creado el Consejo Nacional de Tuberculosis, que constituía el órgano central del científico y altruista empeño contra la peste blanca. Los fondos correspondientes al mantenimiento y desarrollo del plan se obtendrían de la venta de unas estampillas especiales de correos y de porcentajes derivados de la Renta de la Lotería Nacional.

Entre los objetivos a lograr, uno de ellos era el que todos los cubanos se sometieran a un examen de pecho y pulmones. Batista se dirigió varias veces al pueblo y sus afanes tuvieron éxito. Centenares de miles de personas se presentaron en los hospitales y dispensarios móviles para ser examinados. Las construcción de los hospitales fué el aspecto más espectacular del vasto programa que exigía un sanatorio antituberculoso moderno en cada una de las seis provincias en que se divide el pais. El mayor de estos sanatorios, y por ende, el de más importancia, se edificaría en Topes de Collantes, un alto picacho en las sierras de la provincia central de Las Villas.

El primero de los sanatorios terminado y puesto en servicio fué el de la Loma de San Juan, en la provincia de Oriente, iniciándose a continuación las obras del de Topes de Collantes y de los demás pertenecientes al sistema provincial del plan. Las obras progresaban y los edificios se terminaron antes de que Batista cumpliera su período presidencial. El de Topes de Collantes no había quedado del todo completo al vencer su mandato, y Batista abrigaba la esperanza de que su sucesor, el médico y profesor universitario Grau San Martín, habría de concluirlo y ponerlo en funciones. Pero el régimen de Grau no lo hizo, abandonándose el magno empeño durante siete años en que gobernaron los presidentes Grau y Prío. Cuando Batista volvió revolucionariamente al Poder en Marzo de 1952, se reanudaron los trabajos en Topes de Collantes. Pero en los siete años decursados, no sólo se había abandonado el empeño, sino que todo el equipo del sanatorio y hasta secciones de la edificación fueron escamoteados. De ahí que, al tornar a la primera magistratura de la República, una de sus gestiones iniciales fuera la de proseguir y culminar su obra cubanísima de Topes de Collantes. Esto se logró cabalmente dos años más tarde, o sea: en la primavera de 1954.

Desde el primer día de su primer período presidencial en 1940, Batista se hizo cargo de sus múltiples y complejos deberes con el mismo vigor y entusiasmo que habían sido consubstanciales a su recia personalidad desde muchacho. Abrigaba grandes esperanzas de que su país podría progresar y que las turbulencias y desórdenes del inmediato pretérito no se repetirían. Situó hombres capaces en las más señeras posiciones de las Fuerzas Armadas y tenía gran fe en su gobierno. Mas, a poco de haber jurado su cargo empezó a conocer de intrigas entre sus colaboradores más cercanos en las propias Fuerzas Armadas. Los rumores involucraban los nombres de compañeros que habían ascendido de las filas por él y junto a él, siete años antes. Tal cosa tenía que parecerle increíble. Al principio no prestó atención a estos informes, por lo difícil que le resultaba admitir que hombres que tanto le debían —y a quienes contaba entre sus más íntimos amigos— pudieran ser capaces de la indignidad de conspirar sin razón patriótica alguna contra él.

A través de los siete años en que Batista había sido figura predominante en la vida cubana, tuvo el honor de captarse el odio de algunos de sus más destacados enemigos. Pero en ningún momento podía acusársele de haber igno rado los altos dones innatos en el Presidente que se había empinado desde el fondo del pueblo a los planos primeros de todo un proceso histórico nacional. Sin embargo, a principios de 1941 fué cometido un craso error de cálculo.

Jamás tirano alguno ha inventado mayor tormento que la mezquina envidia. Esta comienza royendo e inflamando el cerebro. Luego envenena la conciencia. Y finalmente acaba destruyendo el juicio de la persona atacada por este terrible morbo. Esto habrían de comprobarlo al cabo los falsos amigos de Batista, con la gran confusión subsecuente y la amargura de la traición.

En los días primigenios de 1941 un buen observador habría podido afirmar justificadísimamente que, después de Batista las tres figuras más importantes del régimen por él presidido eran: el Coronel José E. Pedraza —Jefe del Ejercito—; el Coronel Angel A. González —Jefe de la Marina—, y el Coronel Bernardo García —Jefe de la Policía Nacional— siendo así por tanto, que Pedraza era un subordinado de Batista aunque por supuesto, un subalterno poderoso. Dos de estos hombres —Pedraza y González— habían estado junto a Batista desde los días primeros de su carrera. Pedraza fué su más íntimo colaborador en los días anteriores al 4 de septiembre de 1933, cuando se gestaba la Revolución de los Sargentos.

Pero, el mismo observador podría haberle concedido importancia al hecho de que el Batista de 1941 no era el mismo de 1933. No se trataba ya del Sargento rebelde que había llegado al Poder ascendido por la cresta de una ola revolucionaria, que pasaba la mayor parte de su tiempo tratando de conjurar la caótica situación que siguiera a la caída de Machado. El Batista de 1941 era ya un maduro estadista, electo a la primera magistratura de la Nación por vía constitucional y mediante unos comicios de los más limpios celebrados en Cuba desde siempre. Era en verdad el antiguo soldado cumpliendo su promesa al pueblo de darle un gobierno civil. Un régimen en el que las Fuerzas Armadas cumpliesen sus específicas funciones de servidoras de la República, y no las de amas del Estado.

Hasta entonces —1941— y comenzando desde 1933, departamentos tales como los puertos, Policía Marítima y Faros habían estado bajo la jurisdicción de la Marina. Pero en 1941, inconforme el Presidente Batista con el modo de llevar estos servicios, ordenó que pasaran a manos civiles y bajo la égida del Ministerio de Hacienda. El decreto disponiendo el cambio fué firmado el 23 de enero de aquel año por el Presidente Fulgencio Batista; por el Primer Ministro, Carlos Saladrigas y por el Ministro de Defensa, Domingo F. Ramos. Este cambio no agradó al Jefe de la Marina. Por aquellos días Batista había tenido conocimiento de ciertos "negocios" exteriores manejados por algunos altos oficiales de este Cuerpo y la situación le produjo una gran contrariedad.

La noche del 31 de enero Batista llamó al Jefe de la Policía, Coronel García, al Palacio Presidencial, increpándole duramente por no haber podido apresar a los responsables de ciertos asesinatos que se habían perpetrado en La Habana últimamente. Estos crímenes preocupaban hondamente al Primer Magistrado, no sólo porque el no haberse aprehendido a los culpables desdecía mucho de su régimen, sino también por la manifiesta indiferencia del Jefe de la Policía en asuntos de tanta gravedad. Refiriéndose a este último aspecto Batista declararía: "El Jefe de la Policía se encuentra fuera de la ciudad siempre que el Presidente de la República lo llama para enterarse de lo que está ocurriendo. En tales ocasiones resulta que si no se halla en Miami está en Varadero; pero nunca en su despacho". Cuando por fin pudo localizar a García y obligarlo a ir a Palacio, Batista le reprimió severamente, diciéndole que debía escoger entre renunciar o ser depuesto. Se hizo circular la versión de que García renunciaba debido a su mal estado de salud. Pero posteriormente el Jefe del Estado confirmaba que el incumplimiento flagrante de sus deberes había sido la única causa de su deposición.

El Coronel Pedraza no tuvo a bien este modo de actuar del Presidente Batista, y por vez primera se manifestó en forma desafiante para con la suprema jerarquía de su investidura. Aunque en apariencia aceptaba la destitución de García, negóse a permitir que el Coronel Manuel Benítez —sucesor de aquél— asumiera el mando de la Policía Nacional. En lugar de esto, Pedraza convocó a todos los altos oficiales de dicho Cuerpo en la Jefatura, comunicándoles que desde ese momento él, José E. Pedraza, asumiría el mando de la Policía Nacional así como el del Ejército. Tal acción chocaba directamente con la orden de Batista nombrando a Benítez para el mismo cargo. Semejante insubordinación irritó sobremanera a Batista. Pero resultó todavía más serio el asunto cuando averiguó que Benítez —para evitarse un lío con Pedraza— había ofrecido al Jefe del Ejército su renuncia, pese a que había sido designado para dicho cargo por el propio señor Presidente de la República.

Al conocer Batista lo que se había permitido hacer Pedraza, le pareció prudente permanecer en Palacio un día o dos para dar tiempo a que los ánimos se calmasen y evitar así las consabidas posibilidades de un derramamiento de sangre. Pero poco después de hablarle a los oficiales de la Policía, Pedraza se dirigió al Campamento de Columbia —cuartel general y punto-clave del mayor poderío del Ejército— y allí mismo llamó a todos los altos oficiales a su presencia, ordenándoles firmaran un documento en el que se acusaba a Batista de haber insultado a las Fuerzas Armadas al transferir ciertas funciones administrativas a las autoridades civiles. Un grupo de oficiales abandonó la reunión y se fué directamente a Batista con el documento en mano. El Presidente lo leyó cuidadosamente, sonrió y tomando un fósforo de una gaveta de su escritorio, le prendió fuego al papel que había leído, dejando que las llamas lo consumieran del todo sobre el piso de mosaicos de su despacho palatino. Al quemarse el documento los oficiales del

Ejército se cuadraron en rígida atención saludando al Jefe del Estado y poniéndose a sus órdenes.

Por estos días el Jefe de la Marina, Coronel González, confrontaba ciertas dificultades personales con Batista, no únicamente por el cambio de jurisdicción respecto a los puertos, sino por el hecho de la desaparición misteriosa de una carga de petróleo que venía a bordo de un buque llamado **Manuel Rionda.** Abundaba el contrabando por los puertos cubanos y Batista estaba muy interesado en averiguar lo que había sucedido al cargamento de petróleo. La atención se fijaba en el **Manuel Rionda** porque no se tuvieron noticias del barco por veinte días. El capitán de la nave declaró más tarde que, con motivo de un mal tiempo, habíase visto obligado a alijar su carga de petróleo. Tal relato fué acogido con evidente incredulidad.

Aquella noche en que el Jefe de la Policía fuera llamado a Palacio, Batista demandó también la presencia del Jefe de la Marina. Como era de suponerse el Coronel González no concurrió a la entrevista de buen grado. Le acompañaron dos Tenientes Coroneles del Ejército y la impresión que se coligió del hecho hacía entrever que se encontraba bajo arresto. Después de haber recibido el restallante furor de Batista, González se marchó solo. Y aunque se negó a formular declaraciones, los periodistas destacados en Palacio aseguraban que había sido relevado del mando como Jefe de la Marina, y que estaban a punto acontecimientos graves.

La tarde del 2 de febrero Pedraza se presentó ante el Presidente. Le acompañaban varios oficiales y treinta automóviles colmados de guarda-espaldas armados de ametralladoras. Estos se situaron en posiciones estratégicas en las calles que rodean la mansión palatina. Entretanto duró la conversación entre Pedraza y Batista, uno de los oficiales que había venido acompañando al Jefe del Ejército, permaneció en un balcón de Palacio como punto de contacto con el hombre que en las calles dirigía el grupo encargado de los treinta automóviles y las ametralladoras. De manera tal que si Pedraza necesitaba ayuda, estos hombres acudieran en su auxilio.

Batista cursó órdenes expresas a la Guardia Presidencial de que nada se hiciera que pudiese provocar un conflicto con los secuaces de Pedraza, e inmediatamente se preparó para recibir a su antiguo compañero de armas y escuchar lo que tuviera a bien informar. Batista habló primero: "¿Cómo dormiste anoche?" —Una nota de sarcasmo bien rastrillado iba en su palabras. —"No tan bien", —replicó Pedraza— "estuve pensando en todo lo que ha venido sucediendo en estos últimos días".

Los dos ex-Sargentos se miraban inquisitivamente. Pedraza reanudó la conversación: "Quiero que sepas" —dijo en tono afirmativo— "que te respeto como Jefe del Estado, pero tú tienes que respetarme como Jefe del Ejército". —La respuesta de Batista fué breve pero firme: "Te respetaré en cuanto empieces a comportarte como un soldado". —En este entrecruce de palabras cada hombre estaba tratando de obtener ventajas sobre el otro. Era como un peligroso juego de póker político.

Pedraza siguió hablando para decir que era su intención ser el comandante de todas las fuerzas armadas de la República, dejando entender que acaso sería juicioso para Batista el limitarse a los asuntos civiles. Nadie hasta entonces le hubo hablado a Batista en tal forma. Y ciertamente debió haber hecho acopio de toda su fuerza de voluntad para evitar la liquidación del problema con Pedraza allí mismo. Mas, la posición de Pedraza era en aquel momento fuerte, con sus guarda-espaldas rodeando el Palacio y listos para moverse a la menor señal.

Le tocó hablar a Batista y aprovechó la oportunidad hasta donde se compaginaba con su sentido táctico: "Pedraza" —le dijo— "sólo quiero que medites veinticuatro horas sobre lo que acabas de decir. Mientras, yo consultaré con la almohada tu proposición". —Pedraza cayó en la trampa, conviniendo en el plazo de veinticuatro horas. y aquella fué la equivocación determinantemente frustránea en su plan para adueñarse del país. Debía haber sabido de suyo que cuando se juega con Batista por un logro tan alto, es muy probable que jamás se tenga la oportunidad de equivocarse más de una vez y ni siquiera la segunda. Pedraza estaba derrotado desde el instante aquel en que se avino al plazo de veinticuatro horas.

Comentando este dramático episodio entre Pedraza y Batista poco después de acontecido, un alto oficial lo resumió todo en una sola frase: "Pedraza tenia la fuerza y Batista el cerebro". . .

Muy temprano en la mañana siguiente al 3 de febrero, un pesado camión entró al patio del Palacio Presidencial. Varios soldados, ipso facto, se dieron a la tarea de llenar de arena infinidad de sacos, colocándolos alrededor del edificio a modo de protección. Se instalaron además puestos de ametralladoras en las esquinas de las calles que rodean la residencia del Ejecutivo. Muchas armas adicionales fueron introducidas. Y, aún cuando no se hicieron declaraciones para justificar estos preparativos bélicos, se advertía claramente que se esperaba una prueba de fuerza entre Batista y Pedraza en cualquier minuto. Además de situar otras ametralladoras extras en los balcones de Palacio, se montaron también cañones antiáreos en sus azoteas. Batista se encontraba en el tercer piso de la mansión palatina —ya bien avanzada la tarde de aquel día decisivo— y pudo divisar perfectamente a los cañoneros **Cuba** y **Yara**, en zafarrancho de combate, pasar por la entrada del puerto y efectuar maniobras cerca de la orilla. Estos buques esperaban órdenes del Coronel González, quien dirigía las operaciones desde la Punta, —una colonial fortaleza de piedra ubicada junto al mar y donde comienza el famoso Paseo del Prado de La Habana—, que era entonces el Cuartel General de la Marina. Los cañones de La Punta casi siempre enfilan la boca de la bahía. Pero aquella tarde apuntaban hacia el Palacio Presidencial, situado a unos centenares de metros de distancia.

En vista de la inevitabilidad de un conflicto armado, Batista telefoneó a su íntimo amigo el Coronel Francisco Tabernilla, a cargo de la Fortaleza de la Cabaña —adosada a la otra orilla de la bahía frente a La Punta—y le pidió refuerzos. Ya había advertido a Tabernilla que no saliera de La Cabaña bajo ninguna circunstancia porque sus enemigos tenían planes para capturarlo y matarlo camino a Palacio. Los cañones de La Cabaña se enfilaron entonces directamente sobre La Punta y en dirección a la Jefatura de la Policía, cercana también dentro del área de la bahía. Al caer la noche y acercarse finalmente el momento de la última decisión entre Batista y Pedraza con sus oficiales insubordinados, se recibió informe en Palacio referido a que todas las fuerzas de la Policía habían sido dotadas de ametralladoras y rifles con el fin obvio de atacar la residencia del Ejecutivo después de que fuera bombardeada desde La Punta.

La Policía y los soldados en todas las esquinas, paraban los automóviles y chequeaban a sus pasajeros, hasta que por fin se esparció la noticia respecto de que algo muy serio estaba ocurriendo. En tal estado de cosas el tránsito citadino quedó paralizado. Un caminante solitario que iba por la calle silbando alegremente, se detuvo al doblar de una esquina para observar los sacos de arena amontonados allí. Al reparar en los soldados con sus ametralladoras su festiva tonadilla, cesó repentinamente, y... apresurando el paso se perdió en la noche. En uno de los bancos de mármol del parque de frente a Palacio una pareja de enamorados platicaba desde que se insinuara el crepúsculo vesperal, entrelazadas sus manos e ignorando completamente los preparativos bélicos que en su derredor se habían efectuado. No advertían —¡milagro del amor!— que estaban estratégicamente situados en la misma línea de fuego entre La Punta y Palacio. Y que se esperaba que las hostilidades se rompieran de un momento a otro. ¡Sólo sabían o sentían los tórtolos, que era aquélla una hermosa noche, al claro de la luna de febrero en el trópico antillano y que se amaban...!

Terminados los preparativos últimos para la defensa del Palacio Presidencial, los periodistas aguardaban los acontecimientos. Algunos, viendo los sacos de arena rememoraron la escena que tuvieron en otras ocasiones anteriores, como la de aquel 4 de septiembre de 1933 cuando el Presidente Céspedes regresó de la ciudad villareña de Sagua de Grande, que había sido azotada por un ciclón. A su llegada a La Habana fueron los sacos de arena en su mutismo elocuente los primeros en hacerle saber a Céspedes que ya él no era el Jefe del Estado. Y que, un joven Sargento llamado Batista —desde el Campamento de Columbia— se había convertido en la figura de más poder en el país. Después —lo recordaban también los reporteros— habían vuelto al escenario por dos veces más los sacos de arena cuando la Batalla del Nacional y el 8 de noviembre de 1933 en razón de la derrotada insurrección del ABC.

De repente, el motor de un automóvil que abandonaba Palacio cortó las reminiscencias. En el asiento de atrás de dicho auto, manejado por el Coronel Benítez, iba Batista portando una pistola 38 y ataviado con una gorra de pescador, espejuelos oscuros, una camisa blanca con el cuello deportivamente abierto y un jacket de cuero. Los periodistas, por mera intuición de clase, comprendieron que Batista se disponía a quitarle la iniciativa al enemigo, pasando a la ofensiva y que jugábase la vida por imponer su autoridad como Presidente Constitucional de la República de Cuba. En fin, que iba directo a la acción, en que el coraje y las armas podían ser parejamente necesarios.

Hacía poco que el tradicional cañonazo de las nueve había sonado desde la Fortaleza de La Cabaña para toda la ciudad cuando Batista se dirigía hacia el Campamento de Columbia, cuartel general de las Fuerzas Armadas. Llegó allí poco después de las nueve y media de la noche. Se había hecho acompañar por los Coroneles Ignacio Galíndez y Manuel Benítez. Galíndez era el Jefe del Puesto Militar del

Campamento de Columbia y Batista sabía que los centinelas dejarían pasar cualquier automóvil del cual fuera tripulante Galíndez sin siquiera examinarlo. Cuando Batista llamó a Galíndez y a Benítez para que uno manejara el automóvil y el otro le garantizara la entrada al Campamento, éstos no tenían la menor idea de lo que el legendario líder de la Revolución de los Sargentos tramaba. Designó a Benítez para manejar el carro con objeto de poder tenerlo bajo vigilancia. No podía pasar por alto que dos días antes el mismo Benítez había estado dispuesto a someterse a los arbitrios de Pedraza.

Durante el trayecto hablaron poco. Y una vez llegados a las postas, Galíndez se identificó, permitiendo el centinela que el automóvil entrara al Campamento. Por supuesto, a Batista no lo reconoció.

Una vez dentro de Columbia, la actuación de Batista fué muy rápida. Con los dos Coroneles a su lado, entró al cuartel del Regimiento Número Seis y asumió el mando. Despachó guardias de su amistad a las diversas postas del campamento con instrucciones precisas de impedir el acceso de Pedraza, suponiendo que éste quisiese entrar a Columbia. Batista conocía que Pedraza estaba en su casa, a pocas cuadras del Campamento, y que, con toda seguridad, trataría de acudir tan pronto supiera que el Presidente había reunido a la tropa.

Calculando cronométricamente el tiempo que demorarían sus guardias escogidos para llegar a las postas o entradas, Batista ordenó al Cabo Marcos Perdomo que comunicara al corneta su orden de tocar Alarma General. El cabo cumplió en seguida. Y al oírse la llamada de emergencia, ampliada por los potentes altoparlantes del campamento, los soldados salieron precipitadamente de las barracas y tomando sus armas se reunieron rápidamente en el Polígono.

Batista se situó frente a ellos y les habló. Les informaba que debido a la insubordinación sediciosa de unos cuantos oficiales, él, como Jefe Supremo de todas las Fuerzas Armadas de Mar, Tierra y Aire de la Nación, estaba haciéndose cargo del Campamento de Columbia en aquellos momentos. Sus breves y firmes palabras fueron recibidas con vivas. ¡Viva el Presidente! ¡Que viva el soldado Batista! Y vivas a Cuba. —Las tropas estaban de su parte. Y ahí, allí mismo terminó la rebelión, ocupando tres nuevos jefes los puestos-clave de las Fuerzas Armadas. El arresto de Pedraza, que había tratado en vano de penetrar en el Campamento de Columbia cuando la excitación estaba al máximo, resultó el anticlímax de la memorable noche. Después de habérsele negado la entrada a Columbia. acudió Pedraza a la División Motorizada de la Policía Nacional. Pero no pudo conseguir que lo secundaran. Entonces se dirigió al Cuartel de San Ambrosio, en el centro de La Habana, donde fué arrestado por el Coronel Manuel López Migoya. Al conocer Batista que Pedraza había sido detenido envió uno de sus ayudantes —al Capitán Jorge Hernández Volta— a ver la señora de Pedraza, para asegurarle que tanto ella como la familia del ex-Jefe del Ejército, recibirían la debida protección.

El Coronel Benítez se hizo cargo de la Policía Nacional. El Coronel López Migoya fué designado Jefe del Ejército. Y el Coronel Jesús Gómez Casas instituído Jefe de la Marina. A los coroneles González y García los arrestaron también. Y unas horas más tarde, los tres jefes de marras viajaban a bordo de un avión rumbo a Miami. Batista decretó un período de dos semanas de suspensión de las garantías constitucionales. Pero al día siguiente informó al Congreso —convocado exprofeso para aprobar esta extraordinaria medida— que no era necesaria por más tiempo dicha suspensión, ya que le constaba plenamente que la más completa tranquilidad reinaba en toda la República.

Los "tres jefes sediciosos" volvieron a Cuba pasado algún tiempo. García murió pocos años después. Jugador inveterado, consumió los últimos días de su vida ante una mesa de póker que funcionaba en su casa de Varadero. González se convirtió en un ciudadano tranquilo, residente en La Habana, y del que nada se ha vuelto a saber desde aquellos febricitantes días de 1941. En cuanto a José Pedraza —que no le guarda enemistad a Batista— explota ahora un gran feudo ganadero entre las provincias de Las Villas y Matanzas. Ninguno de los tres ha figurado prominentemente en los asuntos políticos nacionales después de abortada su intentona contra Batista.

El jacket de cuero que el ex-Sargento usara aquella noche inolvidable del 3 de febrero de 1941, se ha convertido en Cuba, desde entonces, en símbolo de la autoridad por la acción rápida, decidida y talentosa. Cuando Batista hace algo de naturaleza espectacular —como su otro golpe de Estado del 10 de Marzo de 1952— la gente dice que "se puso el jacket". Esto, sin embargo, sólo puede hacerlo en metáfora, porque la famosa chaqueta de cuero que usó durante la casi revuelta de Pedraza ha sido donada al Museo Bacardí de Santiago de Cuba.

Tal vez existan todavía algunos atormentados por la envidia. Mas, la lección que recibieron Pedraza, González y García ha sido bien aprendida. En Cuba —hoy por hoy— el mayor obstáculo para cualquier rebelde o insubordinado potencial, como para los que pudieren incesantemente proponerse perturbar la paz pública, es que Batista pueda irritarse y metafóricamente "ponerse el jacket"...

Capítulo 23

CUANDO Fulgencio Batista hubo de jurar el cargo de Presidente de la República de Cuba —octubre 10 de 1940— el mundo bordeaba el abismo de sangre de la mayor de todas las guerras. Alemania había lanzado ya su poderosa maquinaria bélica en pos de la conquista y dominio de todas las patrias del orbe. Bélgica y Francia acababan de caer en las garras totalitarias del imperio nazi. Y era ciertamente afortunado para la democracia que Cuba, factor hasta cierto punto decisivo al objeto de la defensa del Hemisferio Occidental, estuviese en tales momentos en manos de un gobernante afín y amigo. No sólo la posición estratégica de la Isla de Cuba resultaba importante para la defensa de ambas Américas, sino también sus materias primas y sus hombres eran necesarios con vista al gran esfuerzo aliado.

Batista, que por años había observado y estudiado las perspectivas mundiales con vehemente y acucioso interés, advertía que las democracias del mundo tendrían que afrontar próximamente años de terrible amargura y que... la guerra era inevitable. La precocidad política del muchacho aquél salido de los cañaverales cubanos, no podría constatarse de modo más concluyente que dando a conocer la exactitud con que Batista predijera el instante en que los Estados Unidos —y Cuba como país aliado— habrían de ser arrastrados al conflicto mundial. Lo al tanto que andaba la fina percepción de Batista del curso de los acontecimientos, queda comprobado por el hecho indubitable de que el 2 de diciembre de 1941 —exactamente cinco días antes del ataque japonés a Pearl Harbor— persuadió al Congreso de Cuba a que declarara un estado de emergencia nacional

213

y le concediera poderes especiales extraordinarios al Poder Ejecutivo para la defensa del territorio nacional. Sin embargo, ésta fué la reiteración de una demanda que él había formulado con insistencia meses antes, y que, hasta entonces, los partidos de Oposición le negaban. La justificación que habían venido alegando era que la amplísima autoridad de que se investiría al Presidente de la República le convertiría virtualmente en un dictador, cosa que Batista no deseaba en tiempos como aquéllos, internamente normales, en que no eran en modo alguno necesarias tales superatribuciones. Ahora bien, no ignoraba Batista que ninguna nación podía defenderse con éxito o librar una guerra, sin sacrificar, siquiera temporalmente, algunos de los derechos ciudadanos en un régimen democrático. Tanto en los Estados Unidos como en Inglaterra, donde la existencia de gobiernos democráticos jamás ha sido impugnada, el rompimiento de las hostilidades ha traído siempre como corolario la conscripción, la censura y otros varios controles rígidos que afectan con mucho la vida y la libertad de acción de toda la ciudadanía. Mucho tiempo antes de Pearl Harbor, el Gobierno de Batista había firmado un convenio de préstamo-arriendo con los Estados Unidos, con el fin de proveer de equipos al Ejército, la Fuerza Aérea y la Marina de Cuba, por cuanto los materiales de estos cuerpos eran inadecuadamente anacrónicos. En su mensaje de diciembre 2 de 1941, Batista señalaba al Congreso que los preparativos para la defensa tenían que acometerse sin pérdida de tiempo, lo mismo en el ámbito militar que en el terreno económico. Insistía en la necesidad de establecer bases aéreas, defensas costeras y de contar con un Ejército, una Marina y una Aviación mayores, afirmando que la República de Cuba tenía que estar lista para cumplir sus compromisos con los Estados Unidos, a cuyo país la suerte de la Isla estaba indisolublemente vinculada por tradición y convenios ineludibles. Cuba tenía, asimismo, que hallarse preparada para contribuir dignamente a la defensa de la democracia en el mundo entero, a la sazón amenazado por las fuerzas del Eje.

Este don de Batista para intuir o anticipar los acontecimientos probó su eficacia, tanto para beneficio de los Aliados como para Cuba. Al llamarse a somatén para tomar partido en la conflagración, el Presidente Batista puso deliberado énfasis en aclarar que no era aquélla la ocasión de declarar no más teóricamente la guerra para permanecer luego al margen de la infernal tragedia en que los agresores del Eje estaban hundiendo al mundo. "Cuba" diría Batista a su pueblo— "será copartícipe real; verdadero jugador en el equipo de los Aliados, cumpliendo cualquier tarea que se le encomendare como contribución a la victoria democrática".

Muy lejos del pensamiento de Batista la falsa idea de que Cuba pudiera ser una observadora interesada y simple e inactiva en la gran contienda. Bien sabía él que, independientemente que tuviera o no la obligación de mandar sus tropas a pelear fuera del territorio nacional, la guerra finalmente alcanzaría las costas cubanas. Y así resultó, pues más de quinientos buques aliados fueron hundidos por submarinos alemanes en la jurisdicción marítima de Cuba o en sus aguas vecinas.

No puede haber ninguna duda respecto de que estas pérdidas cuantiosas habrían sido incuestionablemente multiplicadas de no haber previsto el Presidente Batista el inminente peligro. Los submarinos enemigos recibían un acopio ininterrumpido de información acerca de las salidas y los rumbos de los buques aliados. Tal información la suministraban adiestrados agentes del Eje en tierra, con el éxito consabido y el impacto enorme contra la Marina Aliada. Percatado de tal realidad, Batista —inquieto y preocupado— invitó a los especializados servicios de inteligencia de los Estados Unidos a un plan de cooperación referido a establecer un sistema de contraespionaje en Cuba para enfrentar de modo efectivo y recíproco la terrible amenaza. Agentes del FBI (Bureau Federal de Investigaciones) y del

Servicio de Inteligencia Militar y Naval de los Estados
Unidos, vinieron a Cuba a realizar sus propias pesquisas e
instruir a los miembros de los cuerpos de investigación
cubanos. De éstos, muchos fueron enviados a los Estados
Unidos a recibir cursillos sobre métodos modernos de contraespionaje. Con esta labor de cooperación cubano-norte-
americana se logró la adopción de un sistema idóneo y
coordinado que inmediatamente obstaculizó con éxito el
trabajo solapado de los espías del Eje.

En el transcurso de estas operaciones hubieron de caer
en la redada algunos agentes enemigos sin mayor importancia. Pero no se les trató con rigurosa severidad por carencia de verdaderas pruebas suficientes que los relacio-
nara con actividades de espionaje. Mas, en septiembre 1 de
1942 se dió a la publicidad el arresto de Augusto Luning,
suceso que habría de interesar sobremanera a los centros
de inteligencia de Londres, Washington y Berlín, aunque a
cada cual por diferentes razones. Los ingleses habían venido
mostrando interés por ciertas cartas misteriosas recogidas
por sus censores en las Indias Occidentales —especialmente en Las Bahamas. Varias contenían mensajes escritos
con tinta invisible. Y no cabía duda de que guardaban evidente relación con un sistema de espionaje que atendía
preferentemente el movimiento marítimo en el área del
Caribe. Las sospechas recayeron sobre Luning, un agente
viajero alemán con pasaporte de Honduras, que había estado en Cuba alrededor de un año. Cuando los miembros de
la Policía cubana le arrestaron, se sorprendieron al ver la
gran cantidad de canarios en jaulas que cantaban a todo
pulmón en el apartamento de dos habitaciones que Luning
ocupaba en La Habana Vieja. El motivo de aquel amor por
la canaricultura pronto se descifró. El espía de Hitler, valiéndose del trinar de los canarios ahogaba o confundía el
sonido del aparato transmi-receptor clandestino de radio de
onda corta que utilizaba en sus labores. Luning había realizado varios viajes por la zona del Caribe y New York,
ostensiblemente relacionados con sus actividades comer-

ciales. Pero, el sujeto era un importante agente del Eje, lo que pudo comprobarse sin lugar a dudas, porque muchos de los informes a los submarinos enemigos operantes en el Caribe habían sido suministrados por el "Hombre de los Canarios". En los primeros momentos Luning hizo una historia increíble: dijo haberse encontrado con dos hombres quienes le persuadieron a que aceptara un transmisor de radio para que les pudiese enviar informes que serían utilizados en ciertas operaciones bursátiles. Por fin confesó la verdad. Había sido reclutado y entrenado en Alemania para el espionaje. Y después de habérsele entregado la cantidad de cinco mil dólares en efectivo fué enviado a La Habana.

El 19 de septiembre de 1942, el Tribunal de Urgencia de La Habana, considerando a Luning culpable de espionaje, le sentenció a muerte. Declaraba el Tribunal en su sentencia que habíase probado que Luning enviaba informes al gobierno alemán sobre el movimiento marítimo en puertos cubanos, además de suministrar datos de importancia acerca de la ubicación y construcción de las bases aéreas. El Tribunal Supremo confirmó la pena de muerte el 30 de octubre. Las últimas esperanzas de Luning en cuanto a salvar la vida estribaban en que su sentencia podría ser conmutada por el Presidente Batista. Pero en la mañana del 8 de noviembre, el Jefe del Estado cubano firmó el decreto refrendándola y el espía alemán de treinta y un años fué ejecutado por un pelotón de fusilamiento en la mañana del 10 de noviembre de 1942. En torno a esta ejecución se tejió un velo de misterio, quizá originado por las frecuentes visitas que una bella dama solía hacer al acusado en su celda. Se especuló mucho respecto de su identidad que nunca fué revelada. Pero después del sepelio de Luning decayó rápidamente el interés por aquella mujer. Los cubanos eran mayoritariamente contrarios al Eje. Mas, muchos consideraban que la pena de muerte era sanción excesivamente dura. Batista, sin embargo, opinaba que era necesario sentar el precedente de severidad como advertencia a otros espías que operaban en la Isla. Las pérdidas de barcos y de vidas habían sido notables y una buena parte de tales desastres se atribuyó a los datos precisos que los alemanes lograban sobre el movimiento de naves en los puertos cubanos.

Con haber estampado su firma casi criptográfica en uno de los pliegos de papel que tenía a la vista, el Presidente de Cuba habría podido salvar la vida de Luning, aunque sin otorgarle la libertad. En los días inmediatamente anteriores a la suprema decisión, admitió Batista que resultaba un trance difícil para él. Disgustábale la idea de no evitar que la vida de este joven alemán fuera tronchada. No obstante, la amenaza de los submarinos nazis tenía que ser eliminada si los Aliados querían sobrevivir. Muchas eran ya las pérdidas en vidas de marinos mercantes aliados en estos hundimientos. Y Luning había sido uno de los principales responsables de estas muertes. Después de considerar detenidamente el caso, Batista firmó el decreto de ejecución.

Luning fué el único espía ejecutado en América Latina en todo el proceso de la Segunda Guerra Mundial. No quedó ningún resquicio de duda sobre la gran cantidad de informes importantes que este agente había suministrado a los nazis en relación con los movimientos de buques, datos precisos de verdadero valor que los comandantes de los submarinos enemigos recibían y que estaban propuestos a ocasionar rápidos y costosos estragos para las fuerzas Aliadas y especialmente para los Estados Unidos. Resultó más que una coincidencia la certidumbre de que, después de la eliminación de tan destacado espía alemán, los hundimientos decayeron en seguida.

Aún cuando la preocupación de Batista por los problemas internacionales era permanente, los intereses particulares de Cuba le mantenían ensimismado muy de veras. De este aserto hablan más elocuentemente las propias palabras de Batista, cuando en charla con un norteamericano en los albores de 1942, remarcaba: "Producimos en Cuba el azúcar más inteligente del mundo. Pero jamás hemos logrado enseñarla a nadar". —Otra vez Batista se anticipaba a los acontecimientos. Por vez primera en muchos años iba a molerse toda la caña disponible en la Isla, estimándose que produciría unos tres millones quinientas mil toneladas de azúcar. De hecho, la zafra total se montó en tres. millones novecientas cincuenta mil toneladas. Pero Batista no pasaba por alto que su traslado al exterior constituiría un serio problema. La zafra entera, salvo doscientas mil toneladas para el consumo interno, fué vendida al mercado preferencial de los Estados Unidos a razón de $2.65 quintal de azúcar y $2.50 por la miel.

El azúcar es la sangre que activa la economía cubana. Batista no ignoraba las complicaciones y dolores de cabeza colectivos que habrían de surgir si los submarinos nazis torpedeaban los barcos cargados de azúcar y los lanzaban al fondo del mar. Como Jefe del Estado habíase valido de sus poderes especiales de guerra para negociar un convenio azucarero que comportaba beneficios para Cuba, pero que era al mismo tiempo y sobre todo: una específica contribución de la patria libre de Martí a los Estados Unidos como líderes del gran esfuerzo Aliado contra el nazismo esclavizador de pueblos. Siendo Jefe del Ejército, Batista había inspirado, calorizado y hecho promulgar —1936-37— la famosa Ley de Coordinación Azucarera, en cuya virtud la rentabilidad derivada del principal producto exportable de la economía cubana, se distribuiría desde entonces en escala proporcional entre todos los factores concurrentes en la industria, partiendo del surco a la fábrica, y dándole permanencia al colono en las fincas cañeras. Por eso, el convenio azucarero que suscribiera durante la Guerra habría de implicar beneficios diversificados indudables. Claro, que había cierto número de especuladores en el país que hubieran preferido beneficiarse con la situación bélica, obteniendo precios más elevados por el azúcar cubano. Pero Batista se plantó firme y los Aliados adquirieron el azúcar de Cuba a precios razonables. Era un modo nobilísimo de cooperar al esfuerzo democrático, entre otros que Batista no hubiera regateado tampoco.

En los primeros meses de 1942 aparecieron barcos cargados de azúcar en muchos puertos de toda la Isla. Las pérdidas marítimas eran tan considerables que se hizo necesario traer todo el azúcar de infinidad de ingenios hasta La Habana y transbordarla a buques que viajaban en convoy. Como Batista muy bien había dicho, el azúcar cubano, pese a ser tan inteligente, no había aprendido a nadar. Aún con los poderes tan extraordinarios que le hubo concedido el Congreso, nada fácil resultaba para Batista ofrecer a los Aliados el apoyo sin trabas que en el esfuerzo supremo contra el Eje él hubiera deseado. Muchas de las medidas de guerra impuestas al pueblo eran grandemente impopulares como: la censura, los apagones y restricciones en los abastos domésticos, incluyendo también el servicio militar obligatorio. Los cubanos son tan patriotas como cualquier otro pueblo. Pero nunca habían sufrido un Pearl Harbor o un Dunkirk, pese a que, decididamente, las mayorías nacionales estaban junto a los Aliados, algunos pocos carecían del sentido de solidaridad y de la preparación requeridos para soportar el tipo de sacrificio que americanos e ingleses habían acogido con un mínimum de murmuraciones.

Muy difícil le es a un Jefe de Estado mantener un algo de su popularidad si se ve compelido a adoptar la actitud de que "ésta es la Ley y hay que acatarla sin distingo de personas". La gente ha de ser ganada para la comprensión de la idea básica. Y ni siquiera eso basta, pues la imposición, por serlo, resulta siempre impopular y puede llevar al estadista al suicidio político. Roosevelt, por ejemplo, resultó un verdadero experto "vendiéndole" a su pueblo toda una serie de restricciones muy poco apetitosas.

Con esa habilidad especial para darle la vuelta a los quebraderos de cabeza o tomarlos por el flanco que ha caracterizado su carrera política, Batista jamás permitió que las quejas sobre las restricciones impuesta por la conflagración mundial se incrementaran suficientemente como para asumir proporciones de peligrosidad; cosa que de manera fácil pudo haber ocurrido si se hubiese determinado al encontronazo con ellas frente a frente. En vez de esto, le hablaba muy cuidadosamente a los representativos de los grupos que constituyen la vida nacional y cada vez que le era posible lograba ayuda de ellos para solventar problemas del momento. Cuando los productores de azúcar en Cuba, en junio de 1942, protestaron ante el Embajador de los Estados Unidos por las tentativas que se hacían para popularizar el racionamiento de azúcar en Norteamérica, Batista los dejó actuar. Infería que era mucho mejor que formularan la protesta, a correr el riesgo de que el régimen fuera tildado de amordazador de la voz de los azucareros en un asunto que amenazaba directamente el futuro de la industria. Más tarde decidió tomar partido en el asunto visto que no podía dejar de advertir que los intereses de la Nación se afectaban. Pero, pese a ello, antepuso siempre la eventualidad insoslayable de la Guerra.

Al conocer Batista que los norteamericanos necesitaban bases aéreas en Cuba para combatir la amenaza submarina, comprendió también que para que dichas bases cumplieran su cometido con efectividad tendrían que ser operadas y controladas por los Estados Unidos. Sin embargo de la amenaza submarina que estaba entorpeciendo los embarques de azúcares, Batista no desconocía que ciertos adversarios políticos poco escrupulosos se referían al asunto peyorativamente, llamándole "La Tercera Intervención Norteamericana". Así pues, se decidió a echarse encima la responsabilidad personal consiguiente, disponiendo que estas bases aéreas estuviesen bajo control de los Estados Unidos. Utilizó al efecto sus poderes excepcionales de Guerra y todos sus actos fueron aprobados por el Congreso.

Cuba no envió contingente alguno de hombres a Ultramar bajo su propia bandera. Pero miles de cubanos pelearon en las Fuerzas Armadas de los Estados Unidos en todos los frentes y a través de toda la Guerra, con el permiso y beneplácito del Gobierno de Cuba. La única acción en que una fuerza compuesta en su totalidad de cubanos hubo de pelear bajo su enseña patria, tuvo un feliz desenlace. Y fué cuando un buque patrullero de Cuba —atacado por un submarino enemigo— entabló batalla y destruyó el sumergible agresor. La tripulación cubana recibió las felicitaciones de los Aliados, volviendo a puerto nativo para ser aplaudida y vitoreada calurosamente por sus compatriotas.

Uno de los principios de combate que ha sufrido la prueba del tiempo sin variación alguna, es el de que un contendiente jamás debe dejarle saber a su adversario que ha sido herido. Los nazis en Berlín estaban furiosos por la cooperación que Cuba prestaba a la causa Aliada. Y cuando sus mejores tretas y esfuerzos fracasaron para coartar la voluntad cubana, recurrieron a las amenazas.

Radio Berlín amenazó una noche a La Habana con un bombardeo desde el mar y el locutor agregó: "Amigo Batista, recuerde que usted vive a pocos metros de la orilla" —A lo largo de los años que van pasando, Batista ha continuado estimando que fué éste el más alto honor que se le ha conferido por sus esfuerzos durante la Segunda Guerra Mundial. Y es una buena prueba de que el David cubano lastimó realmente al Goliath germano... halagando a Batista con ello inmensamente.

Capítulo 24

BATISTA había prometido celebrar elecciones libres y pulcras al finalizar su mandato presidencial de 1940-44. Mas, sus opositores políticos habían recibido tal promesa con evidente escepticismo. Una y otra vez reiteró que los comicios se efectuarían sin trampa, ni intimidación por parte de las Fuerzas Armadas, y que no se emplearían en modo alguno tácticas vejaminosas ni urnas amañadas.

El candidato del Gobierno lo era el Dr. Carlos Saladrigas, una prestigiosa figura nacional, héroe entre los héroes de la lucha contra la tiranía machadista, y ciudadano extraordinariamente dotado para la alta investidura propuesta. Su adversario, el Dr. Ramón Grau San Martín, era el mismo caballero que ocupara la Presidencia de la República provisionalmente durante los cuatro febriles meses posteriores a la caída de Machado y de la victoriosa Revolución de los Sargentos. En los términos usuales para definir las tendencias políticas de ambos candidatos, a Saladrigas se le podía llamar conservador y a Grau radical. Pero en Cuba como en tantos otros países latinoamericanos, los votos suelen emitirse generalmente en favor o en contra de una personalidad determinada, sin que las tendencias políticas cuenten más que como consideraciones secundarias. Tal tipo de "personalismo" es el que da origen a calificaciones tales como "batistiano", "menocalismo", "grausista", "saladriguista", etcétera, que indican no más el apoyo de un elector a un candidato más bien que a un partido político.

Al acercarse el día de las elecciones las conjeturas aumentaron. ¿Cumpliría Batista su promesa de unas elecciones libres, o sólo serían sus palabras al respecto expresiones halagüeñas de un hábil político? — El 1º de junio de 1944 el pueblo de Cuba acudió a las urnas y allí los auricipes incrédulos recibieron la respuesta. Los cubanos participaron en unos comicios limpios, libres y honrados como ninguno en la historia electoral del país. El candidato de gobierno —el candidato de Batista— fué derrotado en toda la línea por la Oposición. No tuvieron lugar desórdenes durante la cívica jornada. A nadie se le coaccionó y el pueblo pudo elegir libre y soberanamente al mandatario que quería.

Cuando Batista entregó el mandato al Dr. Grau San Martín el 10 de octubre de aquel mismo año de 1944, los cubanos hubieron de aclamarle con vivas y hurras desde los balcones y azoteas de todas las casas. Por millares se contaban los mensajes de felicitación de personas de todas las clases sociales, incluyendo a destacados miembros de los partidos opositores. Había cumplido como bueno su promesa y el pueblo de Cuba le estaba agradecido.

Los vítores de la muchedumbre resonaban todavía en sus oídos cuando Fulgencio Batista —ciudadano reintegrado a la vida privada— salió de Cuba para iniciar un recorrido por la América del Sur en el otoño de 1944, que culminó felizmente. Pero una vez fuera de su vista, el pueblo cubano buscó nuevos héroes a quienes vitorear y nuevos villanos que pudieran ser vilipendiados. Batista estuvo varios meses en su recorrido por Sudamérica. Donde quiera que llegó se le prodigaron los más altos honores. En su viaje, las gentes del Perú, de Chile, de Uruguay, Brasil y otras de las repúblicas que visitara le honraban por lo que era: un gran estadista americano; una personalidad cálida y sincera, con una sonrisa para todos, y un profundo interés por la vida.

Por cuatro años permaneció Batista en el exilio, la mayor parte de dicho lapso en los Estados Unidos. Pero pocas veces abandonaba su trabajo y sus estudios. Se pasó varios meses redactando un informe sobre su interesante viaje por la América Meridional. Y nunca dejó de observar, con acucioso detenimiento la vida económica, política y cultural de los Estados Unidos. Viajó mucho por este país, conociendo a numerosas personas, interrogando, analizando, absorbiendo más y más conocimientos. Su vida hogareña era extremadamente feliz. Habíase casado con la bella y encantadora Martha Fernández Miranda, después de anular su primer matrimonio con Elisa Godínez.

Cuando no viajaba, Batista repartía su tiempo entre su apartamento de New York y su hogar en Daytona Beach, Florida. Dedicaba horas enteras a trabajar y estudiar, aunque se las había arreglado de manera que en los fines de semana pudiera disfrutar de algún esparcimiento. Vi mucho a Batista durante sus años de exilio y las horas que pasamos juntos me fueron tan agradables como instructivas. Por naturaleza Batista es hombre de buen humor y le gusta la gente. Su inglés es bueno y le encanta usarlo.

Residiendo Batista en New York, pasé en su compañía algunos fines de semana en los pequeños pueblos que se reclinan sobre la costa de New Jersey o en algunos de los tranquilos clubes de Long Island. En Florida pescamos lobinas en los hermosos lagos de la parte central del estado. Y tengo para mí que una de las mejores maneras de conocer a una persona es yendo a pescar con ella.

Algo hay en Batista que siempre me ha causado asombro. Y ello es el hecho de que aún en lugares remotos le reconocen en cuanto lo ven. Recuerdo un incidente que tuvimos mientras disfrutábamos de un agradable fin de semana en Spring Lake, New Jersey. Era un sábado en la tarde, Batista habíame invitado a un paseo en automóvil con el fin de visitar algunos de los pintorescos pueblecitos que puntean la costa. Nuestras esposas nos acompañaban e iban de indumentaria deportiva. Ellas llevaban ropa de playa y Batista unos "slacks", camisa sport bastante llamativa, gorra de lona de pescador con visera plástica y unos espejuelos oscuros. Nos detuvimos en un pequeño pueblo donde las compras del sábado estaban en su apogeo y comenzamos a recorrer las vitrinas. Con el transcurso de las horas advertíamos que se nos había hecho tarde y que no podríamos volver a Spring Lake a tiempo para comer. De suerte que decidimos hacerlo en el lugar que visitábamos. Las señoras protestaron. No podían entrar a un restaurant ataviadas con ropa de playa. Batista y yo las acompañamos a que compraran unas faldas que resolvieran el problema. Entretanto ellas se probaban las sayas, contemplábamos Batista y yo las vitrinas del establecimiento.

Unos momentos después, el administrador o propietario de la tienda vino hacia nosotros abordándonos. "Nunca" —nos dijo— "esperé el honor de tener al General Batista como cliente". —Batista tan sorprendido como yo, se sonrió y estrechó la mano del hombre. De cómo fué que reconoció a Batista en aquel atavío que llevaba me resulta todavía un misterio. El descubrimiento de que Batista se hallaba en la tienda por poco paraliza el negocio. El gerente llamó a todas las muchachas vendedoras y se las fué presentando al General, iniciándose la caravana de autógrafos. Por fin salimos del establecimiento cuando era ya hora de cerrar. Noches después estábamos los cuatros sentados en penumbra en un rincón del hotel de Spring Lake. Una pequeña orquesta al lado opuesto del salón interpretaba una rumba. Estábamos conversando y muy escasa atención habíamos puesto a la música. De repente, un individuo se levantó de la mesa próxima a la nuestra, vino hacia nosotros y díjole al ex-Sargento: "General Batista, los que bailan, no están haciéndolo muy bien; y como quiera que la rumba es cubana, debemos pedirle excusas por lo mal que la interpretamos aquí". A Batista le agradó el gesto e invitó al cortés interlocutor a que se sentara con nosotros. La realidad es que Batista podía haber enseñado al norteamericano muchos pasos y detalles de la rumba porque tanto él como su esposa saben bailarla con maestría.

Batista es un gran adicto a los deportes y se interesa especialmente por el boxeo. Viviendo en New York pocas veces se perdía una buena pelea en el Madison Square Garden. Le place sobremanera la pesca. Y en mar abierto sobre todo este deporte le entusiasma. Aún hoy día, abrumado como está de trabajo, no pierde ocasión de salir de vez en cuando de pesquería. Gusta de la competencia y hubiera sido un formidable atleta de haber tenido tiempo para adiestrarse.

En unas vacaciones que pasábamos juntos en el centro del Estado de la Florida, Batista y yo jugábamos mucho tejo. No éramos expertos, pero nuestras habilidades estaban bastante bien equiparadas. En cierta ocasión en que nos encontrábamos en Silver Springs durante unos dias, decidimos salir de dudas sobre nuestras particulares habilidades, de una vez y por todas. Por horas enteras empujamos las piezas de un extremo al otro de la pista y con cada jugada se abria una discusión. Batista es un contrincante hábil que nada concede. Cada vez que mí pieza se detenía cerca de una línea, declaraba sin más que estaba realmente tocándola y me anulaba el tanto. Juraba que sus tiros caían en el mismo centro del cuadro que daba los tantos. Las disputas se hicieron tan acaloradas que tuvimos que llamar a un referee. Este fué Mariano Domingo, uno de sus buenos amigos que estaba haciendo el viaje con nosotros. El tenía que decidir nuestras diferencias. Resultó una graciosa batalla en la que Mariano hacía lo indecible por mantenerse imparcial. Siempre he insistido en que él —en aquel torneo de tejo en Silver Springs— otorgó algunas decisiones "políticas" y Batista todavia hoy le chancea sobre el particular.

En ese mismo viaje acordamos pescar unas lobinas. Batista es pescador de agua salada como casi todos los deportistas cubanos. Pero le agrada muchisimo la pesca en las tranquilas aguas de los lagos de la parte central de Florida. Pescamos a todo lo largo del Lago Griffin, utilizando los servicios de Ed Nelson, de Starke's Ferry, como guía. Ed, que murió pocos meses más tarde, era uno de los mejores pescadores de la Florida y un caballero de muy interesante personalidad. Simpatizó con Batista en seguida de conocerle. Y Batista vió en Ed Nelson a una gran persona. El campamento de pesca de Nelson estaba bien adentrado en los bosques. Cuando llegamos y le presenté a Batista, el famoso pescador quedó sorprendido. Algunos de los episodios políticos de los más sobresalientes en la carrera del General le eran tan conocidos como la biografía de cualquier funcionario local. Batista no podía comprender cómo un hombre que explotaba un campamento de pesca en el interior de Florida supiese tanto de su historia política.

Terminada la pesquería iniciamos el viaje de regreso en automóvil al hogar de Batista en Daytona Beach. Era uno de esos días hermosos de Florida y habíamos tenido una pesca magnífica. Batista venía manejando su pequeño automóvil. Al llegar a la región de las frutas cítricas, cerca del lindo pueblecito que es Mount Dora, quedó fascinado por los huertos con sus largas hileras de árboles de toronjas y naranjas. Sin decir una palabra detuvo el carro al costado de la carretera. Se bajó, corrió al borde de los pletóricos naranjos, arrancó dos frutas y volvió a escape al automóvil. Ya carretera adelante, le expliqué que cualquier dueño de aquellos naranjales de por allí le hubiese dado todas las frutas que quisiera. "No", —me dijo— "eso no era lo que yo quería. ¡Toda mi vida había tenido ganas de robarme una naranja de la mata, y por fin lo he logrado! Como que ya lo conseguí no tendré que reprimir más mi deseo".

Yo quedé en silencio. De haber hablado, hubiera vuelto inútil la satisfacción de su gesto. No quise decirle que se había llevado dos frutas de la arboleda de uno de mis mejores amigos que, con gusto le habría regalado un camión cargado de naranjas...

Capítulo 25

CUANDO Batista cumplió su mandato de Presidente Constitucional en octubre 10 de 1944, sus enemigos políticos predijeron que su carrera de estadista había terminado. Acaso fueran las mismas torvas y recónditas esperanzas de estos augures las que motivaran predicciones semejantes. Pero... sea como fuere, incontrovertiblemente cierto era que, para un buen número de cubanos, el ocaso político de Batista había llegado.

Generalmente eran éstas las mismas personas que otras tantas veces fracasaron en sus pronósticos respecto a Batista. Habían logrado fabricarse una carrera política en base a sus crasas equivocaciones oraculares desde septiembre 4 de 1933, cuando después de la Revolución de los Sargentos, afirmaban que Batista sería fusilado por el mismo Ejército en castigo a su motín que derrocara al gobierno de Céspedes.

No puede negarse que Batista es un sujeto sobre el que resultan harto difíciles los vaticinios. No se ajusta nunca a normas preestablecidas o tradicionales en asuntos políticos. Como tampoco hubo de adaptarse a la simple condición de humide cortador de caña, cuando era un muchacho descalzo en la provincia de Oriente. De ser o haber sido el tipo conformista que se amolda a formas dadas, no habría razón alguna para escribir una sola línea sobre él. Y lo que es aún más importante, la historia de Cuba no contaría con páginas de tan profundo interés sociológico, si el país no hubiere dado de sí a un hombre del extraordinario colorido de Fulgencio Batista. Siempre he creído algo realmente inexplicable el que tantos "politicians", y aún estadistas cubanos, se hayan ocupado de detractar a Batista en forma tal, que se colige como ni siquiera se han preocupado por conocer la juventud del hombre que tan destacada y sensacionalmente ha figurado en las cuestiones de la República.

Yo pienso que no ya por neto patriotismo, sino por común curiosidad, estos personajes públicos deberían escarbar un poco en el pasado y empaparse de los antecedentes de este muchacho, que, saliendo un buen día del tajo de un cañaveral, ha ascendido a una posición prominente en los asuntos continentales. Y todo ello en un corto, brevísimo período de tiempo. Quizás si se tomasen el trabajo de investigar en la biografía de este antiguo Sargento, habrían de hallar algo que explicara la razón del genio o la carencia de genio en él.

Ninguna nación, grande o pequeña, puede ignorar a un hombre que, en el transcurso de veinte años ha derrocado dos gobiernos, y por dos veces, ha sido Presidente de la República en que naciera. ¿Por qué no averiguar más acerca de Batista? Si escudriñando en su vida anterior hallaran determinaciones para críticas legítimas, entonces cualquier ataque contra él encontraría justificación. Pero si por el contrario, descubriesen en él alguna virtud, alguna manifestación de puro patriotismo, alguna prueba de sus facultades para el rol que ha desempeñado en los asuntos de su país, debieran —como dignos ciudadanos— cesar en las calumniosas censuras de que le hacen objeto. Y por supuesto, ofrecerle apoyo en sus empeños oficiales.

Aquellos de nosotros que hemos tenido el privilegio de vivir con el pueblo de Cuba por años, estimamos altamente su integridad y su visión abierta de las cosas. Los cubanos, en general, son amantes del progreso. De viva inteligencia, poseen la virtud de saber conducirse con equidad en la vida cotidiana. Son excesivamente tolerantes. Y esta condición en particular es la mayormente responsable de la tendencia que existe entre los políticos del país de dirigir ataques inmisericordes a una figura pública, sin apoyar sus cargos en hechos reales. En un pueblo menos transigente, cualquier persona que lanza venablos y acusaciones violentas contra otra que desempeña un cargo público, se ve obligada a presentar las pruebas que sustenten sus cargos. Esa misma tolerancia también ha traído consigo una estrafalaria interpretación del derecho de libre expresión. Es cosa normal en Cuba que un político se valga de la prensa, la radio o la televisión para barnizar de lodo a sus contrincantes de un modo que resultaría punible en cualesquiera otras democracias. En Cuba un orador puede envilecer a una figura pública y luego justificar sus propias imputaciones alegando sencillamente que ha ejercido sus derechos garantizados por la Ley Constitucional, en cuanto a expresar con toda libertad su pensamiento. El pueblo acepta tal interpretación a todas luces desorbitada.

Después del retorno de Batista al Poder —10 de Marzo de 1952— sus opositores políticos sostuvieron una serie de acusaciones contra él y todas se basaban en supuestos o en rumores. En muchos casos el impugnante, valiéndose de la radio o la televisión, abría todo el volumen de su voz para acusar a Batista de haber establecido una dictadura atroz sobre el país, amordazando la libertad de palabra. Una vez que el orador "electrónico" había sentado la premisa de que la nación estaba siendo estrangulada por la dictadura batistiana, proseguía durante diez, veinte minutos o media hora formulando más y más cargos a cada cual más violento a manera de denuncia contra Batista y su régimen, sin pasar por alto, inclusive, a sus amigos, ni ocurrírsele deducir que el mero hecho de que se le estuviera permitiendo gritar a voz en cuello tantos denuestos insubstanciados contra el Presidente de la República y su gobierno, constituía la prueba evidente de que no existía por ninguna parte la dictadura contra la que desbarraba. De haber sido así, —de existir la tal dictadura— nadie hubiera podido jamás lanzar al aire semejantes peroratas antigubernamentales.

Una de las formas más fáciles de iniciar una discusión en Cuba es la de mencionar el nombre de Batista. Casi todo el mundo tiene su opinión hecha acerca de él. Pero, desgraciadamente, los pareceres —en abrumadora mayoría— están bajo las influyentes emociones del individuo. Los que admiran a Batista, como los que le detestan, lo hacen con restallante pasión. No creo que muchos cubanos hayan tratado de analizar a Batista de manera objetiva. Estoy seguro de que muy pocos, dejando a un lado sus pasiones personales, han pensado fríamente las buenas y las malas cualidades de este hombre público, como para llegar a una definición cabal de su carácter, de su personalidad y sus aptitudes.

Quienquiera que lograse tal tasación sin prejuicios, hallaría, pese a la impredecibilidad del hombre y a su hábito de sorprender a la gente y a los gobiernos, que existen ciertas constantes en su vida. Descubrirían, por ejemplo, que es sincero, valiente, un revolucionario nato, un jefe natural y un estratega de primera línea. Huelga señalar, por supuesto, que nadie puede negar su inteligencia poco común, demostrada infinidad de veces en todos sus actos públicos. Y que tampoco es posible desconocer su coraje. Nadie en el mundo hubiera podido derrocar dos gobiernos a la usanza de Batista sin poseer un gran valor personal. Su capacidad como líder y su habilidad como estratega político-revolucionario son demasiado conocidas para requerir de mayores apologías.

Un estudio imparcial e histórico de la vida de Batista como figura pública demostraría que, no obstante haber llevado a cabo dos insurrecciones con gran éxito, ha ejercido una influencia estabilizadora sobre su país en períodos de peligrosa hiperestesia nacional. De eso habla con elocuencia el 4 de septiembre de 1933 y lo reitera asimismo el 10 de marzo de 1952. Meses después de haber asumido el Poder en esta presente oportunidad, hasta algunos de los cubanos que no estaban acordes con sus actuaciones como gobernante, admitieron que si Batista abandonase súbitamente el timón del Estado, el país caería en otro impasse de inestabilidad general, para convenir en que por el momento no había respuesta ciertamente válida con relación a esta pregunta: ¿Y después de Batista, qué...?

Los cubanos suelen discrepar en lo patriótico respecto de Batista. Sus enemigos insisten en que es egoísta y que muchos de sus actos han sido motivados por la mera ambición y por el puro interés personal, sin mayores distingos entre lo material y lo espiritual. Ahora bien, quienes le conocen íntimamente, quienes lo han visto cavilar y preocuparse por la situación del país, no pueden creer en modo alguno que Batista —en toda su carrera— haya dado nunca un paso sin convencerse previamente de que éste no tendía a favorecer el bienestar de Cuba. Y se preguntan: ¿Qué motivo lo hubiera lanzado a arriesgar su vida en Marzo de 1952, que no fuese éticamente el del patriotismo? —Ya en esta etapa de su existencia Batista había alcanzado los más altos honores de su país. Poseía lo suficiente entre las cosas materiales de la vida para permitirse el vivir con confort y tranquilidad. Gozaba de una vida hogareña excepcionalmente feliz. No existía, pues, razón material alguna para que actuara como lo hizo en Marzo de 1952. De modo, por tanto, que no hay más que considerar que si hubo un motivo único inspirador de su propósito de asumir el mando del Ejército, la Marina, la Policía, y en realidad de todo el Estado cubano con sólo una docena de hombres que lo secundaron, ese gran motivo tuvo que ser el de su devoto amor por la Patria.

Uno de los valores cimeros con que cuenta Batista es el de su recia personalidad. Su atractivo peculiar le proporciona excepcionales poderes de persuación, lo que comporta un prerequisito importante para cualquier líder de hombres o de pueblos. He conocido individuos que llegaron a Batista con la violencia en el corazón, protestando de algún hecho del gobierno y convencidos de que Batista era el responsable de la lesión que sufrían ellos o sus intereses económicos. Pues bien, apenas se han enfrentado al ex-Sargento han sucumbido a sus dones y se han sentado a discutir sus problemas, sin apasionamientos ni violencias. En algunas ocasiones he podido permanecer junto a Batista cuando ha sido visitado por reporteros notablemente anti-batistianos que han ido a él para obtener datos con qué combatir a su gobierno. Todos han salido siempre de la entrevista con una sensación de amistad hacia el mismo hombre al que momentos antes tenían el propósito de atacar.

El elemento sorpresivo que Batista ha utilizado con tanto éxito en sus actividades revolucionarias es un detalle atrayente y singular de su carácter. Sus amigos, con frecuencia, reciben un inesperado mensaje de Batista a medianoche, invitándolos a discutir algunos asuntos en torno a unas humeantes tacitas de café. En ia primavera de 1953 —cuando Cuba celebraba el Centenario del Nacimiento de José Martí, la más alta figura nacional de todos los tiempos— me llamó Batista una tarde a mi casa, convidándome a comer con él en la biblioteca de su residencia campestre. Allí me encontré con un pequeño grupo de personas, entre ellas, el General Tabernilla, Jefe del Ejército. Comimos pollo frito y luego nos sentamos a charlar sobre cosas menudas. Así disfrutaba Batista de un momento de tregua entre los múltiples y complejos asuntos oficiales que le abruman, y en aquellos días, de la devota atención que prestaba a los actos que se efectuaban con motivo de los festejos martianos. Al día siguiente habría de pronunciar el discurso estelar en el acto de mayor rango que se ofrecía en homenaje al Apóstol de las libertades cubanas.

Pasada la medianoche había decaído la conversación. Y Batista se levantó de su asiento y se detuvo ante una mesa de su biblioteca. Abriendo una edición monumental de la Biblia, empezó a leer en alta voz. Lo hacía bien y todos escuchábamos. Cerca de una hora duró la lectura, interrumpida varias veces por el propio lector para hacer algunas observaciones acerca de los pasajes que interpretaba. Cuando terminó nos hizo saber que la visita había tocado a su fin. Eran las dos de la mañana y Batista nos anunció que ya estaba preparado para redactar el discurso que habría de pronunciar horas después.

A una pregunta mía inquiriendo el por qué de haber leído el Texto Sagrado, me respondió que existían varios motivos: primero, magnífica literatura; segundo, alivio; y tercero, inspiración...

Capítulo 26

En los tres primeros años de su exilio en los Estados Unidos, los planes y el porvenir político de Batista fueron inciertos. Permaneció alejado de Cuba todo ese tiempo sin que en ningún momento el gobierno del Presidente Grau San Martín tuviera a bien extenderle invitación alguna para que regresera al país. Y la verdad es que Grau hizo cuanto pudo por no alentar el retorno de Batista. Se negó a ofrecerle la protección usual y la cortesía de estilo en tales casos a un ex-Presidente, habiendo llegado —incluso— hasta el burdo intento de fabricar algunas acusaciones contra el hombre que, mediante la Revolución de los Sargentos, le había ingresado en la historia nacional. El propósito del Presidente Grau era obviamente el de desbaratar cualesquiera planes que Batista tuviese de volver a la Patria.

Mientras tanto, el régimen de Grau dábase con ahinco a la iconoclasta tarea de crearse una excelente reputación de pésimo gobierno. Perturbado estuvo el país casi todo el tiempo en que el profesor de Fisiología ocupara el Palacio de la Presidencia, que, dicho sea de paso, ofrecía el aspecto de un "country club" en vez de esa austera prestancia de la Casa del Ejecutivo de una Nación.

El gangsterismo político —una especie de "maffias" terroristas— habíase entronizado en Cuba, existiendo todos los indicios que hacían ver que el Gobierno protegía semejante plaga de rufianes. Ciento sesenta y cuatro personas fueron asesinadas durante el gobierno de Grau. Pero sólo se aprehendieron a unos cuantos responsables de menor cuantía. El Ministro de Educación, José Manuel Alemán —amigo y colaborador de Grau— acumuló una de las mayores fortunas del mundo en menos tiempo del que se necesita para contar peso a peso un millón de idem. Y lo hizo —¡vaya alquimia auténtica!— con su pequeño sueldo de Ministro. Por lo menos, era eso lo que se pretendía que el pueblo creyera. Alemán no sólo hizo dinero a montones y a la carrera, sino que lo convirtió en dólares norteamericanos y se los llevó de Cuba con igual celeridad.

De la noche a la mañana se hizo uno de los más grandes propietarios de terrenos en el área de Miami-Miami Beach y en la misma ciudad floridana era dueño de multitud de cosas, desde un stadium para deportes hasta de inmensos edificios destinados a oficinas. Podrá discutirse acerca del método utilizado por Alemán para adquirir sus fabulosas riquezas. Pero ninguna controversia cabe en cuanto a que era decididamente un operador en gran escala. Por desgracia para él, no vivió mucho tiempo para gozar del beneficio de su genio financiero-educacional. Murió hace pocos años, dejando a la familia ahorritos por algunos millones de dólares.

En ciertos momentos las peripecias del gobierno grausista ostentaban ribetes de ópera bufa. Un ceremil de incidentes, a menudo cómicos y hasta hilarantes, culminó en el robo de la inmensa gema que no se sabe cómo extrajeron del piso del Capitolio, que es un edificio —sede del Congreso de la República— ubicado en el centro de La Habana. Años atrás, al erigirse la obra, los que en ella trabajaron adquirieron el diamante y lo engarzaron en un tubo de hierro que empotraron al centro mismo del suelo del suntuoso edificio. Marcaba el punto de referencia desde donde se calculan todas las distancias en Cuba y constituía un gran atractivo para el turismo. Los guías del Capitolio siempre trataban de impresionar a los visitantes hablándoles de los efectos acústicos del edificio que, según afirmaban, habrían de proteger a la joya contra los malhechores. Si una persona de pie sobre el diamante batía palmas, el sonido se extendía en eco creciente por todo el edificio. "Vean ustedes" —señalaba un guía a los turistas— "la acústica nunca permitirá que esta piedra preciosa sea robada" —Pero lo cierto fué, que ni el eco en cadena ni la celosa Policía del Capitolio, pudieron impedir que cierta noche el diamante desapareciera. Personas desconocidas habían roto el cemento en torno a la joya y la habían llevado. Una operación sencilla y silenciosa realizada por orfebres de la fechoría. Pero ahí no paraba la burla a la inviolable acústica y a los guardianes del Palacio de las Leyes. Había más... porque de manera irónica, los autores del robo se sirvieron marcar con flechas en el piso, la ruta de su fuga.

Con su acostumbrado buen humor que suele pasar de la sonora risotada al sarcástico **choteo criollo** el pueblo cubano emitió sus carcajadas y derivó hacia inspiradas bromas, chistes y guarachas. Pero si semejante escamoteo divirtió a los cubanos, la recuperación del diamante del Capitolio les condujo poco menos que a la histeria en masa. Después de que los esfuerzos policíacos resultaron inútiles para localizar a la gema o aprehender a los ladrones, el diamante —¡oh maravilla de juguete cómico!— apareció por sí solo en el único o acaso el último sitio donde al más sagaz policía se le hubiere ocurrido registrar...: en la mismísima mesa del Honorable señor Presidente de la República, Dr. Ramón Grau San Martín. Y hasta la fecha nadie ha sabido cómo fué a parar allí...

Vencido el mandato de Grau, él y varios de sus colaboradores fueron acusados y encausados por el robo o malversación de la friolera de ciento setenta y cuatro millones de pesos cubanos, equivalente a dólares norteamericanos.

En las postrimerías de la administración de Grau, varios líderes políticos habían visitado a Batista en Daytona Beach, urgiéndole a que retornara a la lucha cívica. La Constitución cubana disponía que ningún ex-Presidente podría aspirar a su reelección hasta tanto no hubieren decursado dos períodos presidenciales consecutivos, de cuatro y cuatro años. Por tal razón Batista no era elegible al cargo de Jefe del Estado entonces. Pero sí podía aspirar a otros cargos. Finalmente, después de unas cuantas conferencias con sus amigos y consejeros, Batista consintió en postularse para Senador por la provincia de Las Villas. Al proclamar su candidatura explicó que la mala situación política de Cuba y la alarmante quiebra de la autoridad gubernamental eran los motivos que lo decidían a volver al escenario político del país. Sin embargo, permaneció en Florida durante la campaña electoral y pese a ello, resultó electo en ausencia. En la misma justa comicial fué exaltado a la Presidencia de la República el Dr. Carlos Prío Socarrás. Prío había sido un favorito de Grau. Y fué éste quien lo situó a la cabeza del Partido Auténtico, que le dió el triunfo a Prío en estas elecciones generales de 1948.

Batista quedó en la Florida hasta noviembre de aquel mismo año, en que regresó a Cuba. Sus amigos y simpatizadores acudieron por millares al aeropuerto de Rancho Boyeros para dar la bienvenida al guajirito de Banes que retornaba a la Patria. Batista se sintió profundamente conmovido ante tal demostración de cariño. La noche anterior a su regreso se había reunido con un pequeño grupo de amigos en Orlando, Florida, y aún cuando no pasaba por alto que al volver a Cuba habría de enfrentarse con algo así como un enjuiciamiento de sus más encarnizados enemigos políticos en posesión del Poder, lucía completamente tranquilo. En la comida que se le ofreció esa noche en tierra floridana estuvieron presentes varios generales retirados del Ejército de los Estados Unidos, que habían servido en Cuba durante la Segunda Guerra Mundial, y que a la sazón residían en aquella pequeña ciudad. La política cubana no se mencionó en toda la noche durante la inolvidable velada.

Al llegar a Cuba, Batista se dispuso a reorganizar debidamente sus huestes políticas. Ausente del país por varios años, eran muchas las cosas que podían haber sucedido en las alianzas y pactos durante el prolongado lapso. Creó el Partido Acción Unitaria y se dedicó a la preparación de su campaña presidencial con vista a los comicios de 1952 en que ya podría aspirar a la más alta magistratura de la República.

La ostensible desintegración de la moral administrativa de los llamados "auténticos" —de que tanto había oído hablar mientras estuvo en la Florida— empezó a preocuparle muy seriamente desde que regresó a Cuba. El pandillerismo campeaba por su respeto en la Isla y el principio de autoridad del gobierno andaba al garete. Los opositores políticos del régimen priísta estaban siendo hostilizados y perseguidos por franco-cazadores que se sabían bien protegidos por la impunidad. Batista hizo una pública apelación al gobierno de Prío, con la esperanza de que el Presidente hiciera algo por el restablecimiento del respeto a la Ley y el orden, otorgando las constitucionales garantías para la vida de los ciudadanos sin tener en cuenta sus militancias políticas. Pero tales llamamientos a la cordura cayeron en el vacío.

Aunque el régimen era ahijado de Grau, porque bajo su palio asumió Prío la Presidencia de la República, éste, una vez que tuvo las riendas del Poder en sus manos, rompió con el amado maestro, pasando por sobre el padrinazgo y ya muellemente instalado en el Palacio del Ejecutivo, decidió actuar sin la sombra tutelar del profesor.

Cuando Prío se hizo cargo del gobierno —octubre 10 de 1948— el pueblo clamaba por una administración pública honesta e idónea. Y no era de inadvertir que el nuevo primer mandatario tenía a su alcance la mayor oportunidad ofrecida a ningún Presidente cubano en época alguna. De haberla aprovechado con tino y patriótica dignidad hubiera sido una de las más altas figuras de la historia política nacional. Pero su régimen no fué menos malo que el de Grau. Y es más, muchos cubanos afirman que reiteró y aventajó los desaciertos del maestro repudiado.

La administración de Prío se especializó en grandes "negocios". Las labores estatales sólo eran medios para obtener buenas ganancias que enriquecían personalmente a muchos elevados funcionarios. Los intereses del pueblo estaban

subordinados a las apetencias de los mandatarios del gobierno y el criterio prevaleciente en las altas esferas oficiales era el de: "¿Cuánto puedo ganarme?", en lugar de:
"¿Esto es bueno para Cuba?"   —Resultado de esto fué
la consumación de todo género de operaciones punibles y
semi-punibles, con la tolerancia cómplice, cuando no con
la aprobación gestora de la primera figura del régimen.

Uno de los negocios colaterales, a la larga convertido en
industria, era el del contrabando. Durante el período en
que gobernara el Presidente Prío, el contrabando floreció
sin interferencias oficiales de ningún género. Y, si los hombres responsables de su gobierno no estaban enterados de
tales operaciones —por lo demás denunciadas por la prensa
y la radio casi siempre— habría que convenir en que aquellos señores al servicio de Carlos Prío eran ciegos y sordos,
porque eran los únicos en todo el país que no lo sabían.

El contrabando operó violentamente sobre la economía
cubana, en impacto que no aportó nada saludable. Aparte
del hecho mismo de que el Estado a consecuencia de estas
jugadas ilícitas, toleradas o realizadas por figuras del gobierno, perdió millones de pesos anuales en recaudaciones
aduanales dejadas de percibir, amén de otros ingresos, el
pequeño importador o comerciante —factor de primer
orden en la economía del país— se arruinaba paulatinamen-
te. No era posible, claro está, que en la obligatoriedad de
contribuir al fisco por derechos de importación y otras ga-
belas, pudieran competir en precios con los que ofrecían
al consumidor los mercaderes poco escrupulosos que se
abastecían del contrabando, y que, estaban auto-exentos de
derechos arancelarios y de todo tipo.

Este negociazo debe haber sido una de las grandes fuentes de que se nutrieran las inmensas fortunas personales
acumuladas por más de una decena de funcionarios del régimen priísta que cobraban sueldos relativamente pequeños.

El gangsterismo —en todas sus formas— progresó hi-
pertróficamente durante la administración de Prío. Y, el
relajamiento moral del gobierno alentó otras actividades

ilícitas al margen del ámbito oficial. Exigencias, chantajes, matanzas y secuestros eran cosas tan comunes en ese período como las balaceras en las calles todos los días. Para combatir semejantes desafueros nada se hacía. Los autores de tales delitos eran generalmente jóvenes, casi adolescentes, que habían caído en la espiral del crimen porque parecía ser ese el camino más corto y lucrativo al enriquecimiento rápido. A Prío, por lo que podía verse, no le preocupaba tamaña lacra social.

El pueblo de Cuba fué abandonado por el gobierno de Carlos Prío, quien, a trueque de esa indiferencia, recogió el fruto inevitablemente ácido y amargo de la falta de respeto que concitaban su régimen y los hombres que lo dirigían.

Capítulo 27

A principios de 1952 el Gobierno de Prío ultimaba "sus" preparativos con vista a los comicios generales que se avecinaban. Tanto el Presidente de la República, como los jefes de la coalición de partidos adictos a su régimen, esperanzábanse —al principio— de posibilitar finalmente una simple trasformación del cargo supremo de la Nación, mediante un rejuego forzado de factores electorales que les permitiese prorrogar por otro cuatrienio a la camarilla gobernante en el disfrute del Poder. Aunque el slogan aquél de que "habría Autenticismo gobernando por veinte años" se negaba de cuajo en los hechos auténticamente antipopulares de dos regímenes Auténticos, se intentaría afirmar en los hechos electorales la vigencia del lema desacreditado.

Aún cuando las leyes cubanas prohiben al Presidente en ejercicio revalidar su mandato aspirando cuando finaliza el período para el que fuera electo, nada impide, sin embargo, al Jefe de Estado que cesa, arreglárselas para dejar en el cargo a uno de sus edecanes favoritos. Los comicios deberían celebrarse en Junio 1º de 1952. La gente de Prío sabía demasiado bien que la batalla cívica iba a ser extremadamente reñida. Eran tres los candidatos presidenciales: Carlos Hevia —graduado en la Academia Naval de Annápolis, Estados Unidos— que era el candidato del Gobierno, en cuyo gabinete había figurado como Ministro de Estado y de Agricultura, y más recientemente como árbitro supremo de la Comisión de Fomento Nacional. En 1934 fué Presidente provisional de la República por el relampagueante espacio de treinta y dos horas. Roberto Agramonte era el can-

243

didato del Partido del Pueblo Cubano (Ortodoxos) y Fulgencio Batista, por el Partido Acción Unitaria.

Los estrategas electorales de Prío elaboraron un plan financiero para sufragar la campaña electoral, que en parte se sustentaba en una serie de contribuciones "voluntarias" con cargo a determinadas industrias y este dinero llegó a constituir un fondo formidable. Alguno de los cerebros del régimen de Prío había lucubrado también que las obras públicas en profusión habrían de impresionar al pueblo y captarle numerosos votos para el candidato Hevia fundamentalmente. Y el gobierno se lanzaba en picada a orquestar un fantástico desconcierto de pico y pala como nunca lo hubo conocido el país en toda su historia. A través de la Isla se levantaron las calles, cavándose agujeros y furnias por millares. De este modo iniciaba el Gobierno de Prío su propaganda electoral. Indudablemente se disfrazaba de gran constructor para impresionar a la ciudadanía. La Habana, con una población que comporta el más formidable cociente de sufragios de todas las ciudades de la República, tomaba de súbito el aspecto de campo aurífero o de ciudad bombardeada. En todas partes, aquí, allá, acullá, los trabajadores perforaban el pavimento con furia tal como si sus vidas mismas dependieran del tamaño y profundidad de los baches que velozmente iban dejando a diestra y siniestra. Junto a cada nueva furnia "último modelo", el Gobierno hacía que sus cuadrillas colocaran un vistoso letrero loando las virtudes constructivas del régimen de Prío. El gancho electoral era obvio. Y por lo que se veía, los ejecutores de la campaña política del lado del Gobierno estaban haciendo lo indecible por distraer la atención de la ciudadanía con el fin de que no se fijara en las tantas lacras del propio régimen. Pero al pueblo no se le engaña con tanta facilidad.

La caudalosa hipocresía de los proyectistas del Gobierno que habían desencadenado semejante derroche de obras públicas, podía advertirse claramente observando no más las frías cifras a las que se elevaba el costo del plan oficial según sus propios estimados. Nada menos que cien **millones** de pesos se decía que habrían de ser invertidos en aquellas obras, que no requirieron de previos estudios ni de mayor atención técnica. Mas, cuando Batista se hizo cargo del Poder poco después, descubrió que ni un solo centavo había en las arcas del Tesoro para tales obras públicas, y lo que era peor: el fondo anualmente presupuestado para estos fines generales experimentaba un déficit de diez millones de pesos. Prío no ignoraba esto. Y ni él ni sus compinches tenían la menor idea de darle culminación a las tantas obras proyectadas e iniciadas a bombo, platillo y letreros. Con sólo empezarlas era ya bastante para justificar el fin propuesto: impresionar al pueblo. ¡Hevia debía ganar las elecciones de todas maneras y vería después como salir del atolladero, inclusive paralizando los trabajos...!

A fines del invierno de 1951-52 los priístas comenzaron a dar muestras ostensibles de desesperación. Comprendían que sus posibilidades de ganar las elecciones se aminoraban día por día. Todos los planes y proyectos no daban en el blanco. El pueblo se mostraba reacio a sus zalemas en forma de picos y palas. Y aún el método de marras referido a las presiones a los industriales para las contribuciones "voluntarias" que se destinaban a costear la campaña presidencialista tenía que ser extremado. Tan mal le iban las cosas al régimen que el propio Prío se tornaría nervioso y malhumorado.

En los últimos años el rival político más fuerte y temido de Prío lo había sido Eduardo R. Chibás, impetuoso líder de la Ortodoxia. En sus años juveniles Eddy Chibás fué un revolucionario alocado e incontrolable y se convirtió en un héroe del estudiantado universitario. Algunos de sus compañeros de la Universidad de la Habana le admiraban por sus batallas revolucionarias, del mismo modo que los estudiantes de las universidades norteamericanas suelen admirar las fulgurantes estrellas de los equipos de beisbol y fútbol. Se inició en las lides políticas por vía de las protestas estudiantiles y alcanzó gran predicamento popular como uno de los líderes cubanos más empecinadamente nacionalistas. Su oratoria era fogosa con incursiones demagógicas. Pero nadie podía negarle su gran habilidad para agitar y mover a las masas en la dirección que le conviniere en un momento dado. Fanático que contagiaba su fervor exaltado a los miles de cubanos que le seguian ciegamente, Chibás sabía impresionar con su candente palabra. Mientras sus partidarios le veian como el "tribuno de la plebe", defensor de los desheredados —siendo como había sido de cuna rica— sus enemigos le llamaban despectivamente loco. Una gran parte del pueblo opinaba que su fanatismo en la lucha por la moral administrativa y sus arengas inflamadas contra todos los gobiernos turnados en el Poder desde Machado a Prío, eran producto de su sinceridad de propósitos y expresión de su buena causa y de sus arraigadas convicciones ideológicas.

Chibás llevaba siempre el ataque politico al campo del contrario. Su programa radial que cada domingo se ofrecia a través de las radioemisora CMQ de La Habana era uno de los más populares de Cuba. El micrófono era el gran oído a cuyo través Chibás se hacía escuchar por la ciudadanía. Era su barricada desde la que disparaba arengas encendidas contra sus adversarios. El Partido Ortodoxo fundado por él, creció y creció hasta convertirse en uno de los núcleos políticos más poderosos y combativos del país. Había insurgido a manera de escisión revolucionaria opuesta a lo que Chibás y sus seguidores consideraron traición y podredumbre del Partido Auténtico. El perteneció a este partido hasta que, después de la victoria de Grau en 1944, constituyera una monstruosa estafa al pueblo cubano. Chibás, que aspirara a la Presidencia de la República en 1948 frente a Prío, era naturalmente la figura presidenciable de su partido con vista a las elecciones proyectadas para Junio 1º de 1952.

Pero héte aquí que en 1951 —un año antes de los comicios— Chibás estaba sufriendo una fuerte crisis nerviosa. Las cosas no estaban marchando como él hubiera querido y el pesimismo le roía el espíritu. Parece que en su mente obsedía la idea de creer que el pueblo no le estaba concediendo el mismo crédito de siempre en las últimas semanas, y que sus violentos y valerosos ataques al desbarajuste moral y administrativo de Prío y sus ministros no concitaban la reacción cívica necesaria.

La noche del domingo 5 de agosto de 1951, Chibás transmitía su acostumbrada charla por la CMQ. Y como otras veces, gritó contra sus enemigos y deploró acaso con mayor énfasis el estado de cosas prevaleciente en Cuba. Al terminar sus palabras, en un gesto dramático, Chibás sacó su pistola y se disparó un tiro. Como consecuencia, falleció once días después. Fué muy lamentable que Chibás en su póstuma y grandiosa actuación pública cometiera tan desafortunado error. Pero lo cierto era que aún él creía su programa en el aire cuando se disparó el tiro, y que, por consiguiente, sus miles de radio-escuchas oirían la detonación. Sin embargo, unos segundos antes los técnicos de la cabina de control habían cortado su audición sacándola del aire, porque Chibás —como casi siempre— había sobrepasado los veintisiete minutos y medio de su tiempo.

Prío creyó que la muerte de Chibás había eliminado al Partido Ortodoxo como factor político de importancia, puesto que todo el atractivo de este movimiento de oposición se centraba en un solo individuo. Al faltar Chibás la Ortodoxia vendría a menos. Eso pensaba Prío, que también había creído destruir la fuerza política de Batista rompiendo el frente de partidos que apoyaban al ex-Jefe del Ejército. La autoeliminación de Chibás le simplificaba el problema por un lado. Y sus intentos, fuertes pero inútiles, por arrancarle a Batista a varias de las principales figuras que militaban en el PAU, de otra parte, evidenciaban que Prío y su gente conocían que la pelea era muy dura.

Mas, andaba el tiempo que acercaba el país a las elecciones generales, Prío se fué desengañando de que sus fuerzas iban a encararse con una seria oposición, tanto del movimiento Ortodoxo como de las huestes de Batista. La Ortodoxia

había sustituído en la candidatura presidencial a Chibás
por Roberto Agramonte, siendo así que el colapso inminente
que Prío esperaba en este partido no llegó a producirse.
El asunto desvelaba al Presidente y llegó a ver en Agramonte a un opositor tan serio como Batista. Pero muy
perturbado se sentía Prío semana tras semana. Y tanto,
que llegó a decirle a ciertos jefes políticos de su confianza
que estaba resuelto a bloquear las elecciones, seguro como
estaba de la derrota del gobierno y de la victoria de
Agramonte o Batista. El pensaba y planeaba que lograría
tal objetivo mediante una súbita revolución desde el Poder
antes de la fecha señalada para los comicios. Pero, estas
indiscreciones de Prío alarmaron a cuantos supieron del
plan y el sentimiento respectivo aumentó cuando se supo
que Prío había fijado ya el día para el golpe. Intentaba que
se produjera el 15 de abril, o sea: mes y medio antes de
la justa electoral: La estratagema consistía en suscitar el
suficiente desorden que pudiera justificar la suspensión de
las elecciones.

Cuba detesta el derramamiento de sangre. Ya había empapado bastante las páginas de la historia patria en los
años 30. Y la idea de otra revuelta causó gran malestar
en los círculos que supieron de los planes del Primer Mandatario. Prío contaba con los oficiales de alta jerarquía en
las Fuerzas Armadas de Cuba. Y, sin duda hubiese tenido
el apoyo de algunos de estos oficiales para sus planes de
violencia. Pero los oficiales de menor graduación en el Ejército y la Marina estaban absolutamente en contra de los
planes de Prío, y resueltos asimismo a impedir que corriera
la sangre si les era posible. Con ese fin, cierto grupo pequeño de oficiales jóvenes y de clases empezaron a conspirar. Creían que de poder actuar con rapidez y secreto
darían al traste con los planes del Presidente, valiéndose
del propio golpe de estado que él preparaba. Eran inexpertos pero valientes y determinados. Les constaba que el
pueblo de Cuba había perdido la fe en el régimen priísta
y no quería más sangre. Mas, necesitaban un verdadero

líder para ello, sin el cual su causa estaría de antemano perdida.

Algunos de estos jóvenes habían conocido personalmente a Fulgencio Batista antes de 1951. Todos sabían de su historial y admiraban su gran habilidad como jefe. En febrero de 1952 se decidieron a exponer sus planes al ex-Sargento, instándole —en nombre de un deber patriótico— a que encabezara su movimiento en pro de Cuba.

Era ya la segunda vez que estos jóvenes oficiales habían acudido a Batista para que sacase el país de las manos del desacreditado gobierno de Prío. En 1951 —un año atrás— este mismo grupo se le había acercado con un plan y una solicitud. Querían que Batista dirigiera el movimiento para arrancar a Prío del Poder. En aquella oportunidad los inquietos oficiales tenían el temor de que los escándalos administrativos y el incremento del pistolerismo estuviesen socavando la fe del pueblo en el gobierno propio. Le hablaron a Batista del vuelo secreto que había hecho Prío a Centroamérica para conferenciar con revolucionarios profesionales que incubaban conspiraciones diversas para derribar varios gobiernos en el área del Caribe, precisamente por aquella fecha. Les parecía un peligroso absurdo que Prío hubiese viajado secretamente a la América Central a entrevistarse con quienes, por las razones que fueren, estaban tratando de derrocar gobiernos con los cuales se mantenían y debían mantenerse relaciones naturales de amistad.

Al momento en que el Presidente Prío realizó este viaje, toda el área del Caribe era un hervidero de conspiraciones y contraconspiraciones internacionales. Habíanse estructurado ya los planes para un ataque coordinado contra los gobiernos de Nicaragua y la República Dominicana. Los cuatro países cuyos regímenes los maquinaban eran: Cuba con Carlos Prío; Guatemala con Juan Arévalo; Venezuela con Rómulo Gallegos y Costa Rica bajo la dirección de José Figueres.

La denominada "Legión del Caribe" estaba compuesta por gente heterogénea —latinoamericanos amargados, buscabulla profesionales de los Estados Unidos e Inglaterra y, quizás algunos amigos de Rusia. Parecían y se comportaban como tipos que hubiesen sido sacados de alguna película de Hollywood. Y en Batista, por supuesto, veían un enemigo mortal.

Cuando Batista asumió el Poder en 1952 el grupo de "legionarios" estaba confrontando serias dificultades para el establecimiento de sus bases de operaciones. Arévalo había finalizado su mandato presidencial en Guatemala; Gallegos había sido derrocado del Poder en Venezuela; Figueres estaba fuera del Gobierno de Costa Rica, y con la caída de Prío, los "legionarios" sufrieron otro revés.

En aquella primera vez que los jóvenes oficiales del Ejército cubano se acercaron a Batista, expresaron el temor de que la visita clandestina de Prío a Centro América, pudiera quebrantar las relaciones internacionales de Cuba, y a la larga, perturbar la paz en la propia Isla. Batista dió la razón a los oficiales, pero les recomendó que no tratasen de derrocar el régimen de Prío. Les aseveró, asimismo, que pensaba que tal situación podría ser corregida próximamente por vías constitucionales.

Pero ya en febrero de 1952 el aspecto de la cuestión nacional había empeorado enormemente. Para entonces Batista tenía plenos informes sobre los planes pseudo-revolucionarios de Prío. Se había enterado fidedignamente de que éste haría todo lo que pudiera por evitar los comicios de Junio. No pasaba por alto tampoco que una intentona priista para perpetuarse en el Poder, sería causa inevitable de un gran derramamiento de sangre. El apoyo de las Fuerzas Armadas a Prío era exiguamente limitado. Y sin este aporte su golpe de estado no podría tener éxito.

Meses antes el régimen de Prío había iniciado una campaña encaminada a destruir las posibilidades políticas de las huestes de Batista. Algunos de los mejores lugartenientes de Batista fueron presionados mediante la intimidación, mientras a otros se les ofrecía dinero para que abandonaran al ex-Presidente. Fué en esta ocasión cuando un periódico de La Habana informó que los priístas habían declarado que si Batista no se unía al Gobierno, subordinándole sus propias afiliaciones, tendría que irse de Cuba para que no lo asesinaran. La contestación de Batista a tal coacción amenazante fué ésta: "Prefiero la muerte física a la muerte moral". Y siguió encabezando el movimiento contra el régimen de Prío.

Así iban las cosas cuando llegó a oídos de Batista que Prío había llamado al entonces Jefe del Ejército, General Ruperto Cabrera, y que con él había discutido los planes para su continuista revolución. Fué allí que Prío dió las instrucciones para que se iniciaran los arreglos de manera que los disturbios empezaran un mes o dos antes de Junio 1º, es decir, la fecha señalada para las elecciones.

Los oficiales subalternos sabían que Prío no contaba más que con el apoyo de un pequeño grupo de las Fuerzas Armadas. Pero también se percataban de que, al verse los soldados y marinos forzados a definirse en uno u otro bando, se dividirían las Fuerzas Armadas, desintegrándose así el único organismo capaz de mantener el orden público en todo el territorio.

Después de discutir la situación con los oficiales por espacio de una larga hora, Batista convino en ponerse al frente del movimiento. Era una decisión sumamente importante que Fulgencio Batista no había pensado tener que tomar nunca. Durante cerca de veinte años había trabajado por mantener a Cuba sobre una base jurídico-política sólida, y la idea de emplear cualquier método que no fuera el constitucional para corregir la deplorable situación del momento no le agradaba. Pero creía, analizando bien el cuadro nacional con todas sus implicaciones, que un golpe de estado "blanco" en Marzo era la única forma de evitar una in tentona "roja" —de la sangre de cubanos— en Abril.

Al terminar la entrevista con los jóvenes oficiales, Batista les previno de los peligros que entrañaba el plan, advirtiéndoles que no debían discutir sus pasos con nadie más. "Yo los desalenté hace un año cuando ustedes tenían un plan similar" —les dijo— "pero creo que la vía escogida por ustedes es la única que nos queda para evitar que corra la sangre. Desde este instante tienen que acatar mis órdenes. No deben hablar con nadie sobre lo que están haciendo y eso incluye a vuestras esposas, madres o novias". —Estrechó las manos de cada uno de ellos y les señaló que volvieran a sus casas y esperaran órdenes.

Y fué así como el mismo hombre que diecinueve años antes había superado revolucionariamente una crisis gubernamental mediante un golpe de estado, volvía a la palestra para ejecutar otro episodio dramático que destaca aún más la vida excitante y plena de humanísimo colorido, de quien no hace mucho todavía, era "un sargento llamado Batista".

Capítulo 28

LOS Carnavales de La Habana en el año de 1952 no habían alcanzado su particularmente famosa brillantez hasta aquel domingo 9 de marzo. No siquiera los vendedores de confetti y serpentina se sintieron felices en las tres semanas anteriores, durante las cuales el consumo de estas fugaces ilusiones en papel de colores había sido mínimo. Ni las carrozas, ni el paseo, ni los disfraces, ni las bengalas; ni las pintorescas comparsas habaneras con su ritmo caliente de tambores, ni la gente misma parecían ganados por el típico ánimo bullanguero de estas tradicionales fiestas criollas. Tan desvaído lució el carnaval hasta el domingo 9 de Marzo en que resurgieron sus pasadas glorias y la ciudad se metió entera en una racha de sano júbilo. Algunos viejos llegaron a decir, gangosamente, que la nueva generación de cubanos no sabía divertirse, mientras con esa dulce nostalgia de los ancianos, evocaban los tiempos clásicos en que ellos sí habían agotado hasta el último sorbo de felicidad en la copa multicolor de otras lejanas fiestas de Momo.

En verdad aquel domingo era distinto. Las multitudes se movían como oleadas alegres. Y según caía la tarde el paseo del carnaval del 9 de Marzo iba tomando más y más esplendor. Hasta la media noche las calles se mantuvieron colmadas de gente en fiesta, de congas sensuales y de confettis y serpentinas que habían simbolizado la gracia y la jácara. Cansados y felices, los que habían saboreado el carnaval caerían en sus camas como piedras. A las dos de la madrugada casi toda la población habanera dormía profundamente...

Pero a esa hora, un pequeño grupo de hombres muy decididos se habían dado cita en una finca contigua a La Habana denominada "Kuquine". La junta no duró mucho. Estos mismos individuos habían celebrado ya otras reuniones, siempre con el mismo objeto. La de aquella noche tenía el objeto de dar el toque final a los planes del movimiento que habían venido preparando, ya que nada tenía en común con las fiestas del carnaval.

Poco después de las dos de la madrugada los hombres del grupo se estrecharon las manos y salieron de la finca. Unos cuatro o cinco de ellos abordaron un automóvil que enfiló por entre una doble hilera de pinos australianos, ganaron la carretera pública que cruza frente al lugar, y esperaron. Un segundo automóvil arrimó al portal de la residencia, y cuatro hombres subieron a él. Todo eso se llevó a efecto en el más absoluto de los silencios. Uno de estos individuos vestía uniforme de oficial del Ejército y se hizo cargo del timón del auto y otro se sentó a su lado. Los restantes optaron por los asientos traseros y una vez instalados en sus puestos se dirigieron también hacia la carretera.

El chofer del segundo carro era el Capitán del Ejército Luis Robaina, que llevaba como pasajeros a Francisco Tabernilla Palmero, a Roberto Fernández, ex-oficial adscripto al Ejército y a Fulgencio Batista.

En el preciso momento en que el grupo de Batista partía de la finca del General, rumbo al Campamento de Columbia, otros núcleos de hombres vinculados al movimiento se movían desde lugares separados, pero puntos-clave en la sede del comando supremo del Ejército cubano. Un pequeño destacamento se dirigió hacia la Fortaleza de La Cabaña. Otro hacia La Punta. Y otro más se encaminó hacia la Jefatura de la Policía Nacional. Desde La Cabaña se dominan: la Bahía de La Habana, el Palacio Presidencial y cierto número de edificios gubernamentales de importancia. Está enlazada estratégicamente al celebérrimo Castillo del Morro, que es el pétreo centinela del puerto habanero. La Punta sirve de cuartel general al Estado Mayor de la

Marina de Guerra y es, navalmente hablando, la base más importante de la Isla. El cuartel general de la Policía Nacional radica en el mismo edificio de la Jefatura, ubicado en el mismo sector porteño de La Habana.

Los movimientos de los cuatro grupos estaban perfectamente coordinados, de tal manera que su sincronización, minuto a minuto, se confrontaba en los relojes de los jefes según la hora exacta que transmitía una radiodifusora local.

El comando que debía hacerse cargo de La Cabaña lo dirigía Francisco Tabernilla y Dolz, militar de carrera, quien, como Primer Teniente había secundado a Batista en la germinal Revolución de los Sargentos en 1933. Al Coronel retirado de la Marina, José E. Rodríguez Calderón, se le asignó la tarea de tomar La Punta. El Teniente de la Policía, Rafael Salas Cañizares, asumió el mando del grupo encargado de la Jefatura General de la Policía. Y Nicolás Pérez Hernández —líder civil— era el Coordinador del plan.

El movimiento revolucionario del 10 de Marzo de 1952 era la culminación de un trabajo conspirativo llevado a cabo durante varias semanas. El plan de acción que embarcaba a Batista y a sus compañeros en la riesgosa pero triunfante misión de derrocar el Gobierno del Presidente Prío, habíase esbozado al principio como una genérica insurrección, y así habíanlo sometido un mes antes a la consideración de Batista el grupo mencionado de jóvenes oficiales del Ejército. Desde el instante mismo en que el plan en escorzo quedara en manos de Batista, éste se entregó a la tarea de estudiarlo, revisarlo, modificarlo y perfeccionarlo. Lo importante era que ajustase en todos los detalles a las determinaciones y exigencias del líder revolucionario del 4 de septiembre como probado maestro de la estrategia. Una vez que Batista tuvo la certeza de que todo estaba previsto, inclusive la eliminación de los riesgos innecesarios, dispúsose a la ejecución del movimiento.

La hora cero se fijó para las dos y cuarenta minutos de la mañana. Se acordó que cuando el plan se hubiese iniciado ya el movimiento no podría detenerse. Las diversas unidades dejaron de intercomunicarse a las dos en punto. Y roto ya ese contacto, el golpe tenía que proseguir hasta culminar en la victoria o el fracaso. Si fallaba, todos los implicados podían perder la vida. Mientras los dos automóviles del grupo comandado por Batista se movían hacia el Campamento de Columbia, atravesando el pueblecito de Arroyo Arenas, en la finca "Kuquíne" —durmiendo a pierna suelta e ignorando totalmente lo que el cabeza de familia se jugaba— habían quedado la señora de Batista y los hijos de ambos. Cuando ya estaban cerca del Campamento, Batista dijo: "Aquí cambiamos de automóviles". Y el Capitán Robaina, sorprendido por la maniobra detuvo el carro y advirtió a Batista: "Los compañeros de Columbia nos esperan en este carro". No había tiempo para dar explicaciones. El cambio de autos era parte del plan y fué realizado para despistar a quienquiera que pudiese venir siguiéndolos. Estaban ya a una o dos cuadras del Campamento —que tiene cierto número de entradas o postas— cuando Batista anunció que iba a pasar por la Posta Cuatro. Otra vez el Capitán Robaina objetó: "Entiendo que el plan establece que debemos entrar por la Posta Seis"—. "A pesar de eso" —replicó Batista— "entraremos por la Posta Cuatro".

Poco antes de llegar a dicha entrada, Batista pidió al joven Tabernilla Palmero que le diese la guerrera del Ejército que traía. En la obscuridad, y con los nervios en tensión, Tabernilla le dió a Batista un par de pantalones de soldado que equivocadamente había atinado a recoger del piso del automóvil. Batista se disgustó al ver que no podía ponerse la guerrera como lo había planeado. Estaban ya en el establecimiento militar y traspuesta la entrada, Batista se sintió como el hijo pródigo que volvía al hogar.

Dentro de Columbia le recibió el Capitán Dámaso Sogo, quien lo llevó a la Jefatura del Regimiento Seis, donde otros miembros de la Junta Militar Revolucionaria aguardaban. El Capitán Sogo estaba de servicio como oficial de día.

Todos los suboficiales del Campamento y un buen número de las clases estaban también allí para darle la bienvenida al antiguo Comandante en Jefe. Con entusiasmo delirante y devoción sincera le recibieron todos. Batista se vió ciertamente en apuros para sofrenar sus nobles emociones. Pero... había mucho trabajo por hacer. El plan debía seguir adelante. "Debemos tener sumo cuidado de que no trascienda ningún detalle hasta que tengamos todo debidamente ajustado", señaló Batista. Y siguió diciendo: "Han atendido ya las estaciones de radio?" —Se le aseguró que todas las radiodifusoras habían sido ocupadas militarmente y entonces Batista comenzó a dictar las órdenes complementarias de rigor. Los rangos, en su totalidad, habían sido ganados a la causa revolucionaria al influjo mágico del nombre de Batista. Pero había que tener mucha cautela para consolidar el golpe rápidamente. Un solo fallo, un cálculo erróneo, y todos los comprometidos en la acción podrían ser puestos ante el paredón de fusilamiento.

Se ordenó tocar llamada general y las tropas acudieron de inmediato al polígono con sus armas. Batista habló. Sus palabras fueron ahogadas por los vítores de los soldados para quienes él había sido siempre un querido compañero. Los altos jefes que seguían a Batista, entretanto, estaban copando los otros objetivos militares según el plan trazado para la gesta.

Poco después de las dos de la madrugada, Francisco Tabernilla y Dolz a quien se le había confiado la vitalísima acción de tomar la Fortaleza de La Cabaña, se reunió con un grupo pequeño de hombres de Batista, en casa del Teniente Pablo Miranda Rodríguez, en La Habana. Repasaron rápidamente las instrucciones y partieron a cumplir su misión. Las máquinas se movieron por las calles capitalinas, bordeando la bahía hasta llegar al pueblo de Casa Blanca.

Casa Blanca es una activa y pequeña población porteña, situada al otro lado de la Bahía de La Habana y opuesta por consiguiente a la gran barriada comercial de la ciudad vieja. A esa hora —dos y media de la madrugada— el pueblecito se encontraba sumido en el más profundo sueño. La distancia entre Casa Blanca y La Cabaña es cosa de unas cuantas cuadras, pero los conspiradores tenían que atravesar el sector que comprende la Estación de Inmigración de Tiscornia para poder llegar a la colonial fortaleza. Confrontaron sus relojes con el minuto que martillaba permanentemente la emisora radial con la que estaban sincronizados los diversos comandos del plan, y se encaminaron resueltos hacia su objetivo. Por varios años, con antelación a 1944, Tabernilla habia· sido Comandante de La Cabaña y recordaba hasta la última piedra de sus vetustos muros. Conocía también personalmente a muchos de los oficiales y alistados que constituían la guarnición de la plaza.

El paso por Tiscornia se hizo sin dificultades, y los revolucionarios se acercaron a las puertas del bastión. Tabernilla iba dando sus instrucciones en voz baja. Al llegar a la entrada el centinela les dió el alto. El momento era crítico para los invasores. Suponían al centinela vinculado a la revolución, pero no estaban seguros. Al asomar Tabernilla la cabeza para que le reconociera el guardián, vió que era el Cabo Triana —un amigo— y la entrada a la Fortaleza quedó franqueada para él y sus acompañantes. Eran exactamente las dos y cuarenta de la mañana. El plan se venía desarrollando con precisión cronométrica.

Dentro de la penumbra de La Cabaña, Tabernilla —en voz muy baja— emitia las órdenes correspondientes a sus hombres. Lo primero que había que hacer era rodear las casas de viviendas del oficial Comandante y del alto personal. Las instrucciones fueron de que a ninguno se le permitiera salir de sus viviendas. En el breve espacio de cinco minutos se había consumado la primera fase del copo. Realizado esto, Tabernilla y unos pocos de sus ayudantes efectuaron un rápido recorrido, compañía por compañía y batallón por batallón, explicando a todos que el General Batista había vuelto al Poder. Los soldados, con los ojos somnolientos, salían de sus camas para unirse a los revolucionarios y secundar el movimiento.

Al llegar a la División Motorizada recibieron la bienvenida de otro antiguo compañero, el Capitán Julio Sánchez Gómez, que puso toda la fuerza que mandaba a las órdenes de Tabernilla. Al difundirse por la guarnición la noticia del movimiento de Batista-Tabernilla, el número de adhesiones aumentaba por centenares. Por fin, en el Batallón número Dos, los revolucionarios se hallaron a todo el cuerpo en pie, formado y listo para unirse al movimiento.

Apenas había pasado media hora desde el momento en que el grupo había transpuesto la entrada del antiguo bastión. Menos de treinta minutos y la guarnición entera se había sumado a la causa de Batista. Entre vivas a Tabernilla, vivas a Batista y vivas a la República, culminaba la acción que se había encomendado a Tabernilla, quien, entre el alborozo de la victoria ,telefoneó al Campamento de Columbia para informarle al General Batista sencillamente: "La misión ha sido cumplida".

Por otra parte, el Coronel retirado Rodríguez Calderón estaba actuando con igual éxito en la Jefatura Naval de la Punta, allí mismo junto al Paseo del Prado y sobre el litoral de La Habana. Rodríguez Calderón no desconocía —cuando se dirigió a cumplir su misión a La Punta— que ni un solo hombre dentro de esta fortaleza colonial estaba al tanto de los planes revolucionarios, y que, por consiguiente, no podía esperar ninguna ayuda de su interior. Una docena escasa de hombres le acompañaba, algunos de ellos alfereces de navío. Sorprendieron el fuerte y no hubo problema para entrar. Ya dentro, lograron con gran rapidez que la guarnición se adhiriera al movimiento. Ni un solo disparo había sido hecho durante estas acciones de comando, realizadas a la luz de la luna, con arreglo a un plan, movimientos sincronizados paso a paso, y minuto a minuto; un grupo de hombres valientes y... la experimentada dirección revolucionaria del ex-Sargento Batista. El alba no había despuntado y ya Rodríguez Calderón dominaba la fortaleza de La Punta. Siguiendo las subsiguientes instrucciones recibidas envió al Capitán Juan Valdés Mendive al Palacio Presidencial para ofrecerle protección a la familia del depuesto Presidente Carlos Prío.

En la Habana Vieja, el Teniente Salas Cañizares había asumido el mando en la Jefatura de Policía, sin el menor problema. Así quedaba terminado el golpe de Estado del 10 de Marzo.

Batista telefoneó a todos los jefes de los Distritos Militares de las provincias y llamaba a su lado a varios de sus más íntimos amigos entre los civiles, para cerciorarse de que el Presidente derrocado permanecía aún en su finca "La Chata", a pocos kilómetros de la capital. Uno de los primeros civiles a quien Batista llamó fué al Dr. Andrés Domingo y Morales del Castillo, que había desempeñado la Secretaría de la Presidencia durante su administración del período 1940-44. Unos pocos días después del 10 de Marzo Andrés Domingo volvió al mismo cargo.

Haciendo un balance de los acontecimientos de aquella madrugada del 10 de Marzo, Batista me dijo que no había confrontado problema alguno para entrar en Columbia. "Columbia —la Ciudad Militar— era mi creación y el escenario de los inicios de mi vida pública", me declaró. "Cuando entramos allí esa mañana memorable, el Campamento de Columbia estaba armado y listo para defenderse contra cualquier invasor. Sin embargo, me abrió sus puertas y acogió sin vacilaciones el mensaje de la Revolución del 10 de Marzo. Que lo intenten otros, si quieren. Que utilicen, si les parece los mismos argumentos y que pronuncien las mismas palabras. Jamás podrían entrar en Columbia como lo hicimos nosotros, porque para conseguirlo, hay que hacer algo más que franquear sus postas y sus barracas —hay que penetrar en el corazón de los soldados".

Cuando llegó al Palacio Presidencial la noticia del golpe de Estado de Batista se alertó la Guardia, al tanto que Paco y Antonio Prío corrieron a darle la inesperada noticia a su hermano, el Presidente que dormía un sueño de lirón en su residencia campestre.

Alrededor de las cinco de la mañana era cuando Prio llegó a Palacio. Desde mucho antes se hallaban reunidos allí varios miembros de su gabinete y algunos de sus más allegados colaboradores políticos. Ninguno subestimaba la extrema gravedad de la situación. Pero nadie, ni el mismo Prío que apenas si empezaba a desperezarse, parecía saber qué hacer. Por lo menos, si alguien adujo alguna idea sobre cualquiera acción inmediata de tipo heroico, faltaríales a todos la voluntad y lo demás que hubiere hecho falta para ponerla en práctica.

Uno de los ayudantes le sugirió al ya depuesto Presidente que se marchara a una de las provincias donde la guarnición militar le fuere leal todavía para resistir y pelear hasta el último cartucho. Hubo diversas objeciones, y la idea fué abandonada con más gusto que argumentos convincentes. Prío, indeciso, miraba y oía a unos y otros con los ojos muy abiertos como si viniera de otro mundo. Un asistente le informó a la sazón que un grupo de reporteros insistía en hablarle. Esto dió pie a una larga discusión inútil; y finalmente acordaron redactar una declaraciones que, en palabras, hablaban de resistencia hasta morir. Pero al ser constatadas posteriormente con la realidad, no pasaron de ser pura cháchara.

A eso de las siete y media de la mañana llegaron a Palacio los muchachos de la Federación Estudiantil Universitaria y pidieron ver a Prío. En múltiples oportunidades recientes aquellos mismos estudiantes habían criticado acerbamente al régimen de Prío. Pero ahora acudían a él para ofrecerle una suerte absurda de solidaridad constitucional al gobernante que ellos mismos habían acusado muchas veces de burlar la Constitución y prostituir la Ley y la administración pública. Venían además, en demanda de órdenes y de armas para coordinar y contribuir al plan de resistencia que, erróneamente, suponían que ya se habría elaborado en Palacio. Se encontraron con un ex-gobierno de gente desmayada. Y, desilusionados y confusos, abandonaron el lugar para volver a la Universidad a dar rienda suelta a sus desmelenadas arengas contra Batista.

Después de hacer algunas llamadas telefónicas, Prío se percató de que el Distrito Militar de Matanzas todavía le era leal. Acompañado por uno de sus consejeros, marchó a esta ciudad que está a unos cien kilómetros de La Habana. Tenía que moverse con gran cautela. En el trayecto su automóvil fué detenido por un pelotón de soldados. Prío se bajó el sombrero sobre los ojos y tomó su pañuelo en una mano cubriéndose parte del rostro. "Vamos a llevar a mi padre anciano a un médico", dijo el acompañante...

Pero en verdad no había médico en Matanzas ni en parte alguna del mundo capaz de salvar con ninguna pócima a Prío y su régimen. Cuando llegaron a la ciudad ya las tropas se habían pasado a las fuerzas revolucionarias de Batista. La idea de establecer algún punto de resistencia en otro provincia fué desechada después de ponderarla detenidamente. Prío, incapaz de buscar apoyo en el pueblo —que no se lo hubiera dado— regresó a La Habana asilándose sin más en la Embajada de México. De allí salió poco después por vía aérea hacia el exilio en Miami.

Fulgencio Batista, auxiliado tan sólo por un puñado de hombres valientes y audaces, había triunfado una vez más, derrocando otro gobierno sin derramamiento de una sola gota de sangre...

Capítulo 29

P ARA la mayoría de cuantos habían seguido los acontecimientos de Cuba durante el gobierno de Prío, la caída repentina y sin la menor resistencia de su régimen, concitaba más que sorpresa asombro. La rendición pasiva, la fuga por el puente socorrido de las embajadas y el exilio en cualquier país tras el brevísimo término de unas horas, todo... ofrecía evidente incongruencia respecto de los procedimientos de violencia que habían prevalecido en la política nacional, lo mismo en los círculos más altos que en los más bajos, desde que Batista resignara democráticamente la Presidencia de la República en octubre de 1944.

El régimen de Prío se había distinguido, entre otras cosas, por la tolerancia cómplice, cuando no por el padrinazgo intolerable de notorios personajes del pandillerismo. Algunos de ellos aparecían en la nómina oficial y otros cobraban directamente en Palacio, y gozaban de la confianza y la protección de las altas esferas gubernamentales, aun cuando, bien sea por descuido o por imposibilidad material de ocultarlo, los nombres de tales pandilleros habían sido públicamente identificados con algún crimen, colmando la Isla de profunda indignación popular.

Acaso uno de los tipos más "populares" entre tanto desfachatado bravucón lo fuera un hombre de Matanzas llamado Policarpo Soler. Miembro del Partido Auténtico de Prío, llegó inclusive a figurar su nombre en la boleta electoral de dicho partido, como aspirante a un acta de Representante por su provincia matancera. Policarpo —como se le conocía notoriamente— era buscado por la Policía, por hechos punibles que variaban desde asesinatos a delitos comunes. En 1951 fué arrestado en dos ocasiones y en ambas sus secuaces lo libertaron por la fuerza. Hallándose preso en la cárcel de Matanzas un grupo de hampones con ametralladoras irrumpió en el Penal, "intimidando" a los guardianes y llevándose a Policarpo. Más tarde lo apresaron de nuevo en La Habana y se le recluyó en el Castillo del .Príncipe, una vieja fortaleza colonial que se suponía a prueba de evasiones. Pues bien, sus amigos le suministraron una escala de cuerdas y por ella descendió los empinados muros de la prisión hasta llegar a un automóvil que le aguardaba con el motor andando y escapó. Parece que las detenciones de Policarpo, como la de otros gangsters o fulanos del "gatillo alegre" como les llamaban, obedecían a los mismos odios y conflictos de esta bandas que contaban con agentes respectivos en los cuerpos policiacos. Los unos soplaban contra los otros y viceversa.

Policarpo trató de justificar su segunda fuga alegando conciencia cívica. Era un candidato al Congreso y su partido esperaba que estuviese en Matanzas para las elecciones primarias. "Tenía que cumplir mi palabra a mi pueblo", alegó este turbio aspirante al Congreso Nacional.

Terribles son las historias que circulaban acerca de la fría crueldad de Policarpo. Pero lo cierto fué que cuando le llegó la hora nona a su padrino el Presidente, resultó incapaz de disparar un solo tiro en defensa de Prío. El audaz terrorista de la víspera —cuando el rigor de las leyes no existía— se convirtió al día siguiente en un fugitivo que, siguiendo al régimen en el que había campeado por sus respetos, tomó las de Villadiego tan pronto Batista asumió el Poder el 10 de Marzo y el orden y la ley restablecieron sus imponderables fueros. Policarpo salió del país. Y las últimas noticias que de él se tienen, lo sitúan viviendo como un príncipe, exilado en España.

Hasta que Batista retornó al Poder en Marzo de 1952, una de las organizaciones terroristas más temidas en todo Cuba era la denominada "Acción Revolucionaria Guiteras". Este grupo, cuyo nombre dimana del destacado caudillo de la violencia del ayer —el fenecido Antonio Guiteras—, se componía de unos dos o tres mil miembros. Y como quiera que cada uno poseía sus propias armas, resultaba que Acción Revolucionaria Guiteras constituía virtualmente un ejército privado. Después de infinidad de asesinatos, asaltos, amenazas y coacciones, ARG, se adueñó del sindicato tranviario que después era el de choferes y conductores de autobuses. De este modo aseguraron una de las mejores fuentes de ingresos del obrerismo organizado de Cuba. Es más, algunos de los líderes del ARG llegaron a ocupar empleos como choferes o conductores en dicha empresa, para así justificar tanto la hegemonía en el sindicato como la fuente particular de ingresos ilícitos de estos líderes. De tal modalidad partió la chocante costumbre del chofer de autobuses que siempre se hacía acompañar por dos guardaespaldas armados en los últimos asientos del vehículo.

Los principales jefes de "Acción Revolucionaria Guiteras" eran el Dr. Eufemio Fernández, médico graduado —extraña mezcla de cultura y violencia— y Jesús González Cartas, conocido bajo el mote de "El Extraño", que era todo un amasijo de odios traumáticos y de camorras sangrientas.

Prío mantuvo durante su campaña electoral un inmenso cuerpo de guardaespaldas que estuvo capitaneado por Eufemio Fernández, quién, por haber cumplido a cabalidad sus alérgicas funciones, fué recompensado por el Presidente triunfante en 1948 y derrocado en 1952 en el alto cargo de Jefe de la Policía Secreta.

Pero no obstante el ejército privado de ARG y el historial de guaperías y asesinatos de Fernández y "El Extraño", ni la temida y poderosa organización terrorista que decía inspirarse en el "sindicalismo revolucionario" de Jorge Sorel —el teórico de la violencia clasista— harían ni por el gallo para salvar con el régimen de Prío al propio lucrativo negocio de su imperio cuando las fuerzas de Batista asumieron el Poder aquella madrugada del 10 de Marzo. Fernández y "El Extraño" se asilaron a la carrera en la Embajada de Guatemala. Y, varios días después salieron de Cuba rumbo a esta República centroamericana, amparados en salvoconductos librados por el Ministerio de Estado a solicitud del Embajador de Guatemala, Sr. Raúl Osegueda. Batista, cuya cabeza olía a pólvora y que hubiera sido agujereada a balazos por estos notorios jefes del pandillerismo, les permitía salir del país.

La triste y abandonada situación de Prío; su adormilada soledad en la hora de mayor tribulación; reflejáronse claramente en las fotografías de prensa que le fueron tomadas aquella histórica mañana. En las primeras horas del día, luego de haber abandonado por propia voluntad el Palacio Presidencial en la tal vez justificada búsqueda infructuosa de apoyo en Matanzas, Prío expresó la seguridad de que el movimiento sindical de trabajadores pelearía por él; y de hecho, se llegó a redactar un llamamiento con vista a la declaración de una huelga general.

Pero en cuanto Batista promulgó entre sus primeros decretos, uno que prohibía expresamente las huelgas por un período de cuarenta y cinco días, todos pudieron apreciar que estaba actuando muy en serio. La oposición abierta, dentro del movimiento obrero, cesó. Eusebio Mujal, quien a título de Secretario General de la Confederación de Trabajadores de Cuba, era el jefe supremo de los sindicatos de todo el país, fué designado miembro del Consejo Consultivo creado por Batista, y se convertía de hecho, en un colaborador del nuevo régimen.

Capítulo 30

LA economía cubana en lo nacional, es del tipo cíclico de abundancia y miseria. Hasta cierto punto pudiera afirmarse que se trata de una economía de paz y de guerra alternativamente, siendo en los períodos de conflictos bélicos internacionales cuando se originan sus mejores épocas. Como quiera que la Isla produce un artículo de importancia: el azúcar, y éste y algunos de sus subproductos, como el alcohol, constituyen elementos esenciales para la guerra, la nación goza de alta prosperidad mientras disparan los cañones en otros confines del mundo. Pero en tanto en cuanto se restablece la normalidad y la paz advierte nuevamente, otra vez el pueblo de Cuba sufre las imposiciones hacia la baja que se acusan en el mercado azucarero. Vienen entonces períodos de penuria porque se almacenan a la par azúcares sobrantes. La mayor prosperidad de Cuba, desde el punto de vista financiero, se produjo durante la Primera Guerra Mundial. En esa época los precios del dulce, literalmente, saltaron a niveles sin paralelo y la Isla se entregó a una orgía de despilfarros. Los millonarios surgían de la noche a la mañana y casi todo el mundo en el país participó de una hilarante locura que luego fué bautizada bajo la humorística denominación de "La Danza de los Millones". Pero el desenfrenado festín duró poco. Apareció la inevitable depresión como primerísima actriz en el drama y las escenas nacionales. Y todo Cuba advirtió entonces que había sufrido un grave error al considerar estable un ciclo de alza económica, que sólo era una consecuencia directa de la conflagración que había afligido a gran parte de la humanidad. Durante la Segunda Guerra Mundial pudo evitarse el caer otra vez en el remolino absurdo de una "danza de millones" o de despilfarro, porque Batista —a la sazón Presidente de la República— aplicó tope a los precios de venta del azúcar como ayuda a la causa aliada y como medio de evitar la inflación. Su política pudo mantener la economía del país en un plano razonablemente normal.

Quizá la más grande amenaza que perennemente se cierne sobre cualquier gobernante de Cuba, esté representada —valga la paradoja— en el problema del azúcar. Casi todo en la Isla está contraído, como una relación de causa-efecto, a los vaivenes de este dulce producto. Cuando los precios bajan en el mercado mundial o el consumo declina, que generalmente unos y otros andan de la mano, Cuba comienza a sentir el desagradable impacto. En algún momento del gobierno de todos los Jefes de Estado, la situación azucarera provoca en Cuba uno o más problemas de seriedad. Y si nos es posible afrontarlos y resolverlos satisfactoriamente, suelen ponerse en peligro la reputación y la estabilidad del gobernante. Nada hay que conduzca con más certeza hacia el malestar nacional que una depresión azucarera. Y los cubanos —parece que por tradición— demandan siempre que sus mandatarios solucionen tan importante asunto.

Al asumir Fulgencio Batista el Poder en 1952, heredó de su antecesor Prío, uno de los más escabrosos conflictos azucareros. El Presidente derrocado había permitido que los ingenios de Cuba produjeran una zafra mayor de siete millones de toneladas largas en aquel año, pese a que sólo existían mercados para no más de cinco millones. Cuesta dinero producir azúcar. Y una zafra de siete millones de toneladas representa una inversión de muchos millones de pesos. La siembra, el cultivo, la molienda y la venta de la zafra azucarera se financian, en gran parte, por entidades bancarias cubanas o radicadas en Cuba. De modo, que la estructura económica de la nación había sido puesta en peligro por la existencia de tan enorme sobrante a todas

luces, invencible. Los ingenios estaban endeudados. A miles
de trabajadores azucareros se les adeudaban salarios. Y,
contando con las utilidades que no llegaron a percibirse,
habíanse instalado nuevas maquinarias y efectuado numerosas reparaciones en los equipos. La zafra de 1953 se
acercaba y los productores se disponían a fabricar otras
siete millones de toneladas. El espectro de un doble sobrante o superproducción quitábales el sueño a muchos hacendados de Cuba en la primavera y el verano de 1952.
Batista y su gobierno tenían que hallar alguna solución
rápida. Sus enemigos políticos, incluyendo aquellos que habían creado el problema, estaban encantados con la difícil
situación, como firmemente seguros de que Batista jamás
podría resolver asunto de tal envergadura, y de que al no
encontrar una salida satisfactoria, sus días como gobernante y político estaban contados.

Luego de varias entrevistas y conferencias con azucareros, banqueros y asesores económicos, Batista dió el primer paso hacia una fórmula de solubilidad. Anunció que
los bancos de Cuba habían convenido en financiar el sobrante de 1952. Y que, se harían nuevos esfuerzos por dis-
poner de éste, poco a poco si fuere necesario, para ir colo-
cándolo en los mercados del mundo a un precio razonable.
Ya acordado el plan, los bancos —dicho con sumaria bre-
vedad— anticiparon a los operadores azucareros los suficientes fondos para el financiamiento de la zafra de 1953,
utilizando como garantía colateral el sobrante de 1952.

Al mismo tiempo, Batista decretó que la zafra de 1953
fuese limitada a cinco millones de toneladas largas. Su
gestión en cuya virtud los bancos suscribieron el sobrante
de 1952 fué muy aplaudida por los azucareros, aunque algunos sectores de la industria no veían con buenos ojos la
restricción impuesta a la zafra de 1953. Los opositores a
esta medida no argumentaban con claridad su objeción a
la política restrictiva, que se proponía lógicamente el impedir la creación de otro sobrante oneroso. Por otro lado,
la Conferencia Internacional Azucarera que se reunió en

Londres bajo los auspicios de las Naciones Unidas, calificó de "heroico" el gesto de Batista al restringir la zafra de 1953.

Esos dos primeros pasos hacia la eliminación del monstruo en que se habían convertido los problemas de la primera industria nacional, aliviaron la tensión. Pero, todavía quedaba el problema de salir del consabido sobrante ascendente a más de dos millones de toneladas. Al fin, en abril de 1953, Batista pudo encontrar comprador para la estancada mercancía. El negoció con Inglaterra una operación mediante la cual los británicos compraron un millón de toneladas de azúcar cubano, más allá de las cuotas normales de aquel país. Este lote se vendió a un precio satisfactorio, eliminándose así el peligro de otra rampante depresión azucarera. También sirvió la referida política para estimular la economía cubana dándole inmediata solidez. Además, el gobierno de Batista había dispuesto de casi todo el resto del sobrante a través de operaciones de ventas más pequeñas a una media docena de países.

Este manejo del problema azucarero de 1952-53 hizo más por la consolidación del régimen de Batista que cualquier otro acto aislado. Conjuntamente con los beneficios económicos que reportó a Cuba, fué también una medida astuta que hizo aumentar la confianza del pueblo en la idoneidad resolutiva del Presidente Batista. Y por otra parte, resultaba un buen negocio para los ingleses, que, comprando a un precio razonable, pudieron conjurar la escasez de azúcar en su propio país.

Al efectuar la negociación azucarera con la Gran Bretaña, Batista no dejaba de tener presente el hecho de que los ingleses, durante años, habían venido careciendo de suficiente dulce para sus ocho o diez tazas de te diarias; así como que son los mayores "dulceros" del mundo, por cuyos motivos deducía que, al ponerse al alcance de las posibilidades populares británicas ese millón de toneladas de azúcar, el racionamiento del producto habría de termi-

nar en Inglaterra. Una vez levantadas las medidas res-
trictivas del consumo público, habría de serle muy difícil
al gobierno británico de entonces, como a cualquier otro
posterior, el imponer nuevamente las medidas de racionamiento, excepto en caso de guerra u otra circunstancia
nacional igualmente grave.

La inestabilidad de la situación azucarera de Cuba no
es culpa de los cubanos solamente. Sus frecuentes vaivenes
se deben a causas diversas. Una de ellas está representada
en la costumbre que tienen los Estados Unidos de pedirle
a Cuba que produzca zafras enormes en períodos de crisis
internacionales, mientras luego, de manera súbita, al retornar la normalidad mundial disminuyen violentamente su
demanda. La caña de azúcar es una cosecha difícil de regular. La planta vuelve a crecer, año tras año, por espacio
de ocho o diez. Así es que cuando los Estados Unidos redu-
cen súbitamente su demanda, la caña cubana sigue retornando y la nación se sume en otro sobrante azucarero.
Quiere ello decir que una cosecha es casi siempre similar
a la siguiente, exceptuando cuestiones climatéricas o ca-
tástrofes imprevisibles. Si un colono o dueño de ingenio
siembra lo suficiente como para producir medio millón de
arrobas de caña que, transformadas industrialmente podrían
polarizar una cantidad de toneladas de azúcar, es probablemente seguro que tendrá la misma cantidad de caña
y de azúcar en la zafra siguiente. Quizá la solución sería
negociar un convenio a largo plazo con los Estados Unidos,
en el cual se garantiza la compra de un tonelaje fijo de
azúcar por un período de diez años. Cuba podría entonces
reconvertir su economía, ajustándola y compensándola a
sus necesidades y a las de los Estados Unidos, evitándose al
fin la sombría perspectiva de los sobrantes. Y, éstos parecen ser los lineamientos generales de la política azucarera
y económica que se propone seguir el Presidente Batista.

Capítulo 31

EL peligrosísimo problema del excedente azucarero era sólo uno entre los muchos embrollados asuntos que tenía que afrontar Batista cuando tomó el Poder en Marzo 10 de 1952. La combinación de todos juntos implicaba de veras un gran desafío a la capacidad administrativa del ex-cortador de caña. Definido a grandes rasgos, el panorama cubano podría haberse descripto así: conflicto azucarero de magnas proporciones; tesoro público saqueado; crisis general de la autoridad por prevalencia desorbitada del gangsterismo en toda la Isla; desconcertantes embustes en los demagógicos proyectos de obras públicas, que denotaban la actitud dolosa del régimen priísta, únicamente interesado en la pesca de votos en las próximas elecciones de junio 1°; y para colmo de dificultades, unas relaciones internacionales deplorables en grado sumo. La Rusia Soviética se había valido de Cuba para utilizarla como centro de empalme y canje de su extensa red de espionaje que se bifurca por todo Latino América; España no tenía Embajador en Cuba y el gobierno de Prío había hecho cuanto le fué menester para crear y acentuar un sentimiento de animosidad entre los dos países tan etnológica y culturalmente vinculados. Otras naciones vecinas tampoco mantenían relaciones diplomáticas con Cuba y las convenciones y tratados sobre política exterior cubana se encontraban poco menos que al pairo de todas las desatenciones.

Batista asumió el Poder dándole el frente a tal amalgama terrible de problemas. Y lo hizo con toda entereza, logrando soluciones que generalmente fueron firmes y satisfactorias. La salida que le halló al asunto azucarero dió paso a una solución excepcionalmente notable. Respecto a las **maffias** terroristas utilizó métodos directos. El embrollo de las obras públicas lo resolvió mediante un reajuste técnico y administrativo, que habría de posibilitar que en su primer año de gobierno se terminaran treinta y tres de los ciento veinticuatro proyectos iniciados "electoralmente" por el régimen anterior. Y, ya en la primavera de 1954, Batista había hecho terminar más de cuatrocientas obras públicas de primera importancia en todo el país.

Una de las primerísimas actuaciones de Batista al tener en sus manos las riendas del Poder, fué la de dotar un fondo de catorce millones de pesos para darle un adecuado abastecimiento de agua a La Habana. Por más de cien años la ciudad había venido sufriendo la escasez progresiva de este precioso líquido, por el crecimiento de la población capitalina y por la insuficiencia del abasto que le venía suministrando el antiquísimo Acueducto de Albear, una magnífica obra de ingeniería hidráulica para una gran aldea colonial que habíase convertido más y más en una gran ciudad. No sólo la fertilidad de los manantiales de que se nutría este acueducto era desde hace años insuficiente, sino que la red urbana de distribución se encontraba corroída y plagada de salideros. Una legión de politicastros había prometido infinidad de veces la solución del problema del agua a La Habana, sin que sus promesas fueran cumplidas jamás. Pero Batista no se anduvo por las ramas. Encaró la situación desde el fondo, y de pronto las calles empezaron a ser abiertas a derecha e izquierda para substituir las viejas cañerías inservibles por otras nuevas y aptas. Los políticos oposicionistas, dando muestras de su "cariño" por las históricas tuberías, se lanzaron a una campaña demoledora contra el Presidente, acusándole de haber desquiciado el tránsito a fuerza de romper las calles y convertir La Habana en una furnia. La campaña era procaz, injusta e irónica. No únicamente por la soberbia ironía que comportaba, sino por venir de quienes se dolían de que la población capitalina resolviera al fin, por acción de Batista, el insoluble problema que tocaba la salud, la higiene y su propia convivencia. Aquellas mismas calles las habían roto en balde los orquestadores electorales del régimen priísta con su desconcertante sinfonía de pico y pala.

Recuerdo un incidente de suyo gracioso relacionado con el problema del agua que tuviera lugar a principios de 1953. Un periodista neoyorkino había venido a Cuba para escribir una serie de artículos. Habló con el pueblo en las calles; investigó a fondo y antes de marcharse de la Isla, fué a visitar al Presidente Batista. El reportero hizo saber al Primer Mandatario que había advertido cierto descontento popular respecto a su gobierno, motivado por el destrozo de las calles y la reconstrucción de la red del acueducto. Batista se rió a mandíbula batiente cuando el periodista le preguntó qué pensaba hacer para que ese malestar cesara. "Bueno" —dijo Batista— "quizá usted pueda ayudarme. Si encuentra la manera de sacar las viejas cañerías soterradas a seis pies bajo el pavimento substituyéndolas por otras nuevas, **sin romper las calles**, déjemela conocer en seguida para ponerla en práctica. Todo el pueblo de La Habana se lo agradecerá y yo también"...

En 1952 Batista negoció con España un nuevo tratado sobre el tabaco, logrando que Cuba recuperase uno de los principales mercados de su aromática hoja en el Viejo Mundo. Durante los regímenes inmediatamente anteriores se había hecho lo indecible porque persistiera chauvinistamente el rescoldo de la dominación española sobre la Isla, como si la guerra hispano-americana, que tuvo lugar hace más de medio siglo, no hubiese terminado e instaurándose al fin la República de Cuba.

La agricultura siempre ha despertado vivísimo interés en el que fuera un guajirito allá en su lar de Banes. Por ello es fácil colegir que ningún sector de tan vital actividad escape a su atención. Entre sus múltiples gestiones en pro de la agricultura cubana, cabe mencionar la importación de las mejores semillas de El Salvador para mejorar los cafetales y la distribución periódica entre los campesinos, de grandes cantidades de semillas de arroz, maní, maíz y frijoles negros con el fin de asegurar abundantes cosechas.

La escasez de carne, que bajo las administraciones anteriores había desesperado a la población consumidora, también fué resuelta. Batista estableció centros de inseminación artificial en varias zonas ganaderas del territorio cubano, al objeto de mejorar los tipos de reses e intensificar la cría. Además, le puso especial énfasis a las atenciones veterinarias, organizando quince unidades móviles para atender el ganado de los agricultores pobres. Estas unidades contribuyeron muy eficazmente a detener y abatir una epidemia de encefalo-mielitis equina que asolaba zonas rurales de varias provincias.

Batista es un convencido creyente de la agricultura mecánica. En 1953 su Gobierno adquirió gran cantidad de equipos agrícolas para utilizarlos en toda la República. Estas máquinas se facilitan mediante un insignificante alquiler a los campesinos necesitados. El costo de aradura se reducía de esta forma a la quinta parte, aligerándose a la vez el tiempo de labor. En estas tareas muchos de los pequeños productores rurales del país utilizaban casi generalmente los mismos métodos que introdujeran en el país los Conquistadores españoles a principios del siglo XVI, y aún los procedimientos más remotos de los aborígenes. Hoy en día, tanto en el transporte de la caña y demás frutos del campo, como en los modos de producción rurales se van aplicando métodos mecanizados que el Presidente Batista se interesa en extender a las grandes masas de agricultores.

Las industrias del kenaf y el ramié han recibido gran impulso bajo el mandato revolucionario de Batista, calculándose que el empleo de estas fibras en sus diversas aplicaciones industriales, que van desde la fabricación de envases para azúcar, a otras finalidades cordeleras y de textilería calificada, le ahorrarán al país cerca de veinte millones de pesos, al mismo tiempo que comportan grandes promesas con vista al volumen de empleo y al desarrollo agro-industrial de Cuba.

En el ámbito de su política internacional, Batista ha deportado del país a espías soviéticos, granjeándose de tal suerte la enemistad de Rusia, al grado de que rompió sus relaciones con Cuba cuando la Policía descubrió sótanos, cámaras de tortura y grandes incineradores en el edificio que ocupaba la Legación Soviética en La Habana. Por lo demás, ha negociado nuevos tratados comerciales de beneficio mutuo con una docena de países, restableciendo al mismo tiempo las relaciones diplomáticas con varios gobiernos que habían andado a la greña con Cuba en los últimos años.

Cuba es un país donde la legislación social está muy avanzada. Pero, no había dudas en cuanto a que, la forma demagógicamente unilateral de las interpretaciones que a las leyes laborales le habían venido dando los dos gobiernos predecesores, era en gran parte la responsable de que nuevos capitales inversionistas deseosos de establecerse en la Isla no lo hubieren hecho. Las huelgas continuas y las presiones de masas más allá de la realidad económica y del régimen mismo de costeabilidad en muchos casos, podían calificar muy justificadamente la existencia inter-estatal de una versión criolla de "dictadura del proletariado". Por supuesto que el mal causado al proceso de desarrollo industrial de Cuba por semejantes prácticas laborales, se cernía a la postre contra los propios trabajadores al ser limitada la capacidad de empleo para las nuevas promociones obreras.

Todo este cuadro absurdo empezó a transformarse al llegar Batista al Palacio de la Presidencia el 10 de Marzo de 1952. Las huelgas pasaron a constituir hechos aislados y la actitud de las organizaciones obreras se trocó de inmediato en cooperación. Es cierto que Batista propugna la política de altos salarios como forma de aumentar el poder adquisitivo de los trabajadores, y que, asimismo, es partidario de otros beneficios y reformas sociales que impulsara desde 1933 a 1940 fundamentalmente. Pero, no es menos cierto que cree también e insiste, en que a un buen salario ha de corresponder una bien rendida jornada de labor.

En Marzo de 1953, se dió a conocer el plan para la construcción en La Habana de un gran hotel turístico que al costo de diez millones de pesos sería propiedad de la Federación Gastronómica en colaboración con la Hilton Hotels Corporation de los Estados Unidos. No hay dudas de que el proyecto es revolucionario y que refleja la nueva y recíproca tolerancia equilibradora entre el capital y el trabajo, que Batista ha hecho prevalecer en la República desde su arribo al Poder en 1952.

La exhausta situación del Tesoro Nacional cuando llegó Batista a Palacio en Marzo de 1952, hizo imperativa la creación de nuevas fuentes de ingresos que permitieran sufragar los gastos normales del Estado. Batista y sus asesores fiscales hicieron un pormenorizado estudio del sistema de impuestos de la República, derivándose de éste un aumento de determinadas tasas. En Cuba, como en casi todos los países, los impuestos resultan antipáticos, siendo así que los esfuerzos de los gobiernos por crear otros nuevos o para cobrar los existentes ya vencidos, provocan considerable oposición.

Los cubanos, como algunos que sin serlo, residen en la Isla, no han ganado fama de ser contribuyentes puntuales al Fisco. En los años que llevo vividos en Cuba nunca he visto al público formando colas ante las ventanillas de los departamentos recaudadores del Estado. Nada parecido a la excitación cívica que vemos en los Estados Unidos, por ejemplo, cuando se acerca el quince de Marzo de cada año, fecha del vencimiento para el pago de los impuestos, se ofrece en Cuba en ningún momento.

Hay miles de personas en la República que se las han arreglado para que sus nombres no aparezcan en los índices de contribuyentes durante toda la vida. Este número de evasiones fué reducido hacia fines de 1952, cuando el gobierno de Batista puso en ejecución un sistema original para el cobro de viejos adeudos, añadiendo nuevos nombres de ex-morosos, con el consiguiente buen resultado del incremento de las recaudaciones públicas. El gobierno ofreció condonar todos los atrasos adeudados por aquellas personas que voluntariamente concurriesen a pagar sus contribuciones de los últimos tres años. Miles se aprovecharon de la oferta, liquidando sus deudas correspondientes a los años fiscales de 1950-51-52. Fué un arreglo atractivo desde el punto de vista de los tributarios porque les eximió del pago de viejos atrasos. El Fisco pudo recaudar buenas cantidades y agregó además, miles de nuevos nombres a los índices de contribuyentes del Estado para los años venideros.

Capítulo 32

UNA de las más espectaculares actuaciones de Fulgencio Batista ha sido la de haber acabado con asombrosa rapidez y de manera definitiva, el odiado pandillerismo terrorista que Cuba había tenido que sufrir durante los siete años anteriores a Marzo 10 de 1952. Puede afirmarse que este logro suyo ha sido nacionalmente sensacional.

Los pistoleros, los contrabandistas, los traficantes de drogas y los asesinos profesionales, amén de los chantajistas, desaparecieron en su totalidad tan pronto como Batista retornó al Poder. Unos abandonaron el país y se dieron a la tarea de tramar una insurrección filibustera contra Batista. Y otros se escondieron medrosos en la misma Isla.

La rápida eliminación de los desafueros tuvo un efecto de bálsamo sobre la nación. Hasta los opositores de Batista, que habían tronado contra su ascenso al Poder, tienen que haberse percatado de que con su sola presencia en el Palacio Presidencial los rufianes se morían de miedo. Y la erradicación del gangsterismo trajo consigo el restablecimiento de la Ley y el orden en toda la República. Así se garantizaban pues, la estabilidad ciudadana, el mantenimiento de la paz pública y la restauración del principio de autoridad como base de todo buen gobierno.

Podrá alegarse que todo esto comporta una necesidad primordial y que no debe incluirse en el balance de nunguna obra de cualquier gobierno moderno, puesto que se supone de antemano, que la Ley y el orden han de existir naturalmente en toda comunidad civilizada. Pero el hecho innegable era que, bajo el régimen anterior, el crimen impune —con credencial "revolucionaria"— y las ili-

citudes más intolerables se habían adueñado tan fírmemen-
te de la vida cotidiana en toda la Isla que el pistolerismo
de marras parecía asumir categoría de institución nacional.

A ninguna persona que no haya vivido en una atmósfera
de temor, de completa indefensión ante la amenaza constante de muerte o chantaje, le será posible comprender del
todo la morbosa magnitud que alcanzó el asesinato de las
"gangas" en Cuba durante los regímenes de Grau y de
Prío. La eliminación física de un enemigo político o personal no presentaba dificultad alguna. Bastaba no tener escrúpulos y negociar con los pandilleros tal "hazaña".

Debido a que muchos de ellos servían de verdugos priva-
dos o de guardaespaldas de las figuras más importantes del
entarimado oficial, estos criminales gozaban de inmunidad
legal. Parecían poseer una "patente de corso" de fabricación sintética, "auténticamente" válida en todo el territorio
cubano. Bajo amenazas de muerte, o mediante torturas, exigían dinero a aquellos que, poseyéndolo, no tenían sus propios guardianes armados. Las víctimas raras veces se atre-
vían a quejarse a las autoridades. Y cuando lo hacían
las investigaciones sumariales eran tan epidérmicas que
adquirían el aspecto consabido de una farsa. Habiendo sido
despojados de sus bienes o dinero, los ciudadanos, generalmente, decidían conservar su dignidad no recurriendo en
petición de apoyo y garantías oficiales para sus vidas. Demasiado bien sabía todo el mundo que cualquier gestión en
tal sentido no probaría otra cosa que el poder más decisivo
de las "gangas" o sindicatos del crimen, que el de la
propia Ley.

Pues bien, el mismo día en que Batista se hizo cargo del
gobierno, muchos connotados pistoleros se exilaron o escondieron. Pero, a principios de 1953 los servicios de inteligencia del gobierno tuvieron conocimiento de que los grupos revanchistas, desde el exilio y aún en el mismo país,
estaban tramando una campaña de terrorismo para la que
utilizaban a desaforados asesinos de las antiguas **maffias**
de los tiempos de Grau y de Prío. Completamente despis-

tados por la impresión de falsa seguridad que había conseguido la actitud firme pero sin represalias del gobierno de Batista, estos hampones decidieron salir de sus escondrijos, listos a reanudar sus faenas criminales.

Los informes señalaban que los gangsters trabajaban a sueldo de la oposición. Se había elaborado un plan escalofriante para desencadenar nuevamente el reinado del terror, siendo uno de los aspectos del plan la colocación de bombas en la ciudad de La Habana. Los asesinos se aprestaban a exigirle dinero a los principales comerciantes como precio de la seguridad de no hacerles "víctimas esta noche"... El estado de inseguridad que de tal forma podría lograrse resultaría el caldo de cultivo del que el oposicionismo revanchista sacaría sus ventajas políticas sobre Batista. Dañarían el prestigio de su gobierno, destruirían el turismo en la Isla y crearían el clima previo y favorable a la contrarrevolución que preparaban.

Gracias a una minuciosa pesquisa, la policía y las autoridades militares actuando de consuno, descubrieron el escondite de "El Guajiro Salgado", uno de los líderes de los "gangsters". El 5 de enero en la noche los representantes de la Ley avanzaron sobre la guarida del peligroso delincuente para arrestarlo. Pero "El Guajiro" y sus secuaces recibieron a las autoridades con una ráfaga cruzada de ametralladoras, logrando escapar a otro refugio. Pese a la momentánea escapada, fueron alcanzados la misma noche en el mismo centro de uno de los barrios residenciales de La Habana. Se entabló un recio tiroteo con pistolas, ametralladoras y rifles entre la policía y los pandilleros. El resultado de la balacera arrojó un saldo de ocho muertos. Murieron "El Guajiro Salgado" y cuatro fulanos de su banda, dos policías y un civil ajeno por completo a los forajidos y a las autoridades.

Más tarde, exactamente en la noche del 23 de febrero, la policía y miembros del Servicio de Inteligencia Militar rodearon cierta casa en el barrio del Vedado, en la propia ciudad de La Habana. Hasta el lugar un hábil investigador había seguido a Vicente L. Kairruz, alias "El Italianito", quien era personaje peligrosísimo en los socavones del pistolerismo.

A través de un combate que duró más de una hora, murieron "El Italianito" y dos de sus secuaces, mientras un oficial de la policía resultó herido de gravedad. Las autoridades ocuparon en el lugar de los hechos después del tiroteo, ametralladoras, pistolas, parque, bombas y dinamita. Este escarmiento convenció a los gangsters que Batista no se andaba con contemplaciones en cuanto a imponer el debido respeto a la Ley. Y para que no pudiere quedar ningún resquicio de duda, el Presidente en persona formuló una declaración oficial a raíz de estos hechos, en la que señalaba que si bien las instituciones democráticas serían conservadas a plenitud en todo el país, con todos los derechos ciudadanos vigentes, los pistoleros y terroristas, en cambio, habrían de ser castigados con la mayor severidad.

Una de las ostentosas vanidades de "El Italianito" era la de considerarse una réplica del famoso bandido de Sicilia, Giuliano. Su "hobby", amén del "despacho" para el otro mundo de cualquier prójimo, era el de dibujarse a sí mismo en torpes bosquejos en los que aparecía ametralladora en mano ,completando el diseño siniestro con su nombre debajo y el mote de "El Giuliano de las Américas".

La guerra desatada por Batista contra el crimen obtuvo las alabanzas de la ciudadanía, y aún de aquellos cubanos que no eran ni amigos ni partidarios del gobierno. Y no podía ser de otro modo, porque por años que parecían interminables pesadillas, los vecinos de las grandes ciudades de Cuba habían vivido bajo la amenaza perenne del terror. Nadie sabía nunca dónde ni cuándo iba a tener lugar la próxima balacera. El régimen de Batista terminó con el gangsterismo en Cuba.

El 26 de julio de 1953 la Oposición revanchista trató de derrotar el gobierno de Batista mediante la fuerza. La intentona falló necesariamente porque no podía contar con el más mínimo apoyo de la población civil, ni de ningún sector militar. Unos doscientos hombres, gran parte de ellos pertenecientes a la "Legión del Caribe", invadieron la provincia de Oriente, sorprendiendo y capturando a centinelas y soldados enfermos en el Hospital Militar de Santiago de Cuba. Haciéndose fuertes por breve lapso en dos edificios contiguos al Cuartel Moncada, trataron en vano de tomar la guarnición. En la ciudad de Bayamo se reprodujo en menor escala el mismo plan con idénticos adversos resultados para los invasores. Tanto en Santiago como en Bayamo los ataques revanchistas fueron rápidamente dominados por las Fuerzas Armadas de aquella provincia, que permanecieron leales al gobierno de Batista. Noventa personas —sesenta y una de ellas pertenecientes a los invasores— fueron muertas en la batalla de aquel domingo por la mañana. El gobierno acusó directamente al ex-Presidente Prío y a grupos coaligados de los partidos Ortodoxo y Comunista de haber realizado el asalto a los cuarteles de Santiago y Bayamo. Pero, desde el exilio, Prío negó haber tenido conexión alguna con estos hechos. Sin embargo, en Cuba se sabía —porque los conspiradores restauracionistas no hacían otra cosa que repetirlo en los días anteriores a los trágicos sucesos de Oriente— que los asociados de Prío habían cerrado negociaciones por compras de armas en Estados Unidos, y que el mismo Prío había estado en estrecho contacto con la Legión del Caribe algunos años antes de 1953.

Capítulo 33

A los extranjeros, especialmente a los norteamericanos, tal vez haya de resultarles muy difícil la comprensión certera y objetiva de los complejos problemas políticos de Cuba. En lo que se refiere a los norteamericanos, puede que la dificultad estribe en el hecho del largo y experimentado tránsito que llevan por el camino del gobierno propio, cuya frecuentación firme y segura choca en verdad con los tantos desajustes, incomprensiones e inseguridad, comunes a una República joven en agitado proceso de crecimiento. Hacen falta dotes de observación y de paciencia a prueba de abulia y de cansancio para poder adentrarse en tales peculiaridades nacionales. También es posible que para el anglosajón promedio, no haya incentivo alguno en dedicar su tiempo al estudio minucioso de la historia y las costumbres de las naciones latinoamericanas.

A través de generaciones, por lo menos antes de haberse puesto en práctica la Política del Buen Vecino, los norteamericanos, pongamos por caso, miraban a las naciones de la América Latina con cierto desdén. El interés de los estadounidenses con respecto a las repúblicas hermanas del hemisferio, limitábase generalmente a los relatos que publicaba la prensa de sus continuas revoluciones. Otro obstáculo para un mejor entendimiento entre esos pueblos y los norteamericanos se expresa en la tendencia de aplicarle ciertas normas propiamente norteamericanas a todo lo concebible. Esto es cierto en cuestiones de tanta monta como las formas de gobierno y en pequeños detalles, como, por ejemplo, el que se refiere a la manera de conducir automóviles que tienen los latinoamericanos. El promedio de estadouniden-

ses está convencido de que su sistema de gobierno es perfecto y de que todo cuanto se le aparte siquiera ligeramente, no
es verdadera democracia. Los latinoamericanos, aún aquellos que son fervorosos admiradores de los Estados Unidos,
jamás han comprendido lo que los del Norte piensan del
gobierno democrático puro. Lo que los norteamericanos en
su mayoría no conciben es que, una forma de gobierno
que puede ser ciertamente perfecta para los Estados Unidos,
quizá para nada sirva en otra parte del mundo.

Los estadounidenses, por lo general, no suelen percatarse
de que las diferencias entre su propio pueblo y el de Cuba,
así como entre otras naciones del lado Sur del Río Grande
en la misma línea de comparación, son diferencias casi ra-
dicalmente fundamentales, y que, es tan poco razonable
esperar de un cubano que piense y actúe como un norteamericano como lo es a la inversa. La vecindad es cercana,
pero en muchos sentidos cubanos y norteamericanos están
separados por grandes distancias psicológicas, sociológicas
y de variada naturaleza.

Los cubanos, al igual que otros muchos pueblos de Latino-América, son descendientes directos de españoles. La
profusa mezcla de sangre, tan típica en las poblaciones norteamericanas, no se ha dado en Cuba. La sangre y el espíritu
de los cubanos acusan la típica predominancia hispana.

El cubano es individualista en grado mucho mayor que
el norteamericano. Siempre el cubano está consciente de
sus derechos individuales y nunca está dispuesto a que se
les restrinjan. En la mayoría de los casos piensa y actúa en
sí y por sí. Con esto no quiere decirse que sea egoísta, pero
sí determina que el pueblo de Cuba, considerado global-
mente, pocas veces actúa con sentido de comunidad. Si se
ejecuta alguna acción común casi siempre es por coincidencia transitoria y no por intención deliberada. Si se pro-
ducen suficientes puntos de vista, concebidos individual-
mente y que en un momento dado lleguen a coincidir, entonces tal vez se incorpore un estado de conciencia parecido
a un movimiento colectivo. Pero tales acciones raras veces

son inspiradas por el mismo concepto que del espíritu cívico tenemos en los Estados Unidos. Este individualismo de los cubanos puede que tenga sus virtudes y que comporte valores determinantes en una democracia. Empero, lo cierto es que complica sobremanera el problema de gobernar. Ultimamente hánse denotado indicios que parecen probar que este individualismo particularista está sufriendo ciertas transformaciones.

Cuando los norteamericanos establecen paralelos entre su manera de hacer las cosas y la de los cubanos, ignoran la diferencia básica entre ambos pueblos. Ademas de las distinciones etnológicas, deberá recordarse que las diferencias históricas son por igual bien remarcadas. Los peregrinos que desembarcaron en Plymouth Rock eran bien distintos a los Conquistadores que, a raíz del Descubrimiento, desembarcaron en las playas cubanas. Los primeros arribaron a una tierra nueva para establecer sus hogares y fomentar comunidades, hallándose todos inspirados en el deseo de libertad para un conglomerado humano que habrían de asentar mediante sus propios y conjuntos esfuerzos. Los Conquistadores eran no más los representativos transitorios de un poder europeo buscando nuevas tierras y más oro para el monarca. No les guiaba inspiración alguna de asentarse en tierras inéditas, ni tenían deseos verdaderos de crear sociedades que ofreciesen paz y libertad a un pueblo opreso. Los Conquistadores eran legatarios de una misión que cumplir en nombre y servicio de su Rey y de paso, acrecentar sus propias fortunas como las de su monarca. No había ánimo colectivo entre los Conquistadores. No venían en pos de una vida de libertad y de felicidad en un gran mundo nuevo. Perseguían un solo objetivo mucho más material que el de un afán de libertad.

Claro que resultaría completamente inexacto decir que el pueblo de Cuba se inspira todavía en los motivos de los Conquistadores del Siglo XVI. Y que sería igualmente incierto afirmar que el pueblo actual de los Estados Unidos continúa guiándose por aquel cuáquero sentido de comunidad que inauguraran en lo principista y en lo práctico los Peregrinos de la América del Norte en el Siglo XVII. Pero el establecer comparaciones entre ambos pueblos en punto a cualquier juicio sobre sus acciones, no debe pasar por alto la consideración histórica de sus antecedentes básicos.

Los norteamericanos no se convencen tan fácilmente de que hay razones meritorias que acreditan los cambios revolucionarios de gobierno, tan comunes en Hispanoamérica. Aunque es cierto que las revoluciones constituyen un proceso perfectamente normal en casi todos los países que hablan español por estos lares americanos, para la generalidad de los norteamericanos una revolución es sencillamente una expresión de violencia a la cual acuden los políticos que están abajo para destruir a los que están arriba. La palabra "revolución" está viciada en su etimología psicológica para los estadounidenses. Mas, es un hecho indubitable que cuando a un pueblo se le niegan los derechos a unas elecciones libres y se le imponen tiránicos arbitrios, la revolución es la única manera de erradicar semejantes abusos y atropellos por parte de un gobierno.

Lo distintivo entre los puntos de vista norteamericano y cubano en cuanto al vocablo revolución puede constatarse observando el hecho de que muchos de los líderes políticos de Cuba se esfuerzan por introducirlo a modo de lema en el nombre de sus partidos. En Cuba se es digno de admiración cuando se pertenece a un partido revolucionario porque la palabra "revolución" conlleva la idea del progreso.

Pocos norteamericanos parecen recordar que los Estados Unidos de América nacieron de una revolución y que, asimismo, otra revolución de inmensas proporciones palpitaba dentro de la guerra civil de 1860, cuando el Sur se rebeló contra el Norte, afirmándose ésta en la voluntad de la unidad nacional que habría de prevalecer finalmente. Abraham Lincoln tenía un concepto muy diáfano del valor ético de la revolución como medio propuesto a cambiar malos gobiernos por buenos o mejores. Hace poco más de cien años declaró sobre este asunto lo que sigue: "Cualquier pueblo en cualquier parte, si tiene la inclinación y la voluntad, posee el derecho a levantarse y deshacerse del gobierno existente, y formar uno nuevo que le sea más apropiado. Este es un derecho de los más valiosos y sagrados —un derecho que esperamos y creemos ha de liberar al mundo—. Ni tampoco queda restringido este derecho a los casos en que todo el pueblo de un determinado gobierno existente desee ejercitarlo. Cualquier porción de ese pueblo puede revolucionarse y asumir el control de aquella parte del territorio que habita. Una mayoría de cualquier segmento de tal pueblo puede rebelarse aplastando a una minoría que esté entremezclada o circunde a la primera, y que se oponga a este movimiento. Tal minoría fué precisamente el caso de los Tories en nuestra propia revolución. Es cualidad de las revoluciones no guiarse por viejos métodos y leyes viejas, sino quebrar ambas y construir nuevas".

Por lo visto, el derecho de clamar revolucionariamente contra un gobierno intolerable no pereció el 4 de julio de 1776.

Los cubanos son, sin lugar a dudas, un pueblo revolucionario. Lo han sido por siglos y probablemente seguirán siéndolo por cierto tiempo todavía en el futuro. A principios del siglo actual, durante la niñez y adolescencia de Fulgencio Batista, la revolución era en Cuba algo real y cotidiano, muchísimo más concretizado que una filosofía y que unos capítulos en los textos de historia. Se consideraba algo así como un estilo de vida —algo de lo que se hablaba y se palpaba todos los días.

Acaso las inclinaciones posteriores de Batista hacia la revolución eran el natural resultado de una herencia y de un ambiente. Nació en la provincia de Oriente —largo tiempo definida como "la cuna de las revoluciones"— en uno de los períodos más violentos de la lucha de Cuba contra España. Cuando el pequeño Fulgencio llegó a "este valle de lágrimas" su padre acababa de volver de la manigua mambisa en la que había combatido valerosamente a las fuerzas españolas. Su madre no había olvidado las privaciones terribles que una guerra impone a los que se quedan en sus hogares. Nadie en la provincia de Oriente, ni en el resto de la Isla, pudo librarse de los crudos efectos de la revolución independentista en las postrimería del Siglo XIX o en los albores del XX. La provincia oriental, escenario de la sangrienta carga de Teodoro Roosevelt en la Loma de San Juan, ya había sido campo de batalla empapado de sangre, poco antes del nacimiento de Batista. Durante su niñez él pudo advertir que los amigos de sus padres eran revolucionarios en su mayoría, veteranos de la guerra de liberación contra España. Sus compañeros de juego eran los hijos de hombres y mujeres que habían luchado y contribuído a la derrota de la tiranía metropolitana. La gente de este temple no es de las que pelea revolucionariamente un día para olvidarse del asunto al otro.

De modo que es muy posible que la constante exposición a las conversaciones acerca de las luchas revolucionarias, de las batallas ganadas y de las incursiones contra el enemigo, tuviesen mucho que ver con la forja del carácter que a lo largo de su vida llevó a Fulgencio Batista a la rebelión contra los que él estimaba gobiernos y gobernantes corruptos, ineptos y tiránicos; contra regimenes proclives al fraude y al estancamiento nacional y social. A través de sus primeros años, desde el día en que vió la luz hasta la mañana en que encabezó su primera insurrección, Batista vivió en una atmósfera enrarecida por una tensión de protesta e inconformidad que se resolvía frecuentemente en revuelta.

Ya en 1717, casi doscientos años antes de que pudieran acabar con la dominación española en la Isla, los cubanos se habían levantado contra sus opresores en protesta por el plan de la metrópoli de establecer el estanco o monopolio del tabaco en Cuba. El hecho ingresó en la historia bajo el nombre de La Rebelión de los Vegueros. Otro movimiento revolucionario se inició en 1823 y fué suprimido por los españoles antes de que pudiera cobrar fuerza. Allá por la década de 1830 los cubanos volvieron a levantarse, y, establecieron en tal oportunidad las primeras juntas revolucionarias en los Estados Unidos, con el fin de ganarse la simpatia y el apoyo de los norteamericanos. Veinte años más tarde otra revolución fué, desgraciadamente, abortada en el pueblo de Cárdenas, y entre los beligerantes que capitaneaba el venezolano Narciso López, hubo varios centenares de simpatizadores norteamericanos.

Al siguiente año, en 1851, el pueblo de Cuba declaró su independencia de España y se empeñó en dos rápidos, activos, pero fracasados intentos por librarse del yugo de la Metrópoli. Desde el año 1851 hasta 1868, los cubanos conspiraron, pensaron y pelearon en busca de su libertad.

Una de las grandes revoluciones contra España se inició el 10 de octubre de 1868 para alcanzar históricamente la honrosa denominación de la Guerra de los Diez Años. El movimiento partió del ingenio "La Demajagua", en Yara, Oriente, y aunque los cubanos pelearon con indomable bravura, sus fuerzas eran desventajosamente desiguales en número y equipo a las de sus adversarios, acaeciendo la capitulación de este largo y heroico empeño en 1878. La Guerra de los Diez Años produjo brillantes generales entre los cubanos. Y fueron estos mismos caudillos los que volvieron a los campos en 1895 para conseguir finalmente la derrota de la monarquía española y la tan ansiada independencia de Cuba.

Alcanzada ya su independencia y convertida en nación libre y soberana, las rebeliones continuaron produciéndose en Cuba cuando alguna causa le parecía a los cubanos suficientemente merecedora. La primera alteración revolucionaria de que cuenta la historia republicana tuvo lugar en noviembre de 1902, pocos meses después de que el primer Presidente, Don Tomás Estrada Palma, juró su cargo.

Al siguiente año Cuba siguió experimentando disturbios revolucionarios que hubieron de perturbar la paz de la Isla durante meses. Un complot contra el Gobierno fué descubierto en la villa de Guanabacoa en julio de 1903. Hubo un levantamiento en el poblado de Vicana, en la provincia de

Oriente, con el corolario de varias muertes. Otro en Sevilla, en la misma provincia, dos meses más tarde, incubado por un grupo que se proponía secuestrar al Presidente de la República y obligarlo a pagar los atrasos en sus pensiones a los veteranos de la Independencia, que habían esperado en vano desde la terminación de la Guerra. Y por aquella misma época más o menos, un grupo de inconformes pretendió dinamitar el tren donde viajaba el Presidente, cuando realizaba un recorrido desde La Habana a la región oriental.

En agosto de 1906 se desató el primer movimiento revolucionario de grandes proporciones en la República. La revolución iba contra el gobierno del Presidente Estada Palma, que había sido re-electo para un segundo período y mediante unas comicios fraudulentos que tuvieron lugar en 1905. Encabezaba la revuelta el General Faustino Guerra, líder de la oposición política contra Estrada Palma. Pudo haber tenido éxito dicha insurrección si el Gobierno Norteamericano no se hubiese visto compelido a asumir el Poder por vía de intervención.

Cuando las huestes rebeldes se lanzaron al campo, hallaron débil oposición por parte de las fuerzas gubernamentales, que lucían inadecuadas y carentes de entusiasmo. Percatado Estrada Palma de la difícil situación de su Gobierno, pidió a Estados Unidos que interviniesen en el problema. Al titubear el Departamento de Estado Norteamericano, Estrada Palma y su gabinete renunciaron, dejando al país acéfalo. Este acto conminó a los Estados Unidos a intervenir y establecer el orden, por un periodo de tres años.

En 1917, mientras los Estados Unidos se preparaban para actuar en la Primera Guerra Mundial, las sacudidas políticas en Cuba provocaron otra insurrección de unas dimensiones nunca antes experimentadas por la joven República. El motivo se generó en una contienda electoral. Ocupaba la Presidencia por entonces el General Mario G. Menocal, que buscaba su re-elección para un segundo periodo. Su contrincante lo era el Dr. Alfredo Zayas. Los comicios se celebraron el día 1º de noviembre de 1916. Tan fraudulentos fueron que el Tribunal Supremo ordenó que se efectuasen nuevas elecciones en varias provincias. Seguros de que tampoco habría honradez en la segunda jornada, el partido de la oposición encabezado por Zayas, recurrió a la revuelta. Ambos contendientes lanzaron tropas a los campos y comenzó la lucha. Los Estados Unidos —alarmados por una pelea casi en su propia retaguardia en momentos de tanta peligrosidad internacional— hicieron saber que apoyarían al Presidente Menocal. La oposición zayista abandonó la lucha armada, aún cuando se tenía la impresión de que Zayas había ganado realmente las elecciones en 1916.

Muchos de estos disturbios y actividades revolucionarias ocurrieron cuando Batista era un muchacho que iba tramontando la cuenta de sus primeros dieciséis años, y naturalmente tuvieron que improntar en su espíritu. Fulgencio Batista y la República de Cuba nacieron juntos y crecieron por igual, bajo las violentas influencias revolucionarias, típicas quizá de los problemas que se incoan en una joven nación sin madurez.

Para comprender mejor los problemas políticos de la Cuba de hoy debe considerarse el hecho de que el país hubo de salir de la obscuridad colonialista hace justamente unos cincuenta años. En 1902, poco menos de cuatro años después de haberse desuncido del yugo español, asomó a la clara luz de la libertad, convirtiéndose en República independiente. Muy poco tiempo tuvo para su aprendizaje en la ciencia de gobernar, ya que escasos cubanos habían sido adiestrados necesariamente para asumir las insoslayables responsabilidades que la independencia trae consigo. Precisa convenir en que los gobernadores españoles no habían establecido altas normas de gobernación que los cubanos hubieran podido emular.

En su mayoría los Capitanes Generales que España enviaba a la Isla de Cuba como gobernadores, eran hombres de muy baja calidad moral. Con una o dos excepciones honrosas, casi todos robaron, mataron, plagiaron, escarnecieron, agredieron los más elementales atributos de la persona humana, y se enriquecieron en el disfrute de sus cargos a expensas de los cubanos.

La falta de experiencia en el auto-gobierno, como la carencia de madurez política, pueden muy bien haber sido las responsables, en cierto modo, de la tendencia cubana de recurrir al expediente de la revolución para librar al país de gobiernos intolerables. O tal vez sea, sencillamente, que las naciones, al igual que los hombres, tienen que gatear y empinarse primero, antes de poder caminar .

Pero cualesquiera que sean las razones que laten en el espíritu revolucionario del cubano, es un hecho incontrovertible que cuando Fulgencio Batista realizó su Revolución de los Sargentos en septiembre 4 de 1933, como cuando repitió su hazaña en Marzo de 1952, estaba ajustándose integralmente a un patrón típicamente cubano, que partía de raigales precedentes históricos.

Los métodos revolucionarios de Fulgencio Batista se diferencian de cualesquiera otros subanteriores o anteriores, en el hecho insólito de que han sido planeados y ejecutados con admirable éxito y sin derramamiento de sangre.

Capítulo 34

HE sido amigo personal de Fulgencio Batista por espacio de veinte años. Pudiera decirse que en parte hemos crecido y madurado juntos. Cuando por vez primera apareció su nombre en los titulares de la prensa mundial en 1933, él era un joven Primer Sargento del Ejército de Cuba, y yo un joven periodista que trabajaba en La Habana como corresponsal de la Prensa Asociada. Algunos años antes yo había sido Primer Sargento en el Ejército Norteamericano, lo que quizá tuviera algo que ver con el inicio de nuestra amistad. Puede que existan fraternas entre viejos Sargentos Primeros.

Mientras duró el exilio de Batista estuve a su lado gran parte del tiempo. Entonces ya no era Presidente de la República ni Jefe del Ejército de Cuba. Empero, seguía siendo el mismo hombre que yo conocí en 1933: un buen amigo, campechano y sincero. Vamos, la clase de tipo con quien uno gusta de irse a pescar. Por aquel tiempo no estaba rodeado de ayudantes militares con entorchados de oro, ni acompañado protocolarmente por esos atildados señores de pantalones a rayas. Pero, ya estuviese sentado en un banco del parque de Spring Lake, New Jersey, o como anfitrión o invitado en alguna comida íntima en New York, sentía yo el influjo de su recia y atrayente personalidad, exactamente de la misma manera que estando frente a él en su despacho del Palacio Presidencia en La Habana.

Cualesquiera defectos políticos de que adolezca Batista son asuntos que constan en la historia de su paso por el Poder. Sus enemigos han tenido deliberado interés de darle publicidad a sus desaciertos, siendo así que a los historiadores de 1975, por ejemplo, encontrarán muy facilitada la tarea al hallar detalles completos de ellos en los archivos de los periódicos y revistas cubanos. En Cuba, como en todas partes, los yerros politicos de una figura pública despiertan más alharaca informativa y mayor interés que sus aciertos y virtudes.

Infinidad de veces Batista ha sido tildado de ser un dictador. Si los que así lo califican tienen alguna razón, estamos ciertamente ante un nuevo tipo que difiere por completo de los conocidos hasta ahora. Seria la suya la primera dictadura que se inspira en las sabias páginas de la Biblia y en las enseñanzas de Abraham Lincoln. Batista conoce mucho más acerca de la historia de esta señera figura que la mayoria de los propios norteamericanos. Ha leído sobre Lincoln todo cuanto ha podido obtener y su bibliotecario tiene órdenes permanentes de adquirir cuanto libro se publique sobre la vida de tan extraordinario prócer de los Estados Unidos.

Durante el tiempo en que Batista ha ejercido el Poder ha garantizado, por dos veces y presidido una, a tres de las justas comiciales más ejemplares por lo pulcras y libres, que consigna la historia de la democracia en Cuba. La primera fué la de la Asamblea Constituyente en 1939. La segunda cuando resultara electo Presidente de la República en 1940, y la tercera, aquella jornada de 1944, en que presidió nobilísimamente la derrota de su propio candidato presidencial.

Se acusa a Batista de ser un usurpador de la autoridad que en dos ocasiones ha detentado el Poder. Pero se calla, sin embargo, que hubieron razones poderosísimas que justificaron y patentizan históricamente sus decisiones en ambos casos: en el primero —septiembre de 1933— la incapacidad manifiesta de un gobierno en un momento decisivo y peligroso para el presente y el futuro de la República; y en la segunda —marzo de 1952— la notoria inmoralidad mediante una inútil y sangrienta pseudo-revolución. A todo de otro régimen que se proponía perpetuarse en el Poder esto hay que añadir, por lo demás, que los dos gobernantes derrocados no contaban con el apoyo popular como factor básico a los fines del buen ejercicio del Poder en cualquier parte del mundo, sino que, por el contrario, tenían el repudio casi unánime de la ciudadanía en ambas oportunidades históricas.

· Los hábitos de vida de Batista son más o menos los normales de todo buen ciudadano. Le interesa la religión sin llegar a fanatizarle y es profundamente dovoto de su familia. Le seducen los libros, la buena música, las personas, las conversaciones con **esprit;** y sus faltas o defectos personales no son ni mayores ni peores que los del hombre promedio considerado casi perfecto. Posee una chispeante personalidad; un peculiar atractivo que se advierte tan pronto se cambian con él las primeras palabras. En toda conversación pone gran interés en lo que dicen los demás. Es confiado, quizá en demasía, y extraordinariamente tolerante para con los defectos de los demás. Con un magnífico sentido del humor y una gran facilidad para hacer cuentos, Batista resulta un éxito, lo mismo en una velada social que en la intimidad hogareña de una charla con sus amigos. Su humorismo se trasluce a veces en sus actos oficiales. Cierta vez, lo recuerdo, fué arrestado un jefe político oposicionista por incitar a la rebelión y le sancionaron los tribunales con mil pesos de multa. Los miembros del partido del jefe en cuestión estaban jubilosos porque esto les daba pábulo para una publicidad de la cual el jefe saldría convertido en mártir. Iniciaron una colecta de centavos con vista a pagar con lo que recaudaran la susodicha multa. No menos de una docena de amigos del jefe detenido podían haber facilitado inmediatamente el efectivo necesario para sufragar los mil pesos. Pero acordaron reunir esa suma por medio de las voluntarias contribuciones de un centavo. El partido recibió una enorme publicidad, gracias a tal campaña, y después de varios días dijeron haber completado la cantidad correspondiente. Con un séquito de periodistas y fotógrafos se encaminaron a pagar la multa, llevando las quién sabe cuántas piezas de a centavo. Pero al llegar a la prisión se enteraron que, una hora antes, Batista había indultado a tal jefe político.

En otra ocasión, en la primavera de 1953, un grupo de estudiantes de la Universidad de La Habana manejados por líderes revanchistas y comunistas, anunció que iban a realizar un desfile portando antorchas, en un intento por deslucir las ceremonias oficiales que en razón del Centenario de José Martí se estaban celebrando como tributo al excelso patriota cubano. Los estudiantes dieron a conocer que el propósito del "desfile de las antorchas" no era otro que el provocar un "incidente" con la policía. El pueblo de La Habana se sumió en honda preocupación pensando que habría desórdenes. Pero Batista y su gobierno guardaron silencio. Cuando llegó la hora, las amenazantes antorchas universitarios salieron de su Alma Máter gritando e iluminando las calles con sus hachones, rumbo al centro de la ciudad. Después de andar algunas cuadras los muchachos advirtieron que la maniobra les había resultado inútil. Todos los miembros de la policía que patrullaban las calles habaneras, habían recibido órdenes expresas de mantenerse ocultos de la vista de los estudiantes, de modo que a éstos no les fuera posible provocar el "incidente" planeado. La manifestación o "desfile de las antorchas" se disolvió por sí misma sin el menor contratiempo. Este fué un gran acierto de Batista y una prueba más de las notables aptitudes que posee para confundir a sus enemigos políticos.

A fines de 1952 Batista convino en hablar ante las Fuerzas Armadas y había enorme espectación por lo que iba a decir. Hacía varias semanas que estaba siendo el blanco de duros ataques oposicionistas, inclusive de tipo personal. Y hasta ese momento había ignorado a todos sus detractores. Muchos creían que en su discurso ante los soldados haría trizas a sus adversarios, apagando sus brulotes uno a uno.

Pero Batista tenía otra idea de las suyas. Dedicó gran

parte de su discurso a referir anécdotas sobre los perros que tiene en su finca. Contó que poseía un gran San Bernardo y un diminuto Pekinés. Dijo que este último era un perrito de los más mal geniado, que se pasaba el día gruñéndole y largándole dentelladas a las patas del San Bernardo, quién, por el contrario, era muy tolerante y soportaba pacientemente las provocaciones del Pekinés, día tras día, sin mostrar nunca el más leve enojo. Sin embargo, de cuando en cuando —siguió contando el Jefe del Estado— el San Bernardo decidía quitarle la careta al mínimo provocador, para lo cual no necesitaba más que dejar caer una de sus fuertes patas sobre el falderillo. Este entonces salía aullando a toda velocidad, refugiándose en un escondite donde permanecía oculto a la vista del San Bernardo durante varios días. Y la paz retornaba de nuevo a la perrera de Batista.

Capítulo 35

ANDANDO el año de 1952, meses después de que Batista habíase hecho cargo de la dirección del país, se lanzaron contra él ciertas críticas ostensiblemente contrarias a las que sus impugnadores debieron escoger respecto de un gobernante al que se le considera dictador. Alegábase que Batista no estaba imprimiéndole a su régimen la suficiente "mano fuerte" que el momento cubano requería. Y quienes tales críticas hacían eran precisamente algunos ciudadanos cultos y demócratas, que tenían la honrada convicción de que en determinadas ocasiones hacen falta gobiernos firmes y severos para regir los destinos de estas repúblicas jóvenes en pleno crecimiento.

Tal vez Batista cuente con una serie de faltas que yo no he reparado ni constatado. No lo sé. Pero después de veinte años de amistad fraterna, todavía me parece un individuo excepcionalmente agradable, con grandes dotes de inteligencia y de habilidad.

Ahora bien, lo más importante con vista a este asunto, es la respuesta a la siguiente interrogación: ¿Cómo se siente el pueblo de Cuba respecto de Fulgencio Batista, ahora que ha vuelto a tomar las riendas del Poder?

Batista ha dispuesto lo necesario para que sea el propio pueblo cubano quien conteste por sí mismo. Cuando volvió a Palacio en Marzo de 1952 anunció que los comicios se celebrarían en Noviembre de 1953. Dispuso la designación de una Comisión Electoral encargada de canalizar las elecciones, redactando un Código al efecto y ultimando todos los detalles necesarios para la reorganización de los partidos políticos.

Los jefes de los grupos oposicionistas en su gama diversa impugnaron el plan de convocar y celebrar elecciones nacionales y se dieron a la tarea de boicotear el proyecto puesto en marcha por Batista. Durante meses lanzáronse manifiestos y proclamas; consumiéronse horas enteras por la radio y la televisión y siempre no se hacía sino insistir en que no participarían tales grupos en los comicios hasta tanto no fuera restablecida la "constitucionalidad" en Cuba. La tesis era tan ilógica como peregrina. El retorno a la constitucionalidad no tenía otro sendero que el de las elecciones y éste había sido franqueado sin ambages por Batista. Semejante actitud empecinada de algunos líderes oposicionistas suscitó un clima de estancamiento, imposibilitando de hecho la constitucionalidad tan propugnada. Todas las decisiones de la Oposición reiteraban su no participación en los comicios como una cantinela absurda. Su actitud era poco realística, porque cualesquiera soluciones antepuestas por los grupos oposicionistas debían ser también aceptables para Batista, quien tenía en las presentes circunstancias, el pleno control del país y de las Fuerzas Armadas.

Sólo hay dos formas de cambiar los gobiernos en Cuba: eligiendo mediante las urnas uno nuevo, o bien, derribando al existente por medio de una revolución. Como quiera que los oposicionistas insistían en que se restaurase la constitucionalidad, y se oponían a las elecciones, no parecía sino que esperaban de Batista que restaurase a Prío con su régimen, dándole hacia atrás a lo acaecido, sin comprender que tampoco de esta manera la constitucionalidad podría ser legítima. Es al pueblo a quien compete el retorno a un status de jure o constitucional, en última instancia democrática, y puede hacer válidos sus supremos designios a través del voto. Pese a la tozudez de la Oposición, empeñada en perder el tiempo, Batista mantuvo durante meses su plan de celebrar elecciones. Otorgó todas las facilidades concebibles para que los jefes oposicionistas pudieran inscribir sus partidos de acuerdo con una ley pareja para todos, ya gobiernistas u hostiles; y en fin, hizo lo que a fuerza de demócrata sincero creyó conveniente para darle al pueblo la oportunidad de elegir un nuevo gobierno y arribar a la constitucionalidad sin mayores dilataciones. Hizo pues, todas las concesiones imaginables, pero en vano.

Según los procedimientos electorales cubanos, los partidos políticos han de estar inscriptos en el Tribunal Superior Electoral en término o fecha fijos, anterior a las elecciones internas o reorganización de los partidos, que es un proceso previo a los comicios generales. Al negarse algunos grupos oposicionistas a inscribirse como partidos, Batista pospuso la fecha-término de las inscripciones para que pudieran reconsiderar sus actitudes. Los dos principales partidos contrarios al Gobierno: el Ortodoxo y el Auténtico, hallábanse divididos y subdivididos en varias facciones. Solamente una de cada cual de estos grandes movimientos había acudido a inscribirse. Las otras se quedaron proclamando sus consignas abstencionistas.

Este desconcierto en la Oposición acrecentó las posibilidades de los partidos afines a Batista de ganar no sólo la Presidencia de la República, sino las mayorías congresionales, en la justa señalada para Noviembre. El **New York Times,** a principios de 1953, publicó un razonado artículo en el que señalaba como la obstinación de los partidos oposicionistas en Cuba virtualmente estaba garantizándole la victoria a Batista en las elecciones cercanas.

Pero ya bien entrada la primavera de 1953, Batista anunció que pospondría las elecciones de Noviembre de aquel año, porque opinaba que sin la participación de los partidos oposicionistas el resultado de las urnas no representaría la verdadera voluntad del pueblo cubano. El nuevo plan disponía que se verificaran elecciones congresionales en Noviembre 1º de 1954. Puesto que los partidos inscriptos protestaron demandando que los comicios debían ser generales en la misma fecha de 1954, Batista accedió nuevamente, fijándose las elecciones generales definitivamente para el 1º de Noviembre de 1954, en que habrán de efectuarse "llueva, truene o relampaguee" como lo ha reiterado en varias oportunidades el Presidente de la República.

Sin embargo, la posposición de las elecciones en la oportunidad mencionada, dió tema a la Oposición para señalar que ello era un indicio de la naturaleza dictatorial del régimen de Batista. La ciudadanía en cambio, entendió la desinteresada actitud de Batista al posponer los comicios porque no había sido posible la concurrencia de toda la Oposición. El pueblo comprendía que de haberlo querido, pudo el Gobierno haber celebrado dicho certamen de Noviembre 1º de 1953, en la franca seguridad de que una vez postulados candidatos en toda la línea, y especialmente Batista para la Presidencia de la República, hubieran triunfado sin contrarios virtuales. El abstencionismo de los sectores oposicionistas le habría permitido al Gobierno obtener una victoria por ausencia u omisión, cuyo resultado podía haber llevado consigo, pese a ello, el retorno a la tan pregonada constitucionalidad de la Oposición y el aseguramiento de Batista y sus partidos afines por cuatro años en la Presidencia de Cuba.

Habrá comicios generales en Noviembre 1º de 1954, "llueva, truene o relampaguee". Por el momento, parece que han de contender en el supremo evento cívico cubano, el Dr. Grau San Martín, como candidato presidencial del Partido Auténtico y Fulgencio Batista por una coalición de partidos de verdadera fuerza nacional.

Entonces se sabrá si el pueblo cubano premia a los que, como Batista, lo han arriesgado todo por el prevalecimiento de la Ley y el Orden, como pre-requisitos civilizados y democráticos de progreso material y espiritual, o a quienes, como Grau, no hicieron otra cosa que desaprovechar una de las más brillantes oportunidades que Cuba tuvo para lograr plenamente su desarrollo económico y su paz definitiva.

Capítulo 36

LOS enemigos políticos de Batista son muy locuaces y han insistido sobre el hecho de que el asumir el Poder otra vez mediante un golpe de Estado, recurrió a métodos anticonstitucionales. Batista personalmente deplora las aciagas circunstancias nacionales que hicieron necesario su retorno a tácticas revolucionarias. Pero justifica los medios que tuvo patrióticamente que utilizar, insistiendo a su vez en que, mediante su rápida acción, sin derramamiento de sangre, frustró los planes continuistas anticonstitucionales del Presidente Prío que hubieran lanzado el país a una vorágine sangrienta.

Batista alega, y ésto es corroborado por varios de los ciudadanos más prominentes de Cuba, que en 1952 Prío estaba preparando un programa de desórdenes públicos que culminaría en una "revolución" fijada para Abril de ese año, al objeto específico de evitar la celebración de las elecciones generales de Junio. Batista está plenamente convencido de que Prío sabía muy bien que su candidato presidencial no podría ganar y está por igual muy seguro de que el fracasado Presidente hubiera sido capaz de llegar a cualquier extremo, con tal de evitar el mutis de la decadente dinastía de los desafueros auténticos, fundada a través de los regímenes de Grau San Martín y del propio Prío.

Es muy posible que la algarabía de los enemigos de Batista contra los métodos inconstitucionales del anterior Presidente sea parte de un plan urdido para despistar la atención pública de los robos descomunales perpetrados por los regímenes de Grau y de Prío. El gobierno de Grau, como ya hemos visto en capítulos anteriores, está encausado por la malversación o robo de ciento setenta millones de pesos del Tesoro Nacional, y hay amplia evidencia —parte de la cual ya he señalado— de que ciertos funcionarios del régimen de Prío no eran precisamente novicios en el arte "auténtico" de acumular enormes fortunas en base a sus pequeños sueldos oficiales.

Si los adversarios de Batista lograban escandalizar bastante y hacerse oír por un buen tiempo en su campaña contra el inconstitucionalismo, entonces el pueblo de Cuba no tendría ocasión para seguir preguntándose qué había sucedido con los veinte millones de pesos en papel moneda, retirados de la circulación oficialmente, pero en verdad escamoteados por el régimen de Prío. Y por cuyo hecho delictuoso penden sobre el hermano del ex-Presidente que fungía de Ministro de Hacienda y sobre otros elevados funcionarios de la Tesorería de la República, una muy seria y bien fundada acusación. Había que gritar contra la inconstitucionalidad de Batista, pues, para que la atención ciudadana no prosiguiera indagando sobre los millones que los Prío "salvaron" de las llamas del incinerador, sin ser bomberos, no obstante que se hubo declarado oficialmente y en concordancia con las estipulaciones del Fondo Monetario Internacional, que tales veinte millones de pesos se habían quemado. Gritar era la mejor consigna. Y si no se hubieren desgañitado tanto los alabarderos del revanchismo en aquel verano de 1952, abogando por "procedimientos democráticos", tal vez el pueblo de Cuba le habría seguido preguntando a Prío de dónde él y sus colegas habían sacado los doscientos cuarenta y ocho mil dólares que dos de sus compinches perdieron en un atraco en el Sudoeste de Estados Unidos. Los emisarios de Prío admitieron públicamente que llevaban aquella fortuna a un lugar de cita con traficantes ilegales de armas, con el fin de comprar equipo bélico con destino a una insurrección en Cuba.

Quizá el saqueo en gran escala al Tesoro Nacional puedan acatarlo algunos pocos cubanos como un procedimiento constitucional y democrático. Tal vez no hubiere sido

un tráfico al margen de la Carta Fundamental de la
República, el abarrote de una gran parte de los dineros del
Estado, es decir del pueblo, en maletines baratos y llevár-
selos del país para esconderlos en determinados lugares
propicios. Posiblemente el pecado capital consista en apelar
a métodos revolucionarios para arrojar del Poder a un gobierno corrupto e inepto en grado superlativo! Pero en fin,
estas son cuestiones que el pueblo cubano habrá de decidir
por sí mismo algún día.

Debe advertirse que el derrocamiento de un régimen
corrupto y sin apoyo del pueblo, por medios revolucionarios,
es una antigua y consagrada costumbre en diversas partes
del mundo. Y que el método en sí era popular en Cuba mucho antes de 1933, el año en que **"un Sargento llamado Batista"** gestó la hoy famosa Revolución de los Sargentos.

Batista inició el 4 de septiembre una carrera política que,
con toda certeza, ha sido la de mayor colorido, espectacu-
laridad y quizá una de las más útiles que hombre alguno
haya desarrollado a lo largo de la cincuentena republicana
del pueblo de Cuba.

Batista ha logrado convencer a muchos de sus contemporáneos respecto de que su contribución al progreso nacional y social del país, así como de los avances notables en
lo económico, en lo cultural y en todos los órdenes, ha sido
plenamente substancioso. Sus enemigos nada bueno ven
en el hombre o en sus obras. Lo que las generaciones cubanas del porvenir han de pensar acerca de Fulgencio Batista
dependerá, cabe imaginarlo, de lo que los historiadores del
mañana escriban sobre él.

Y el manejo de los materiales y hechos históricos que
ha debido estudiar necesariamente el autor de este libro,
le permiten aseverar con toda responsabilidad, que en las
dos ocasiones en que Fulgencio Batista ha asumido el Poder en Cuba sin recurrir al procedimiento eleccionario, lo
ha hecho compelido por ineludibles determinaciones que le
invistieron de suprema autoridad nacional, dadas estas

peculiaridades típicas de las complejas circunstancias de Latino-América. En una atmósfera política más sosegada, tal como la de los Estados Unidos, hubiera podido ser uno de los más grandes captadores de sufragios en la historia del país. En dos ocasiones de su carrera política, por lo demás, ha recurrido Batista al electorado y en ambas resultó triunfador por el voto libre de grandes mayorías ciudadanas.

Batista no se permite el lujo de preocuparse por lo que sus actuales enemigos políticos piensen de él. En lo que atañe a las generaciones venideras se conforma con vivir al día, haciendo las cosas lo mejor que pueda mientras tenga juventud y vida, dejando que los hombres del mañana determinen el sitio que ha de ocupar en la historia de su Patria.

Y nadie podrá negarle un lugar preeminente en la historia de esta bella isla, por que cuando se escriba la historia de los primeros cincuenta años de la República de Cuba, habrá que escribir, a la fuerza, la historia de Fulgencio Batista.

Evidentemente no podrá ser posible, tampoco, que quien sienta el menor respeto siquiera hacia los hechos, soslaye la decisiva influencia que **"un Sargento llamado Batista"** ha tenido sobre una Nación y una República. ¡Quizá fué el Destino, personificado en la servidumbre y la pobreza de los cañaverales, quien impulsara a este guajirito a dejar su misérrimo bohío, al pie de una loma allá en la lejana provincia de Oriente... haciéndole ascender dramáticamente y seguramente hasta las páginas de la Historia!

Fin

Indice

ABC, sociedad revolucionaria, 32, 37, 38, 42, 114, 117, 128, 143, 167, 181, 182, 209

Acción Revolucionaria Guiteras, 264, 265

Agramonte, Roberto, 243, 248

Alemán, José, 236, 237

Alpízar, Félix, 40

Alvarado, Sargento, 67

Alvarez, Aurelio, 114

Alvarez, Santiago, 46

Amigos, Los (escuela), 8

André, Armando, 29

Arévalo, Juan, 249, 250

Armstrong, Dick, 121

Arroyo, José, 145

Asamblea Constituyente (1939), 193-197

Bacon, Robert, 104, 105

Barnet, José, 182, 183

Batista, Belisario, 1-3, 5-8, 13

Batista, Carmela, 2-5, 6, 12, 13

Batista, Carlos Manuel, 27

Batista, Elisa, 26

Batista, Elisa Godinez de, 26, 225

Batista, Francisco, 5

Batista, Fulgencio José, 27

Batista, Hermelindo, 5

Batista, Jorge, 27

Batista, Juan, 5

Batista, Martha Fernández de, 26, 27, 225

Batista, Mirta, 26

Batista, Rubén Fulgencio, 26, 27

Batista, Fulgencio
niñez de, 1-3, 7-18
adolescencia de, 17, 18
abandona su hogar, 13, 14
como ferroviario, 18, 19
engancha en el ejército, 20
estudia taquigrafía, 22
en el Colegio San Mario, 22-24
reingresa ejército, 24
asciende a Cabo, 25
asciende a Sargento, 28
en el ABC, 31, 37, 38
en la Revolución de los Sargentos, 28, 38-55, 65-81, 91, 108, 110, 225, 232, 236, 293
como lider revolucionario, 55, 56
asciende a Coronel, 76-79
en la Batalla del Hotel Nacional, 116-125
en la revolución de Noviembre (1933), 144-160
electo Presidente Constitucional (1940), 198-199
toma de posesión como presidente (1940), 213
en la guerra mundial (1940-1944), 213-223
abandona la presidencia, 224
en exilio, 224, 236-239
lucha contra el gangsterismo, 279-283
en la revolución de Marzo (1952), 253-262

Benítez, Manuel, 148, 204, 209-211

Birch, Ekin, 146

Buell, Raymond Leslie, 102

Blas Hernández, Juan, 152, 154

Blas Masó, Coronel, 29

Cabrera, Ruperto, 251

Caffery, Jefferson, 165-167

Calás, León, 143

Canel, Buck, 145, 146

Capote, Juan, 48, 49, 51

Carbó, Sergio, 43, 44, 67, 68, 71, 74, 76-80, 138, 139

Caridad, La Virgen de la, 4

Céspedes, Carlos Manuel de, 36, 38, 46, 50, 58-61, 68, 70, 71, 73, 77, 78, 86, 87, 93, 94, 96, 102, 108, 182, 209, 225

Chibás, Eduardo; 245-247

Corrons Canalejos, Francisco, 31

Craig, Malin, 191

Cruz, Carlos Manuel de la, 31, 32

Cuatro de Septiembre, revolución del, 28, 38-46, 47-55, 65-81, 91, 96, 108, 110, 225, 232, 236, 293

Cué, Pedro, 31

Daniels, Josephus, 99-101

Danza de los Millones, 267

Desórdenes del 26 de julio (1953), 282, 283

Diaz, Oscar, 67

Diez de Marzo, revolución del, 231, 232, 253-262, 264, 265, 276, 279

Diez Diaz, Enrique, 31, 32

Dolz, Ricardo, 31

Domingo, Mariano, 227

Domingo y Morales del Castillo, Andrés, 260

Dumont, Frederick, 97, 98

Ejército de Cuba,
situación anterior a la caída de Machado, 64, 111, 112

Elecciones generales,
1940, 197, 198
1944, 223, 224
1952, 243-252
1954, 299,302

Enmienda Platt, 50, 51, 91, 103, 105, 106, 192

Escuelas rurales, 184-187

Estados Unidos,
relaciones con Cuba, 59

intervención en Cuba (1906), 104, 105

Estrada Palma, Don Tomás, 104, 105, 290, 291

Estudiantes de la Universidad de La Habana, 131-137, 261, 297

Freyre de Andrade, Gonzalo, 31

Galindez, Ignacio, 116, 148, 149, 209, 210

Gallegos, Rómulo, 249, 250

Garcia, Bernardo, 202-204, 211

Garcia, Pepe, 146

Garcia Diaz, Luis, 24

Garcia Pedroso, Gonzalo, 117, 119, 149

Fernández, Eufemio, 265

Fernández, José Agustin, 43

Fernández, Martha, 26, 27

Fernández, Don Ramón, 8, 9, 11

Fernández, Roberto, 254

Ferrer, Horacio, 52, 92, 120, 123, 143

Ferrer, Capitán, 117

Figueres, José, 250

Franca, Porfirio, 74, 76, 88

Godinez, Elisa, 26

Gómez, José Miguel, 104

Gómez, Miguel Mariano, 181-184

Gómez Casas, Jesús, 211

Gómez Sicre, Desiderio, 46

González, Angel A., 202, 205, 207, 211

González Cartas, Jesús, 265

González de Mendoza, Ignacio, 31

Granados, Félix, 114

Grau San Martin, Ramón,
como miembro de la Pentarquia, 74
designado Presidente Provisional, 87
renuncia a su cargo de Presidente Provisional, 169-173
electo Presidente Constitucional, 223, 224

Guerra, Faustino, 291
Guggenheim, Harry, 35
Guiteras, Antonio, 147, 162, 163, 174-180

Haas, Larry, 166, 167
Hernández, Belisario, 123
Hernández, Miguel Angel, 40, 41
Hernández Volta, Jorge, 211
Herrera, Alberto, 36
Hevia, Carlos, 172, 173, 243
Hotel Nacional, 110-115, 128, 209
  Batalla del, 116-126
Hull, Cordell, 35, 36, 88, 89, 92, 93, 96, 99-101, 103, 128
Hutchison, Bill, 84

Iglesias, Margarito, 40
Irisarri, José M., 74, 88, 139

Joven Cuba, 174-180

Kairruz, Vicente, 282
Kaufman, George, 146
La Guardia, Fiorello, 193
Laredo Bru, Federico, 184
Legión del Caribe, 249, 250, 283
León, Rubén de, 149, 172
Lincoln, Abraham, 11, 287, 288
López, Narciso, 290
López, Rogelio, 21, 22
López Ferrer, Don Luciano, 114, 189
López Migoya, Manuel, 211
Lotspicht, Robert, 118
Luning, Augusto, 216-218
Maceo, José, 2
Machado, Gerardo, 57-59, 61, 100, 103, 104, 202, 246
  régimen de, 28-30
  campaña contra, 33-44, 62, 63
  caída de, 36, 45, 63, 64, 68, 133
Machado, Luis, 114
Mariné, Jaime, 148
Martí, José, 234

Martí, Manuel, 38, 42
Mella, José Antonio, 29
Melón Ramos, Jesús, 147
Mendieta, Carlos, 169-173, 181
Mendoza, Victor, 121
Menocal, Mario G., 30, 45, 183, 196, 291, 292
Miranda Rodriguez, Pablo, 257
Molina y Montoro, Javier, 23
Morales de Corrons, Mercedes, 31
Mujal, Eusebio, 266

Nacional, Batalla del Hotel, 116-125, 209
Nelson, Ed, 227
Nipe, Bahía de, 4, 16

Ortega, Ovidio, 25
Osegueda, Raúl, 266

Palmer, Frederick, 83, 84
Pedraza, José, 47, 48, 66, 202, 204-212
Peña, Lucilo de la, 114
Pentarquia, 74, 87, 107, 139, 182
Perdomo, José, 77, 78
Perdomo, Marcos, 210
Pérez Cubillas, José, 114
Pérez Hernández, Luis, 31
Pérez Hernández, Nicolás, 255
Pettey, Tom, 84, 121, 122
Pineda, Antonio, 54
Portela, Guillermo, 74, 88, 139
Porter, Russell, 84
Prío, Antonio, 260
Prío, Francisco, 260
Prío, Carlos, 73, 74, 186, 201, 272, 280, 293, 303, 304
  régimen de, 239-252, 255
  caída de, 260-266

Quesada, Héctor de, 77, 78

Ramos, Domingo, 114, 203
Rasco y Ruiz, Federico, 25, 26

Revolución de los Sargentos, 28, 38-55, 65-81, 91, 96, 108, 110, 225, 232, 236, 293

Revolución de Noviembre (1933), 42, 144-161

Revolución de Marzo (1952), 231, 232, 253-262, 264, 265, 276, 279

Reyes Spíndola, Octavio, 89

Robaina, Luis, 254, 256

Rodríguez Calderón, José E., 255, 259

Roosevelt, Franklin D., 35, 92, 93, 103-105, 118, 168, 191-193

Roosevelt, Teodoro, 104, 289

Saladrigas, Carlos, 114, 203, 223

Salas Cañizares, Rafael, 255, 260

Salgado, El Guajiro, 281

San Mario, Colegio de, 22-24

Sánchez, Desiderio, 46

Sánchez Gómez, Julio, 259

Sanguily, Julio, 52, 120, 123, 143

Santa Cruz del Sur, ciclón de, 190, 209

Sogo, Dámaso, 256

Soler, Policarpo, 263, 264

Sorel, Jorge, 265

Tabernilla y Dolz, Francisco, 73, 208, 234, 255, 257, 259

Tabernilla Palmero, Francisco, 254, 256

Taft, William Howard, 104, 105

Tighe, Dixie, 84

Topes de Collantes, 200, 201

Torre, Oscar de la, 139

Torres Menier, Mario, 48, 49, 51-54

Trejo, Rafael, 29

United Fruit Company, 97

Universidad de La Habana, 43, 297
    problemas con Machado, 29
    Directorio Estudiantil, 107, 140, 141
    autonomía de la, 131-127

Valdés Mendive, Juan, 260

Velázquez, Don Diego, 4

Villalta, José, 119, 122, 123

Welles, Sumner, 58-62, 87-104, 108, 109, 111, 112, 127, 128, 141, 163-165, 191
    nombrado embajador, 35, 36, 38, 50
    relaciones con Batista, 93, 96
    reconoce la autoridad de Batista, 126-128

Zayas, Alfredo, 24, 291, 292

Made in United States
Orlando, FL
10 February 2022

14629417R00190